国家教育部人文社会科学重点研究基地重大项目
华东师范大学“985工程”第三期建设项目

基础教育的文化传承与理论创新丛书

黄书光　主编

JINDAI ZHONGGUO XIANGCUN JIAOYU DE BUTONG LUXIANG ZOUPING JIAOYU MOSHI YU YANAN JIAOYU MOSHI BIJIAO YANJIU

近代中国乡村教育的不同路向

——邹平教育模式与延安教育模式比较研究

崔玉婷　著

教育科学出版社
·北　京·

“基础教育的文化传承与理论创新”丛书

总序

现代意义的中国基础教育始终是伴随着东西方文化的剧烈冲突与交流而不断前行的。如何从文化传承的角度来探讨20世纪以来中国基础教育改革的复杂形态、深层动因、理论特点和发展趋势，为当代基础教育改革的理论创新寻找本土经验和学理支撑，无疑具有十分重要的学术价值和现实意义。

为了实现我们共同的学术理想和研究旨趣，我们设计了既相互关联又相互独立、彼此呼应、重点突出、个性独特的一套丛书，由5部著作组成。其中既有以文化视野对一个地方社区基础教育进行历史人类学考察，又有从中西文化交汇的视域来深描改革开放30年这一特定时期中国基础教育改革中的西方形象，还有以迥异的文化教育模式为参照去比较和透视近代中国乡村教育的不同路向，更有从方法论角度去追问基础教育演进的文化意义。在这些专题研究基础上，拟以“时代为经，问题为纬；立纲抓本，不求全备”为原则，借助历史叙事、理论比较、田野调查、个案考察、综合反思等方法，对百年来中国基础教育改革进程进行全方位、多棱镜、深层次的系统探究，力求揭示中国基础教育改革的内在逻辑、基本规律和发展路向。具体而言，本丛书（首批书目）由如下5本著作组成。

1.《文化视野下的村落、学校与国家——一个地方

社区基础教育变迁的历史人类学考察》（张济洲著）

2.《他者镜像与自我建构——中国基础教育改革中的异域形象（1978—2008)）》（黄忠敬等著）

3.《近代中国乡村教育的不同路向——邹平教育模式与延安教育模式比较研究》（崔玉婷著）

4.《百年中国基础教育改革的方法论探析》（李政涛等著）

5.《文化差异与价值整合——百年中国基础教育改革进程中的思想激荡》（黄书光等著）

以上5本著作的撰写者都是学有专长的教育学博士，多数人已是教授和副教授。尽管我们最初的研究是侧重于教育史专业或者教育学原理专业，但在后来相当长一段的时间内均热衷于基础教育探索，都对基础教育的历史、现状与未来抱有浓厚的兴趣，都不同程度地亲临了当代基础教育的改革现场，都力图从专业的视角对中国基础教育改革发展的问题与症结、对策与建议、出路与走向提出自己的一得之见。或许我们对火热的基础教育实践的参与和体贴还不够细致入微，或许我们对冷峻的基础教育历史的了解与观察还不够客观全面，或许我们观察事物的角度和思考问题的方式还不够准确到位，但确实都以百倍的热情和求实的态度尽了一个研究者的赤诚之心。

为了提升研究的质量，我们曾就基础教育改革发展的关键环节及核心问题举办过多次的小型学术沙龙，邀请相关学者进行跨学科的理论撞击与学术争锋。毋庸讳言，每一次论辩我们都很难达成一致的意见，但毕竟开阔了我们的研究视野，坚定了我们的学术追求，使我们对“文化传承”与“理论创新”的辩正统一关系有了基本的价值认同，并在此前提下展开了各自的个性化研究。尽管我们并不刻意菲薄自己的学术成果，但它确实只是一种探索性研究的开端。面对生命成长的最初阶段和人才摇篮的基础教育，仍有着太多的未知领域亟待我们去开拓与进取，仍有着太多的棘手问题亟待我们去思考与求索。在此，真诚地期望读者们善意的批评指正，以鞭策我们在崎岖的山道上继续顽强地攀登与不懈地追求。

感谢教育科学出版社的大力支持和帮助。值本丛书出版之际，特向教育科学出版社的领导和编辑致以崇高的敬意和衷心的感谢。

华东师范大学基础教育改革与发展研究所　黄书光

2010年10月1日

目录

引　言

1953年9月，在北京召开的中央人民政府委员会第27次会议上，梁漱溟由于关注农民的生活，提出工人、农民生活“九天九地”之说（梁漱溟说，当时工人的生活在九天，农民的生活在九地，有“九天九地”之差——作者注），受到了毛泽东主席的激烈批判。毛主席把梁先生在二三十年代进行的乡村建设批得一文不值，认为他搞的乡村建设“是地主建设，是乡村破坏，是国家灭亡!”（毛泽东，1977）[111]想必当时及其后多数国人知道梁漱溟这个人，是从毛泽东对他的批判开始的，从他被当作反面典型开始的。如今，事过境迁，随着改革开放后学术视野的逐渐开阔，我们已经能以宽容的心态和开放的思想真正站在唯物史观的立场上对中国近代历史人物及其思想和实践进行客观评价。也就是说，本书题目之所以能成立，与目前中国社会开放的学术环境是密切相关的。梁漱溟当年所搞的乡村建设究竟如何？它与毛泽东为代表的中国共产党人所领导的农民革命在实际操作过程中有哪些异同？本书旨在从文化教育的角度来分析中国近代皆从乡村入手，但路向不同的邹平模式与延安模式的产生渊源、特点以及二者之异同及互补之处，力求对其进行客观的评价，以期对当今中国教育，尤其是农村教育有所借鉴和裨益。

一、两种教育模式之概念界定

“模式”之说，是受周逸先的博士论文《定县模式与邹平模式——晏阳初、梁漱溟乡村教育之比较》（周逸先，2001）的启发。周文认为把两种实验称为模式是“一种阐释性认识”，对我有所启迪，“邹平模式”的称呼由此而来。至于“延安模式”，魏斐德先生在为艾恺的《梁漱溟传》所作的序言中指出：“如艾恺所指出的，邹平试验和所谓延安模式都号召经济自力更生，强调道德革新和教育他们的干部关心农民的疾苦。”（艾恺，1998）[4]另外，马克·赛尔登所著《革命中的中国：延安道路》也提到了“延安模式”（马克，2002）[124]。由此可见，“延安模式”一词之来源也是有根据的。至于“延安教育模式”之说，是由近年来的“延安学”之说而受到启发。近年来，随着学界“红旋风”的兴起，对延安时期的研究成为热点，有学者提出“延安学”的主张，认为“延安学”不是党的“断代史”，它主要研究“时代”，主要是从党的活力与革命动力、民族性格、政治文化、道德精神相结合的视角研究延安这一“时代现象”的产生及其规律（高尚斌，2001）。“延安教育模式”应该是“延安学”的内容之一，是从教育的视角来丰富“延安学”的研究。本书所说的“延安教育模式”，就是从教育角度来分析中国共产党在根据地所进行的政治、经济、文化教育方面政策的特点。从本质上讲，邹平教育模式是文化革命，是渐进的、改良的，重在道德教育；延安教育模式则是政治革命，是激进的、革命的，重在政治思想教育。本书对两个模式的分析比较包括时间与空间两个维度。

从时间上说，根据客观的历史记录，延安时期应从1935年10月红军第一支队伍长征到达延安起，到1948年3月人民解放军转入战略反攻，中共中央政府离开延安止。但为叙述与比较的方便起见，本书对延安教育模式的时间主要限定在1937—1945年的抗日战争时期；出于学理上的联系，本书在叙述时还会前后延伸，会牵涉1935年之前中国共产党在土地革命战争时期的农村教育和解放战争时期及其之后的教育，进行前后对比，以反映中国共产党教育政策的发展变化情况。至于邹平模式，即是指梁漱溟在邹平进行乡村教育实验的1931—1937年；同样，在时间上也会向前有所延伸。

从空间上说，由于延安教育模式，即是中国共产党领导创建的农村革命根据地教育模式，因此，延安模式并不局限于延安或陕甘宁边区，还涉及中国共产党建立的其他根据地和解放区，但以陕甘宁边区为主。邹平模式是作为文化保守主义者的梁漱溟推行的乡村教育模式，其空间范围除了邹平外，还包括此前的河南村治实验、推行其理念的山东菏泽和济宁实验区。当然，本书的论述以邹平为主，因为邹平县的教育实验更具有代表性。

就本书的“教育”而言，它不是狭义的教育，而是广义的教育。梁漱溟的邹平教育模式，就其实质而言，是乡村建设，其主要内容包括政治、经济、保卫、文化教育等方面，但这一切都是要通过对乡民进行教育方能贯彻实施的。梁漱溟后来也认为其乡村建设与乡村教育作为两个源头已经合而为一，因此称其为乡村教育亦未尝不可。以毛泽东为代表的中共延安教育模式，其实质则是一条政治革命的道路，但也需要发动广大农民群众积极投入方可成功，因而也需要通过教育的方式进行，因而中国共产党在广大的根据地进行了广泛的识字扫盲和政治教育运动，亦可称其为乡村教育。它们是广义的、范围广泛的教育。

二、两种教育模式之可比性

初看以上题目，延安教育模式与邹平教育模式似乎没有什么可比性，一个是中国共产党领导中国农民革命走向胜利的模式，一个是改良派知识分子失败了的乡村建设实验模式，前者的规模大于后者；二者的时间也不一致，前者主要是在抗战以后，后者则主要是在抗战以前。但从学术的立场来看，如果我们对中国近代历史上对救国道路进行探索的各个派别采取客观公正的态度，二者还是有可比之处的。正如 E. P. 汤普森所说："我们唯一的判断标准不应该根据后来的演变证明人们行动的合理性。毕竟我们自身没有处于社会演变的终结时期。"（罗钢，等，2000）[142]今天是昨天的延续，当代史是近现代史的承继。毛泽东、梁漱溟提出并实践其理论的历史并没有终结。尽管我们今天面临的国情与国际背景已不同于 70 年前，但是当时两位伟人所面临的问题在今天的中国仍然存在，解决农村、农业、农民问题与农村教育问题，振奋民族精神，重建中国人的精神家园，仍是我们共同的课题。

站在今天的角度来看，当代中国社会由于市场经济的冲击而使部分民众陷入拜物的滚滚红尘而失去精神家园之时，梁漱溟注重从文化教育，特别是伦理道德重建方面入手来从事乡村建设，尤其是注重"精神陶炼"，就显得具有深远的历史意义。而当时毛泽东的延安教育模式注重教育为革命战争服务，与生产劳动相结合，注重政治教育和生产教育，在使当地广大的农民群众受到广泛的最初层次的文化教育的同时，保证了中国共产党在战争中的胜利。可以说，这是战时乡村教育的胜利。但当革命胜利后，这种工具性的战时教育模式并没有随形势的变化而相应改变，共和国教育在很大程度上仍沿着这种模式继续行进，教育继续为政治服务，并一度被严重扭曲，最终铸成了破坏性极大的"文化大革命"，至此，教育的本真目的被淹没。而当"文革”结束，一切重新步入正轨之后，当真正面对现实时，我们发现不少民众正处于文化与精神的虚无之中，我们仍然面临着重建中华民族精神与道德的任务。这就是历史的残酷：转了一圈，我们仿佛又回到了起点。

要比较两种模式，我们先把主持这两种模式的核心人物梁漱溟和毛泽东来进行比较：就相同之处而言，二人皆胸怀天下，以天下为己任，有济世救人之情怀，皆志在解决整个中国问题，可以说，他们都是“问题中人”；二人皆受中国传统文化影响，皆有传统文化情结；二人皆有坚强、独立之个性，有坚韧不拔之意志。就不同之处而言，二人的身份不同，梁漱溟是贵族后裔，是四民之首的“士”；而毛泽东出身于农民家庭，他后来虽然通过努力跳出了农门，成为“读书人”，进而成为革命家和政治家，但经常以农民的后代自居，并且他的身上仍保留着浓厚的农民本色。这就使得二人看待农村和农民问题的角度有所不同。前者把中国农村看作一个整体，认为农村社会内部虽然难免有矛盾存在，但表面上是比较平稳、安定的，即其所谓“伦理本位，职业分途”；而后者则把中国农村社会分开来看，把农村居民分为八个阶级①，强调农村内部的阶级斗争。因而，他们二人所进行的同从乡村入手但路向不同的两种乡村教育模式反映了在近代中国面临深刻危机的情况下来自中国社会士人和革命家阶层的不同救国救民道路，是异质性的比较。从文化教育的角度而言，梁漱溟出于乡村建设的目的注重对农民进行伦理道德教育，而毛泽东出于农民革命的目的注重对农民进行政治思想教育。两种模式的文化路向分别是文化革命与政治革命。但是由于两种模式都面临落后的近代中国农村社会，因而二者异中有同，都注重乡村社会教育，其办学模式都具有民办性，都强调教育的实用性，都注意教学组织形式的平民化和灵活性，都注重知识分子与乡村民众的紧密结合。总而言之，两种模式皆有强烈的本土色彩。

本书之所以要把处于中国近代历史上不同时段的两种模式进行比较，是因为邹平时期（1931—1937）是梁漱溟的乡村建设理论的成熟时期，而延安时期（1937—1945）是毛泽东的新民主主义理论的成熟时期。对两种成熟的理论及其指导下的教育实践进行比较，应该更能反映出二者之根本主旨和特色，从而使分析比较能充分展开。

---

① 毛泽东在《中国社会各阶级的分析》一文中，把农村社会分为：地主阶级、中产阶级、小资产阶级（即自耕农）、半自耕农、贫农、小手工业者、小贩、游民无产者八个阶级。

三、前人研究成果

对延安教育模式与邹平教育模式进行比较的研究成果，我至今未曾见过。但对两种模式的核心人物——毛泽东和梁漱溟及其思想的比较研究，已有几篇文章。其中有《毛泽东与梁漱溟在中国社会改造道路问题上的根本分歧》（时广东，1994），《梁漱溟、毛泽东关于中国社会改造思想的趋同和差异》（时广东，1996），《毛泽东与梁漱溟现代化思想之比较》（郁建兴，朱旭红，1994），《农村三人行——毛泽东、梁漱溟、费孝通思想对当前农村问题的借鉴意义》（卫春梅，2000），《农村革命与乡村建设之比较》（季芳桐，2001），《试论毛泽东农村革命思想与梁漱溟乡村建设理论的根本分歧》（季芳桐，等，2004）。以上文章主要是从革命史、政治和社会学的角度对毛泽东、梁漱溟关于乡村革命与乡村建设的主张进行比较，主要包括立场、观点和解决问题的办法等几个方面，思路清晰，但失之简单，对二者所采取不同立场的背景原因、理论基础以及两种模式的异同点、互补之处未进行深入挖掘。至于从教育的角度对二者进行比较，目前应该说还是空白，还有比较大的研究余地。

关于类似的比较研究，对我启发较大的主要有三部著作。一是艾恺的《最后的儒家——梁漱溟与中国现代化的两难》（艾恺，2003），作者在行文中多次提到梁漱溟的思想与毛泽东的思想、邹平的乡村建设与延安的农村革命的比较，使我由此产生了对这两种教育模式进行比较的想法。二是郑大华的《梁漱溟与胡适——文化保守主义与西化思潮的比较》（郑大华，1994），作者首先对二人的中西文化观、科学与民主观、传统文化观进行了鲜明的对比，指出他们的文化取向小同大异，政治取向小异大同，学术思想旨趣各异；然后对文化保守主义与西化思潮进行反思，指出文化的民族性和时代性的关系，文化传统的变革与承续的关系。郑大华先生所进行的比较是一种异质性的比较，但由于梁漱溟与胡适处于同一时代，面临同样的社会问题，所以其思想观点异中有同。三是周逸先的博士论文《定县模式与邹平模式：晏阳初、梁漱溟乡村教育比较研究》（周逸先，2001），这是同质性的比较，对我亦有所启发。但从他的提纲来看，对二者进行比较的意味差一些，其中各有一章分别对两种模式进行叙述分析，只在最后一章才对二者进行了比较。因此，在本书中，我力求在框架上对此有所突破，经过多方考虑，形成了现在的框架。

第一章

中国近代社会的背景、问题与出路

自19世纪中叶西方列强用炮舰打开中国的大门之后，中国进入了近代社会。为了挽救日益严重的民族危机，像许多发展中国家一样，中国被迫开启了后发外生型（许纪霖，等，1995）[2-3]的现代化历程。根据现代化的经典理论，现代化意味着工业化和城市化；在被迫开启现代化道路的、积贫积弱的中国，还意味着乡村日益处于被边缘化、被支配的地位，农村与农民成为现代化的弃儿。与此同时，沿江沿海地区的城市则迅速发展起来，愈来愈趋于现代化，于是形成了现代开放的城市区域与传统封闭的乡村区域的对立局面，这就是二元社会经济结构。至20世纪二三十年代，随着西方现代性因素在中国的日益深入，中国农村被进一步掠夺和边缘化，再加上连年的军阀混战和自然灾害，这种二元结构更为明显，不少农村地区经济破败不堪，农民挣扎在死亡线上。中国农村和农民问题越来越严重，引起了当时中国政府和有识之士的广泛关注。

一、近代中国二元社会结构下农村、农民问题的凸显

（一）近代中国二元社会经济结构的形成

二元经济这一概念最早是由美国著名经济学家刘易斯提出来的。其主要意思是指发展中国家存在着这样两类差别很大的经济部门：一类是依靠传统方法和方式进行生产的农业经济部门，这些部门边际劳动生产率低，只能维

持最低的生活水平（或生产水平），它们分布在广大的农村地区；另一类则是以现代方法进行生产的工业部门，具有较高的劳动生产率，分布在城市地区（李守经，2000）[34]。在传统中国，城市与乡村是一致的，城乡之间几乎没有明显的界限，作为中国传统社会中坚力量的士绅阶级，其活动地点也常在乡村。中国人的理想境界更是耕读传家、衣锦还乡或叶落归根。在这种情况下，传统中国社会背景下城与乡之间的区别并不明显。但是，进入近代以后，这种局面改变了。作为以后发外生型启动现代化的发展中国家，近代中国不可避免地产生了二元社会经济结构。

中国社会经济二元化的开端，也就是中国现代化的开端，严格说来始于两次鸦片战争之后的19世纪60年代。清政府作为战败国与西方列强签订的条约给中国带来种种屈辱的同时，对中国也产生了比较深远的影响，特别是其中关于开放通商口岸的内容，对中国二元社会结构的形成起到了决定性的作用。以通商口岸为中心，以条约制度为保障，西方列强与清朝洋务官员以及中外企业家通过创办、发展沿江沿海工商企业，共同推动了中国沿江沿海城市现代化的发展。19世纪60年代由清朝洋务官员掀起的洋务自强运动就是在沿江沿海的通商口岸进行的。1895年的中日《马关条约》迫使中国全方位对外开放，并允许外国人在中国就地设厂，从事各项工艺制造，使中国城市化和工业化的发展速度进一步加快。到19世纪末，在外资大量涌入的情况下，中国形成了典型的二元经济格局。其表现是：传统部门与现代部门同时存在，现代部门通过从传统部门吸收劳动力而得以发展；城市化进程已艰难蹒跚地开始，在当时的工资水平下，对现代部门的劳动力供给远远超过这个部门对劳动力的实际需求，劳动力呈无限供给状态（何清涟，1995）[182]。由此，我们看到在二元格局的形成过程中，传统部门的劳动力，也就是原来从事农业和家庭手工业的农民由于“呈无限供给状态”而处境维艰。同时，随着现代化的进展，这种二元格局还会进一步得到强化。随着社会经济的发展，现代化地区与传统地区不仅没有形成相互联系、相互促进的关系，反而呈现出彼此封闭和排斥的格局。于是，一种两极化的现象出现了，当现代地区和部门变得越来越现代的同时，传统地区和部门却变得越来越“传统”和落后（许纪霖，等，1995）[16]。在这种愈来愈得到强化的二元格局下，现代化发展所需要的资金和人才源源不断地从乡村流入城市，这种乡村对城市的“倒流效应”使本来就存在人口过剩和自然资源短缺危机的传统农村雪上加霜。至20世纪二三十年代，连年的自然灾害和军阀混战，以及波及中国农村的1929—1933年世界经济大危机，使中国农村经济纷纷破产，农民挣扎在死亡线上。

（二）近代中国农村、农民问题的日益严重

前文已提及，新中国成立之前，在中国现代化的艰难进程中，由于二元社会经济结构的存在，农村和农民成为中国现代化的牺牲品，成为现代化的弃儿。张鸣先生认为，在旧中国，农民在现代化过程中，遭到了三重剥离：殖民主义的剥离，本土现代化主导者（包括革命党）的剥离和新兴的民族资本主义的剥离（张鸣，1999）。到20世纪二三十年代，已经承受了巨大牺牲的中国农民由于农村连年发生的灾荒和军阀混战的不断加剧，已经难以维持最低限度的生存，不少地区的农民除了揭竿而起外已经别无生路。一向被认为平静、祥和的农村已经成为社会动乱的温床。近代中国日益凸显的农村与农民问题主要表现在以下几个方面。

1. 经济破产，农民处于绝对贫困状态

特有的人多地少的国情，使中国农业自古以来就走了一条劳动力密集、精耕细作的集约农业道路。随着时代的推移和人口的增加，人地矛盾日趋尖锐。为缓和矛盾，土地的分配越来越分散、畸零。这就意味着，中国的小农经济一直被滞留在维持人口自然再生产的经济水准线上，无力发展出外延性的扩大再生产。农业经营方式和规模得不到明显的改善，直到清末民国，都是如此（王家范，2000）[178]。历史学教授王家范先生通过把中国古代农民与西方古代农民生活水平的对比发现，英国一个普通农户一年生产的剩余率为20%，而中国大多数农户往往必须节衣缩食，兼营副业才能苟活；仅靠农田收入，大致所剩无几（王家范，2000）[184]。由此可见，中国农民生活的艰辛和贫困是世界上少见的。进入近代社会以来，随着现代化进程的推进和二元社会结构的强化，农村和农民遭受帝国主义和封建统治者的掠夺与剥削，再加上连续不断的自然灾害，到20世纪二三十年代，中国农民的贫困已经达到触目惊心的程度。据华洋义赈会于1922—1923年间对冀皖苏浙一带农村状况进行的调查，各地农户年收入在150元以下的达67.9%，其中河北各县达到80%；农户年收入不足50元者达28.8%，其中河北各县达62.2%。华洋义赈会这次调查，反映了灾区农村的特殊情形。另据金陵大学卜凯教授于1921—1925年对我国北部农村地区所作的调查，农户每家平均年收入为196.41元；对南部农村地区的调查，每户年平均收入为288.19元。这大概

反映了当时中国各地农村家庭收入的一般情形。在农户家庭年生活费支出中，全国农村平均用于食品支出所占比例高达60.4%，其中河南开封达到76.4%、新郑达75.9%；江苏江宁县农户食品支出占总支出的比例最低，亦达49.4%（言心哲，1934）[164,187]。以恩格尔定律来衡量，饮食支出占家庭总支出59%以上者属于贫困；此项支出介于50%—59%之间的属于勉强度日的家庭。那么，当时中国农村家庭生活水平，除极少数地区外，绝大多数地区位居贫困线以下。

如果说在正常情况下，上述多数生活于贫困线以下的中国农民家庭还可以勉强度日的话，那么当灾荒来临之时，多数农民就难以生存下去了。近代中国的农民是多灾多难的。连续几十年无情的自然灾害，使农民或者背井离乡，或者饿殍横野。据邓云特在《中国救荒史》中的统计，自1912—1937年的26年间，全国共发生比较大的灾害77次，平均每年近3次，其中水灾24次，旱灾14次，地震10次，蝗灾9次，风灾6次，疫灾6次，雹灾4次，歉饥2次，霜灾雪灾2次。"且各种灾害，几皆同时并发，杂然纷呈"（邓云特，1994）[80]。连年不断的自然灾害所造成的生命财产的损失是巨大的。同据邓云特的《中国救荒史》估计，1928—1936年的8年间，仅大的自然灾害所造成的人口死亡就达近1.7亿人。具体到各省而言，在1929—1932年仅3年间，农民因饥荒而死的人口数字为：陕西150万人，甘肃350万人，山西120万人，四川650万人，山东150万人（郑庆平，等，1987）[308]。如果说上述的统计数字仅仅是抽象地说明了中国近代农民因灾荒、饥饿而死亡的状况的话，1935年3月18日的《申报》载的资料则活生生地反映了中国农民悲惨生活的历史。

> "'江苏高淳县有一个地方并无粒米，将近18万饥民，以石面裹腹，致全部患腹病而死。'……句容县97%的农民没有饭吃，'少壮者或为强盗，或逃亡四方，老弱者则卖子女乞食，最后即行自杀。'浙江长兴一姓王的农民，'因田禾枯萎，收成绝望，借洋一元购得砒霜……一家共食，当晚毒发，一家七口毙命'，现场惨不忍睹。"

需要说明的是，民国时期报刊关于各地灾害情况的报道是非常多的，上述材料绝非仅有，而是中国近代历史上特别是20世纪二三十年代随处可见的惨象。

经济因素和政治因素往往是互为因果的，近代中国农村经济的破产和农民的贫困甚至饥饿与死亡，除了自然灾害的原因外，与当时中国的政治昏暗、兵祸连年亦有密切联系。

2. 政治混乱，兵祸连年，民不聊生

近代中国社会政治的最大特点之一是政局变换频仍，政局不稳。特别是辛亥革命后，袁世凯篡权建立起北洋政府以来，控制北洋政府的最高统治者像走马灯一样，随着各派军阀势力的消长而不断更换。据统计，从 1912 年北洋政府成立到 1928 年北洋军阀覆灭的 16 年中，总共更换了 9 个国家元首，约 50 届内阁，其中任期最短的内阁只有 6 天。各地大小军阀为争抢地盘、收敛民财而兵戈相向，不管百姓的死活。在兵荒马乱的年代里，遭受苦难最为深重的是广大农民，战争所及之处，耕田变为战场，无数生灵惨遭涂炭。并且，各路军阀为筹集战争经费而向农民增派各种赋税，残酷压榨农民，苛捐杂税多如牛毛。以山东省为例，在韩复榘统治时期，山东农民要承受的各种捐税累计达 17 种之多，主要有牲畜税、猪羊行捐、屠宰捐、粮行捐、花生行捐、油税、烟酒税、粉条捐、糖捐、飞机捐、汽车路捐等（黄孝方，1934）[11-12]。在这种情况下，许多向来安土重迁的农民为了生存，被迫离开世代居住的村庄，颠沛流离，成为流民。北洋军阀政权覆灭后，南京国民政府建立了全国范围的统治地位。但国民党新军阀之间又连年混战，特别是 1930 年蒋、冯、阎、桂四派军阀之间的中原大战，使中国农民再次陷入了灾难和浩劫之中。进入近代以来，在二元社会结构形成的过程中，中国农民成了最大的弱势群体。他们成了帝国主义掠夺和封建主义剥削的对象，还遭受本国资本主义的剥夺。农民在多重压榨下过着绝对贫困的生活；而一遇天灾人祸，他们就陷入了绝境。他们成了中国现代化进程及政治混乱、军阀混战的牺牲品。

3. 教育衰退，文化荒芜

近代中国社会一直处于由传统社会向现代社会的转型过程之中，这个转型由于后发外生型的模式而进行得极其艰难、曲折，并使中国农村和农民付出了极大的代价。中国社会的现代转型包括经济、政治与文化教育各个方面。关于中国近代转型过程中在经济、政治方面对农民生产和生活所造成的苦难，如上文所述；至于其在文化教育方面对农村和农民所造成的影响，则表现为农村教育的衰退和农村文化的荒芜。

在进入近代之前，传统中国社会并没有城市与乡村的明显分界。在安土重迁观念的支配下，绝大多数封建士人和士大夫，都把他们游学或从政之地视作人生旅途的驿站，最后还要叶落归根、重返故里，只有家乡才是他们感情的最终归宿，因而告老还乡的官员或士子又将文化带回了乡村。此外，还有不少一生不离故土的乡村知识分子，他们设馆授徒，教化乡里，其中也不乏学问高人。当然，自给自足的自然经济与大一统的政治决定了当时文化教育的主要内容是与生产无关的人文知识，如《三字经》《百家姓》和“四书五经”等。因此，乡村是传统中国文化的主要据点，中国文化基本上是以乡村为特征的。在此影响下，传统中国农村百姓受初级教育的机会与城市相比差距并不大。当时有很多资料表明乡间普遍存在着学校。舒新城回忆说，在19世纪末他童年时代的湖南，行人都能听到路旁每10户人家一间的小屋里的读书声……除人烟稀少和赤贫的地区之外，教育比较普及，这个事实表明，清代中国相对来说具有一个现代学校体制结构的平衡基础（吉尔伯特·罗兹曼，2003）[168]。从当时中国民众的识字率也可以反映出当时初级教育的普及程度。据饶懿伦的研究，18—19世纪的识字率也许“比以前的推测要高。男女间识字率是不平衡的，大约有30%—45%的男性和只有2%—10%的女性具有某种程度的读写能力”（吉尔伯特·罗兹曼，2003）[168]。由此可以看出，传统中国社会初级教育的普及率是比较高的。

传统中国农村文化教育是一种“士”的教育，亦可称为“教化”，其内容主要是“明人生而敦伦理”，很少有科学知识与技能方面的内容。这样，拥有儒家伦理知识的传统乡村士绅成为乡民的精神导师。在乡土中国，受儒家文化熏染的士绅在拥有一定权势的同时，还拥有道德和知识权威，通常被视为做人的表率和排疑解难的高参。因为这些传统士绅不但在修身、齐家上身体力行、作出表率，而且常常能有效地帮助农民解决家庭以及邻里关系中遇到的矛盾与问题，他们因此赢得了乡村民众的信任和敬仰，被摆到了“师”的位置。乡民在生活中以有文化、有道德的士绅为榜样，注重伦理道德与修身、齐家，以赢得乡民的认同和尊重。也就是说，传统中国社会的农民有传统士绅、儒家道德作为精神榜样和道德支撑，乡村社会由一定的伦理秩序来维持，表面上显得安静、祥和，其发展虽过于滞缓，但却相对稳定。

进入近代社会以后，中国文化教育的近代转型主要表现为科举制度的废除和新教育的推广。在此转型过程中，广大的乡村成了被遗忘的角落。近代中国农村百姓在遭受经济破产与兵荒马乱之苦的同时，也面临着受教育机会的日益匮乏。知识精英纷纷从农村涌入城市，农村的文化教育资源日趋枯竭，导致农村初级教育普及率明显降低。来自西方的所谓“新教育”的引入，则进一步加剧了农村的政治、经济危机。当时，不少教育家纷纷著文批判这种现象，其中最著名的要算陶行知先生对当时中国乡村教育的批判：

> “中国乡村教育走错了路！他教人离开乡下向城里跑，他教人吃饭不种稻，穿衣不种棉，住房子不造林；他教人羡慕奢华，看不起务农；他教农夫子弟变成书呆子；他教富的变穷，穷的变得格外穷；他教强的变弱，弱的变得格外弱。”（江苏省陶行知研究会，等，2001）[225]

对于“新教育”不顾中国实际、因袭外国的本质，晏阳初先生进行了深刻的分析批判，他说：

> “现在所谓‘新教育’，并不是新的产物，实在是从东西洋抄袭来的东西。日本留学生回来办日本的教育；英美留学生回来办英美的教育，试问中国人在中国办外国教育，还有什么意义？……现在的学生是在学日，学美，学英，弄得一塌胡涂。学非所用，用非所学……人找不着事，事找不着人，这是充分去模仿外国的结果，整个教育因此破产。”（马秋帆，等，1993）[160]

上述对当时中国教育批判的重点在于批评其不顾中国国情，盲目模仿外国，从而使学生“离开乡下向城里跑”，“学非所用，用非所学”，从而导致教育破产。关于这种“离农”教育对当时农村所造成的严重影响，1930 年的上海《民国日报》有一篇题为《乡村颓败了》的文章这样写道：

> “年年大批的毕业学生自乡村跑进都会，不见一个返到乡间……乡村小学教师宁愿来都市为书局报馆抄写……都会的漩涡卷去了乡村的干柱，剩下的只有老弱和稚幼……乡村衰败了，没有一些生气，和黄褐的土块成了调和的色彩，死静、凄冷、枯暗、荒塞、简陋占据了整个乡村。”（王奇生，2000）[563]

被抽去了发展主力与灵魂的乡村之破败景象由此可见一斑。与此破败景象相关的是，乡村民众的初级教育普及率已不及进入近代社会之前，有学者认为，在19世纪以前，清代人口的平均识字率大约为20%，而民国时期很多地区的人口识字率都低于这一比例。如抗战前后湖北省人口的平均识字率只有16%。若仅就农村人口的识字率而言，其比例则更低。据抗战时期的一般观察，士兵的识字率在10%以下。以此衡测当时中国农民的识字率，当亦不差（王奇生，2000）[562-563]。

中国近代甚至直到现在的最大国情即是以农立国、以农民为主体的社会，农村人口占中国人口的80%以上，如果注意不到这一点，即是中国教育的失败。实际上，近代中国的所谓新教育却是洋化的、以城市为中心的教育。从教育目的上看，新教育是鼓励知识精英集中于城市，乡村绝大多数知识精英通过此种途径流入城市，但流入城市的知识分子并非都被城市所需要，一方面因为有相当一部分知识分子学非所用而难以就业，另一方面由于城市化程度较低，城市提供的就业岗位有限。结果加重了城市的负担，也造成了个人生活的压力，很多人成为无业流民；而对于农村而言，则由于教育资源的流失而造成了乡村教育的衰退和乡村文化的荒芜。上述农民识字率的普遍降低即反映了这一点。从教育内容上看，实施新教育之新学校（被乡民称为“洋学堂”）的教学内容主要是有关城市生活的内容，远离农村、农民的生活。这样，洋学堂毕业的学生即使回到农村，也已经无法适应农村的生活了。正如梁漱溟先生所说：

> “它离开了现社会，不合实际而与实际乖牾……譬如学生在学校里或学生在社会里养成的一种城市生活习惯，而且在城市里亦是完全不平民化的生活，使得乡间儿童到县城里入了高等小学以后，便对他旧日乡村简朴生活过不来……而乡村农家应有的知识能力，又一毫无有……乡间的劳作一切不能作……”（梁漱溟，1991）[843]。

由此可见，所谓新教育对当时的乡村建设与农民生活是有百害而无一利的。事实上，当时农民对这种新教育也是持不信任态度的。曾有人调查，农民不让孩子入新学堂的原因之一是：（新学堂）不叫小孩去学圣人，倒叫小孩去学畜牲①（吕德兰，1936）。这固然表现了当时中国农民观念的保守性，但从另一方面也反映出新式教育在相当长的时间里并未得到乡村百姓的真正

① 指当时的白话文运动，有关于“狗叫猫跳”之类教学内容。

认可和普遍接受。更值得注意的是，五四以来，知识分子提倡以白话文来普及大众教育，以开启民智，却未料到正是白话文教材成为百姓大众不愿接受新式教育的一大缘由。这个极具诡论意味的社会现象无疑是下层民众与新知识分子疏离的一个绝好表征（王奇生，2000）[560-561]。由此可见，新教育所导致的结果：一是农村中受过新式教育的知识精英流入城市；二是农民由于对新教育不信任而不愿让孩子进入新式学校接受教育，有不少农村孩子仍在乡间私塾接受传统教育。这正是二元社会结构下传统乡村教育与现代城市教育的对立状态。城市的现代性在增长，而农村的保守性仍在继续。

新教育对农村和农民生活的影响更重要地表现于：随着传统士绅的消亡，传统农村社会所赖以维持的传统伦理秩序崩溃，农民向来所依赖的精神榜样和道德支撑也逐渐塌陷。科举制度的废除，使学子的传统仕进之路被断绝。其后，随着五四新文化运动等反封建运动的影响，传统士绅对乡村社会的影响力日趋减弱，并且随着时光的流逝，不少传统士绅已经自然死亡。代之而起的，是靠财力或武力起家的近代豪绅，他们一般被称作“土豪劣绅”。与传统的士绅相比，他们多数人缺乏传统文化与道德修养，往往武断乡曲，鱼肉百姓，加重了近代农民的苦难。由于知识分子的流失，近代中国农民离“忠厚传家，诗书继世”的修身与治家传统越来越远，从而使乡村百姓的精神家园日益荒芜，导致农村道德下滑，人伦易位，理想迷惘，再加上经济破产、天灾人祸与生活的困窘，农民已经失去了生活的信心和勇气。正如梁漱溟所说：“任何一种社会，都有其价值判断，是非好歹；可是现在的乡村社会就失掉了它的价值判断，所以乡下人整天在苦闷无主之中。再则：近数十年来的天灾人祸太厉害……乡村中人现在既无乐生之心，进取的念头更谈不到。有此两面——价值判断失掉，天灾人祸频来——所以乡村中人死板沉寂而无气力。”（梁漱溟，1992）[501]这正是中国文化教育之近代转型，即所谓新教育所导致的中国乡村教育的衰退与文化的荒芜之表现。

总之，近代中国在转型的过程中所形成的二元社会结构对农村和农民的影响是破坏性的。梁漱溟先生全面地总结了近代中国农村所受到的影响和破坏：

> “中国近百年史，也可以说是一部乡村破坏史，其中包括政治属性的破坏力——兵祸匪乱、苛捐杂税等；经济属性的破坏力——外国经济侵略为主，洋行买办等也为破坏乡村的助手；文化属性的破坏力——从礼俗、制度、学术、思想的改变而来的种种。”（梁漱溟，1989b）[150]

其实，梁漱溟先生当时也已经意识到上述这种简单的三分法并不科学，因为上述三者并非截然分开的，而是相互联系、互为影响的，其中一个方面的变化会连带影响到其他方面的变化，如政治制度的变化会影响到经济方面，经济也会影响到文化，而政治制度的改变又是由文化问题引起的，比如新思想的输入（梁漱溟，1989b）[150]。三者之间这种连环相扣的影响，又加重了乡村的破坏。面对日益严重的乡村破坏与乡村危机，当时不少有识之士开始了解决农村和农民问题的艰苦探索。

二、乡村危机与乡村建设和乡村革命

鉴于乡村危机和农民苦难的社会现实，许多有识之士把关注的目光由城市转向了广袤而贫困的农村，纷纷提出“到乡村去”、“到民间去”的口号。概而言之，这些关注农村的团体可分为三类。第一类是以知识分子为主体的悲天悯人、意志坚强、立志改造农村、解救农民于水火的团体纷纷走向农村，与贫困的农民生活在一起，进行乡村教育和乡村建设，以提高农民的素质，改善农村的经济、政治与文化环境，并以此达到救国目的；乡村教育与乡村建设运动逐渐成为当时中国社会的一股重要潮流。第二类是以共产党领导的革命者、政治家为主体，其中也包括不少知识分子。在 1927 年大革命受挫后，他们清醒地认识到了农民为主体的中国国情，果断地把革命重心由城市转入农村，并认识到要赢得农民群众的拥护，必须给他们看得见的利益，因此，他们在南方各省根据地掀起了“打土豪，分田地”的土地革命。与此同时，他们还让当地广大农民群众受到了最初级的文化教育，革命根据地的扫盲运动搞得轰轰烈烈。第三类是在当时南京国民政府的政权之内进行的。面对濒临崩溃的农村经济，以及共产党在根据地进行的土地革命和改良派进行的乡村建设运动，出于维护政权稳固的目的，国民政府行政院成立了农村复兴委员会，指导全国 20 个实验县进行县政改革运动，以达“复兴农村，建设农村”之目的。上述三种势力中，共产党进行的土地革命运动属于乡村政治革命的性质，其目的在于推翻现存政权，建立无产阶级的统治。乡村建设派和国民党在改造、建设乡村方面的思想和目的虽然并不相同，但由于他们所依靠的政权基础是一致的，即都是在维护现有政权的基础上进行乡村改良，因而其主张和行为属于改革而非革命。

（一）从乡村教育到乡村建设

1. 乡村教育思潮和运动的出现及形成

民国时期有研究认为，国人对乡村教育的关注，始于五四时期。傅葆琛在其《乡村教育纲要》一书中指出："废除科举改设学校之时，无人知乡村教育应当特别研究。乡村教育最初的呼声，始于民国五四运动。"（傅葆琛，1934）[16]能印证这一说法的证据是1920年《中华教育界》十卷一期（民国9年7月21日）刊发了余家菊的《乡村教育的危机》一文，被认为是最早关注中国乡村教育的文章。此后，中国知识界对乡村教育越来越重视，以至形成乡村教育思潮和运动。当时有学者把乡村教育运动分为三个阶段，即萌芽时期的乡教运动（1919—1925），实验时期的乡教运动（1926—1927），发展时期的乡教运动（1928—20世纪30年代因日本侵华而中断）（古楳，1935）[62]。关于国人对乡村教育的重视始于五四时期的原因，郑大华先生在其《民国乡村建设运动》一书中指出了三个方面所致：一是民主思想的发展使人们认识到对广大民众包括农民进行教育对于实现民主的重要意义；二是推行义务教育的失败，使人们认识到要实现义务教育的普及必须重视乡村教育；三是西方国家尤其是美国重视乡村教育对中国也有影响（郑大华，2000）[67-69]。另有苗春德先生主编的《中国近代乡村教育史》一书，从政治、经济、思想和外部因素四个方面对乡村建设思潮和运动产生的原因进行了分析。此书认为亡国灭种的生存危机与国内政治危机、小农经济的破产与农民的苦难、救亡图存思潮与庸俗进化论的影响以及中国农村缺学少教的现实与丹麦庶民高等学校、日本新村主义的影响，成为中国近代乡村教育思潮和运动产生的背景和原因（苗春德，2004）[15-39]。应该说，上述两本书对此原因的分析各有特色，前者的分析较为深刻，后者的概括较为全面。但是，我认为，促使当时先进的知识分子关注乡村社会、走向农村还有一个重要的原因，就是受俄国传来的民粹主义思潮的影响。民粹主义是19世纪中叶始流行于俄国革命知识分子中的农业社会主义思潮。别林斯基、杜勃罗留波夫、赫尔岑等是其代表性人物。他们有人提出"到民间去"的口号，主张知识分子走向乡村，发动农民以反抗俄国的资本主义化；有人则提出平民主义要求，认为知识分子必须向农民学习，走身份同化的道路，而不是向农民说教（刘忠，2004）。显然，民粹主义的这种具有浓厚道德色彩的农业社会主义思想，很容易与源于小农经济汪洋大海的中国知识分子之道德理想主义思想产生共鸣。当时中国知识分子或多或少都受到民粹主义的影响。李大钊即是其中最明显的代表。他在《青年与农村》一文中写道：

"我们中国是一个农国，大多数的劳工阶级就是那些农民。他们若是不解放，就是我们国民全体不解放；他们的苦痛，就是我们国民全体的苦痛；他们的愚暗，就是我们国民全体的愚暗；他们生活的利病，就是我们政治全体的利病。"（李大钊，1999）[287-288]

李大钊还把城市与农村作了一番民粹主义式的对比，认为农村比城市幸福、光明且空气清洁，并为青年指明了前进的方向：

"青年呵！速向农村去吧！日出而作，日入而息，耕田而食，凿井而饮。那些终年在田野工作的父老妇孺，都是你们的同心伴侣，那炊烟锄影、鸡犬相闻的境界，才是你们安身立命的地方呵！"（李大钊，1999）[290-291]

在这字里行间，我们嗅到了浓厚的民粹主义气味。除此之外，蔡元培先生提出的"劳工神圣"以及当时报刊上广泛出现的"到农村去"、"到民间去"、"复兴农村"等口号皆受到了民粹主义思潮的影响。

接下来的问题是，知识分子到农村后，如何改进农村社会、改善农民的生活，从而达到复兴农村的目的，成为当时有识之士思索的焦点问题。那么，从哪里入手来解决农村问题呢？由于各地情况不同，各人见解各异，各地从事乡村工作的方法也不同。有从教育入手的，有从生产开始的，有以自卫为中心的，还有各种方法综合进行的。《中国大百科全书·教育》认为，当时多数从事乡村工作的团体"一般均由教育开其端"，"以教育为枢纽"，即改造乡村是从乡村教育开始的。当时从事乡村运动的多数团体和个人都持有通过教育改造乡村的观点，如当时极负盛誉的平民教育领袖晏阳初认为："农村是中国85%以上人民的着落地，要想普及中国平民教育，应当到农村去。"（马秋帆，1993）[48]作为平民教育促进总会董事部的书记、晏阳初的同仁陶行知提出了"平民教育下乡"的主张，他认为"乡村教育是立国之大本"，乡村教育"办得好，能叫农民上天堂；办得不好，能叫农民下地狱"（江苏省陶行知研究会，等，2001）[226]。

著名职业教育家黄炎培早在1921年就指出了乡村教育的重要性：

> “今吾国学校，十之八九其所施皆城市教育也，虽然，全国国民之生活，属于城市为多乎？抑属于乡村为多乎？吾敢十之八九属于乡村也……吾尝思之，吾国方盛倡普及教育，苟诚欲普及也，学校十之八九当属于乡村，即其所设施十之八九，当为适于乡村生活之教育。”（中华职业教育社，1985）[93]

的确，中国以农立国，农民占全国人口的80%—90%，中国农民的贫困和低下的文化素质，是中国走向独立富强的主要障碍。因而，要使中国走向民主与科学，实现强国之梦，必须重视乡村教育，以实现“改造乡村、再造民族”之目标。在上述先知先觉者的倡导下，一大批忧国忧民的知识分子，走出书斋，奔赴农村，致力于乡村教育的实验。到1926年前后，上述乡村教育的主张和行动演化成规模空前的乡村教育运动。当时研究、试验乡村教育的主要团体有进步教育家陶行知、黄炎培、晏阳初、梁漱溟、俞庆棠和高践四等发起、组织并领导的中华教育改进社、中华职业教育社、中华平民教育促进总会、乡村建设研究院、江苏省立教育学院等教育社团，它们试图从改造农村教育入手，达到改进农村生活，建设新农村的目的。各教育团体还创办了大量乡村教育实验区或实验学校，如黄炎培的江苏徐公桥农村改进实验区（1926）、陶行知的晓庄师范学校（1927）、晏阳初的河北定县乡村改进实验区（1929）和梁漱溟的山东邹平实验区（1931）等。据国民政府实业部统计：20世纪30年代初期，全国从事乡村改良运动的团体达600多个，它们建立的乡村实验点或实验区有1 000多处（章元善，等，1935）[19]。乡村教育运动已经蔚然成风。上述各乡村教育团体和试验区进行乡村试验的理念、方法虽然不同，如黄炎培的徐公桥农村改进实验区把职业教育作为改进乡村的根本途径；陶行知的晓庄师范把乡村学校和乡村教师当作改造乡村的核心和灵魂；晏阳初的定县实验区把农民的识字教育放在第一位，把平民教育与乡村改造结合起来，以达“除文盲，做新民”之目的；梁漱溟的山东邹平实验区则从训练从事乡村建设的人才开始，把伦理道德的培养放在首位：他们都有一个共同的信念和追求，即通过乡村教育达到“改造乡村，再造民族”之宏伟目标。

2. 从乡村教育发展到乡村建设

1927年后，由于连年的军阀混战和特大水旱灾害以及世界资本主义经济危机的影响，使本已日趋崩溃的农村经济雪上加霜，人们日益感到农村问题的严重性，于是，"救济乡村"、"复兴乡村"的呼声不断见诸当时各大报刊。如梁漱溟曾说过："乡村建设运动，是由于近些年来的乡村破产而激起来的救济乡村运动。"（梁漱溟，1989b）[149]再加上国民革命时期共产党发动南方各省农民闹革命，农民运动搞得轰轰烈烈，有力地支援了北伐战争，成为国民革命的一支重要力量，这使当时不少人对农村和农民问题有了新的认识，开始认识到解决农村和农民问题是解决中国问题的关键所在。如当时学者卢绍稷就认为："（民国）十六年以后，因受'国民革命'之影响，国内教育学者，有一种新觉悟，即认清民族惟一之路是改造乡村……于是有所谓'乡村改进'① 之实验。"（卢绍稷，1934）[16-17]另外，随着乡村教育运动的深入开展，乡村运动者越来越发现，乡村各项问题原本是联系在一起的。单纯搞乡村教育而不解决与此相关的乡村其他问题，乡村教育就走进了死胡同，不可能继续下去。因为乡村教育的主要对象为乡村儿童和乡村成人，由于农民生活困苦，生计太忙，因而没有时间受教育，再说，即使受到教育，认识一些字，却于农民生活无大益处，其所学的知识无处可用，生活依然困窘，农民学习的积极性就降低了。另外，农村缺医少药、有病得不到治疗的现状，也是推行乡村教育的一大障碍。在实行乡村平民教育的过程中，晏阳初就"觉得仅教农民认识文字取得求知识工具而不能使他们有用这套工具的机会，对于农民是没有直接效用的……破产的农村，非同时谋整个的建设不可"（晏阳初，1989）[246]。其他从事乡村建设者也不无同感。在这种情况下，乡村教育运动开始向乡村建设运动发展。

关于乡村教育与乡村建设之间的关系，郑大华先生在其《乡村建设运动》一书中曾有过辨析。作者认为乡村教育和乡村建设是两个既有联系又有区别的概念，乡村建设的内容包括乡村教育，乡村教育只是乡村建设的一个方面或部分，不能将二者混为一谈（郑大华，2000）[72]。但是，我认为，二者之间是相互促进、相互影响的关系，从大教育的角度看，从某种程度上说，教育就是建设，建设就是教育，因而不能将二者截然分开，正如梁漱溟先生所说：

"这一个从头建设的工作，全是教育的工作。我们一点一滴的教育，

① 即乡村建设。

就是一点一滴的建设，一点一滴的建设，就是一点一滴的教育；只有从一点一滴的教育着手，才可以一点一滴的建设！”（梁漱溟，1992）[435]

“乡村建设”一词是由梁漱溟先生首创的。梁漱溟在其《自述》中曾提到“乡村建设”一词的来历：“十七年我在广州时用‘乡治’，彼时在北方若王鸿一先生等则用‘村治’……我等来鲁之后，皆以‘村治’与‘乡治’两名词不甚通俗，于是改为‘乡村建设’。这一个名词，含义清楚，又有积极的意味，民国二十年春季即开始应用。”（梁漱溟，1989b）[31]也就是说，从1931年开始，梁漱溟及其领导的山东乡村建设研究院首次开始使用“乡村建设”一词。从此之后，这个名词得到当时中国社会的广泛认同并被广泛采用。

那么，何为“乡村建设”？其内容是什么？梁漱溟的解释为：“救济乡村便是乡村建设的第一层意义，至于创造新文化，那便是乡村建设的真意义所在。”（梁漱溟，1989a）[611]其内容包括政治建设、经济建设和组织建设三项，其次序为“先讲乡村组织，次讲政治问题，又次讲经济建设，末后讲我们所可成功的社会”（梁漱溟，1989b）[147]。与梁漱溟先生的观点类似，江问渔先生认为乡村建设的设施有“三大纲”，即政治、经济、文化三个方面，以达“政富教三端”：教所以救其愚，富所以救其穷，政由化其私，医其散，不私不散乃可结合团体，从事农村整个建设（江恒源，1935）[6]。晏阳初的看法也与之大同小异。他认为：乡村建设是整个社会结构的建设，其内容包括文化、教育、农业、经济、自卫等各方面的工作，“各方面工作的发展，合起来便就是整个乡建事业的发展”（晏阳初，1989）[565]。由此可见，当时乡建同仁对乡村建设的看法基本一致，皆认为乡村建设应包括经济、政治、文化教育等方面。

随着乡村教育向乡村建设的发展，原来从事乡村教育的教育机构、学术团体以及乡村教育实验区，逐渐将工作重心由乡村教育转移到乡村建设上来。如据晏阳初的报告，河北定县实验区“1929年运动的重点就开始从广泛的识字教育转移到乡村生活的深刻研究方面”（晏阳初，1989）[257]。经过认真调查与深刻研究，晏阳初及同仁认识到，农村问题虽然千头万绪，但其集中表现有四大基本问题，即“愚、贫、弱、私”，“要根本解决这四个基本问题，我们便要从事四种教育工作，这四种教育是：（一）文艺教育；（二）生计教育；（三）卫生教育；（四）公民教育”（晏阳初，1989）[247]。这四大教育之间具有连锁关系，因而要综合运用学校式、社会式、家庭式三大教育方式来进行。每一种方式都可推行四大教育，每一种教育都要运用三大方式。由晏阳初在定县实行的四大教育和三大方式之间的连锁关系看来，其教育本身就是建设，乡村教育正是为了乡村建设，乡村建设是以乡村教育为中心进行的。中华职业教育社黄炎培1929年提出了“富教合一”主义：

> “以此为指导，职教社在徐公桥‘纯以教育、经济、组织三项为主要的指导训练目标’。其教育目的，在使全区儿童，完全入学，不识字之青年成人，完全减除，知识开明，风俗敦厚，发挥互爱互助之精神，共谋本区文化之进展。其经济目的，在使农业改进，生产增多，家给户足，百废俱举，村容野容，焕然改观，健康安乐，病疫不兴，养生送死，毫无遗憾。其组织目的，在使人人能自治，能合群，视公事如己事，扩大爱家爱乡之心以爱国。”（章元善，等，1934）[40]

梁漱溟在山东邹平乡村建设实验县则通过建立乡农学校（后来是乡学、村学）、乡村合作社和乡村自卫组织，试图找出一条“政教富卫”合一的新型农村模式。

由上述内容可见，当时从事乡村建设的教育机构和学术团体以及实验区多数是从经济、政治、文化教育等方面进行乡村建设实验的。在其影响之下，各地许多从事乡建的教育机构和学术团体纷纷到农村设立各种实验区，其中主要的实验区除上述所提之外，还有江苏省立教育学院设立的无锡民众教育实验区、陶行知的晓庄学校和山海工学团、燕京大学社会学系设立的清河实验区、齐鲁大学设立的龙山实验区、中央农村推广委员会和金陵大学合办的乌江农业推广实验区、彭禹廷设立的河南镇平实验区，等等。据《第二次中国教育年鉴》统计，到1935年，全国各地建立的各种乡村教育、乡村改进和乡村建设的实验区已达193处之多。“为广事联合，协力以图乡村事业之发展进行”（章元善，等，1934）[5]，各地乡建同仁还于1933年7月14—15日在山东邹平乡村建设研究院、1934年10月10—12日在河北定县平教总会所在地、1935年10月10—12日在无锡江苏省立教育学院召开了三次“乡村工作讨论会”，反映了各地乡建工作者相互交流、切磋经验的意愿，也反映了当时乡村建设在全国的影响和阵势。尽管各实验区由于各地情况和实验者之主张不同因而所进行的实验的重点也有所不同，但他们“改造乡村，再造民族”的信念是一致的，对历史的影响是深远的。

值得注意的是，上述教育机构和学术团体以及实验区所进行的乡村建设是在当时国民政权的默许之下进行的。后来，随着乡村建设运动的推进和影响的扩大，国民政府内政部推行县政改革运动，致力于乡村改进事业，于1933年8月正式颁布了《各省设立县政建设实验区办法》，通令各省在省区内选择一县或数县作为推行县政建设的实验区。全国11个省的20个实验县中以江苏省江宁县、浙江省兰溪县、山东省的邹平县与菏泽县、河北省定县“各具特点，最负时誉”。由此可见，各地民间的乡村建设运动与国民党政府的县政改革运动在一定程度上趋向于合流。这正说明了盛行一时的乡村建设运动的社会改良性质。

（二）从城市革命到农村革命

面对中国近代社会的危机与民众的苦难尤其是农民大众的苦难，与上述乡建运动者所走的社会改良道路相反，中国共产党所走的是一条反对并旨在推翻当时政权和体制，以使劳苦大众翻身的革命道路。

中国共产党的阶级性，即它以中国工人阶级为领导和以工农联盟为基础，决定了它与当时政权和体制是难以并存的。因为在当时的政权体制下，广大劳苦民众，其中多数为农民大众处于被压迫、被剥削的地位，再加上内忧外患及天灾的影响，劳苦民众难以为生，处于水深火热之中。若不推翻当时政权和体制，给广大民众以生存的权利，就违背了中国共产党的阶级性。也就是说，中国共产党的阶级性，决定了它的革命性。

中共革命道路的选择最初是以世界上第一个取得无产阶级夺取政权斗争胜利的俄国十月革命道路为摹本的，即以城市为中心，夺取全国革命的胜利。但是中国特有的以农立国、以农民为中国社会主体的国情决定了走城市道路不可能成功，如1927年中国共产党领导的南昌起义、秋收起义、广州起义失败的共同原因就在于照搬苏俄经验，走以城市为中心的革命道路，背离了中国国情。其实，在中国共产党的队伍中，早就有人意识到农民的重要性，并组织起农民运动。彭湃作为海陆丰农民运动的领袖，早在1922年就开始了对当地农民的教育、组织和发动。1922年他开始在广东海丰老家活动，1923年1月领导成立了海丰县总农会，使这里成为大革命时期农民运动发展得最好的地区（金冲及，1996）[107]。与此同时，共产党早期重要领导人恽代英也意识到农村的重要性：“1923年他曾写信给毛泽东说，我们也可以学习陶行知到乡村里去搞一搞。毛泽东认为，现在城市工作还忙不过来，怎么顾得上农村呢?”（金冲及，1996）[107]由此可见，开创从城市转入农村、以农村包围城市道路的毛泽东对农民在中国革命中的地位的认识，是经历了一个过程的。后来，毛泽东通过对家乡农民生活状况的调查与对农民的组织发动工作，尤其是通过对大革命时期湖南农民运动的考察，为农民在大革命时期所表现出来的革命热情和力量兴奋不已，逐渐确立了以农村与农民为革命重心的思想。他在《湖南农民运动考察报告》一文中写道：

> “很短的时间内，将有几万万农民从中国中部、南部和北部各省起来，其势如暴风骤雨，迅猛异常，无论什么大的力量都将压抑不住。他们将冲决一切束缚他们的罗网，朝着解放的路上迅跑。一切帝国主义、军阀、贪官污吏、土豪劣绅，都将被他们葬入坟墓。”（毛泽东，1991a）[13]

这里，毛泽东描述了中国农民运动势如破竹的威力，表现了对农民革命必胜的信心与豪情，由于这是毛泽东把马克思主义与中国实际相结合的开始，因此标志着毛泽东思想的萌芽。从此，毛泽东及一些共产党员把工作的重心转移到领导农民运动上，直到 1927 年的秋收起义失败后，毛泽东领导工农革命队伍走上井冈山，找到了一条以农村革命根据地为中心、以农村包围城市的革命道路。

第二章

解决中国问题的不同探索

面对近代中国社会严重的农村危机与农民的苦难，来自不同社会阶层的两位伟人——梁漱溟和毛泽东，各自开始了解决农民问题并最终解决中国问题的艰苦探索。二人由于出身、身份、性格特点和知识背景不同，因而对中国社会问题的看法与解决途径也不同。梁漱溟由于出身贵族，因而站在传统儒家之“以天下为己任”的立场上，以人生问题与社会问题为思考的中心，倾向于中国传统哲学中“和”的一面，把中国农村社会当作一个整体来看待，并以此为出发点来看待中国社会，认为传统中国社会是“伦理本位，职业分途”的社会，近代中国社会问题的本质就是严重的“文化失调”。为了解决此问题，梁漱溟提出了其独特的解决乡村问题和中国问题的乡村建设模式——邹平教育模式，以图“文化改造，民族自救”，这种模式被称为儒家现代化模式。毛泽东则由于出身农民，因而对农民生活的艰辛和苦难有更深的体会，并且对中国社会的分层与贫富差别有切身的感受，加之在反抗脾气暴躁的父亲的过程中形成的斗争意识，因而更倾向于中国传统哲学与辩证法中“斗”的一面，以“阶级”的眼光来看待中国社会的一切问题，包括农村社会问题，认为近代中国社会问题的实质就是存在广泛的阶级压迫，解决此问题的手段就是通过农民革命来达到“改造社会，改造世界”的目的。这种革命理论最终形成于延安时期，因而称其为“延安模式”，从教育的角度亦可称为“延安教育模式”。此两种模式皆为旨在使中国社会走向现代化的模式，只是路径不同。我将尝试用解释学的理论来分析两位伟人的不同出身、身份、性格特征与哲学思想等“前见”在形成两种模式的过程中所起的作用。

一、不同的"前见"与不同的视角

德国哲学家伽达默尔（Hans-Georg Gadamer）认为，理解者的"前见"是接受、理解任何一种理论、学说的前提。"前见"即传统，任何人也无法摆脱，"它一直是我们自己的东西，一种范例和借鉴，一种对自身的重新认识"（伽达默尔，1999）[362]。"前见"是理解者无法超越的原始视野。各人在社会上的地位、身份不同，其看问题的角度也会有所不同。德国哲学家威廉·狄尔泰（Wilhelm Dilthey）也认为："无论过去的成份还是现在的成份，都与以某种系列的形式存在的经验联系在一起——而这种经验系列则通过这些关系被融合成为一个整体。由于记忆过程包括着认识过程，因此，从结构的角度来看，过去的任何一种东西，都由于再现了它以前的某种经验，而与这种经验联系在一起。未来的各种可能性，也都由于这种经验系列所安排的潜在的可能性的领域，而可以与这种系列联系起来。"（威廉·狄尔泰，2002）[53]狄尔泰这种有关构成生命历程的心理生活的连续性的观点与伽达默尔的"前见"说，可以为我们解读两位伟人的出身、性格在其后认识和解决中国问题道路的选择中所起的作用。

（一）出身与性格

人在社会化的过程中，其出身的家庭环境之影响是巨大而深远的。梁漱溟和毛泽东虽然出生于同一年——1893 年，也即中日甲午战争——西方列强的挑战使中国面临生死存亡危机的前一年，但从出身来看，梁漱溟和毛泽东由于出身于截然不同的家庭，因而生活于迥然各异的自然环境与文化环境。

1. 没落贵族与富裕农民

梁漱溟（1893—1988），名焕鼎，字寿铭，其后通用名号为"漱溟"二字。祖籍广西桂林，出生于北京。从血统上说，梁氏一族本是元朝宗室。梁漱溟的曾祖父、祖父、父亲三代都是从举人或进士出身而做官的。外祖父亦是由进士而入宦。他的祖母、母亲都读过不少书，能为诗文。从此意义上说，梁漱溟出身于"书香人家"或"世宦之家"（梁漱溟，1989b）[663]。但因他的祖父过早故去，使家道从此中落，备经寒苦。由于幼时体弱多病，父母对子女态度又较温和，因而虽然家境寒苦，梁漱溟却自幼就得到了足够的爱与体贴，其童年的生活环境是较为优裕的。在这种充满书香与温暖的家庭中成长起来的梁漱溟，其性格应该也是温和而充满书卷气息的。

毛泽东（1893—1976），字润之，名泽东，出生于湖南湘潭韶山冲一个富裕农民家庭。尽管家境还不错，为“富农”，不过在毛泽东的记忆里，“我家吃得很俭省，不过总是够吃的”，还有“我六岁就开始干农活了”，以及八岁到十三岁之间在本地一个小学堂读书时，“早晚都要到地里去干活”，“我刚识了几个字，父亲就让我开始给家里记账”，“我十三岁时，终于离开了小学堂，开始整天在地里帮长工干活，白天做一个全劳力的活，晚上替父亲记账”（埃德加·斯诺，1979）[106-108]。由毛泽东的自述看来，作为一个农家子弟，他童年的生活是辛苦的。可以说，其童年的大部分时间是与田间劳作分不开的。这与梁漱溟充满书香气息的童年生活形成了鲜明的对比。但是，从某种意义上说，艰辛的童年生活经历又是人生一笔宝贵的财富。它锻炼了毛泽东健康的躯体和钢铁般的意志，使他足以面对此后人生道路上的挫折、困难和艰险。与此同时，毛泽东由于亲身体验过农民生活的艰辛，易于使他在后来面临人生与革命道路的选择时，站在弱者，即农民的角度上来考虑问题。

有一点他们二人是幸运的，即他们都有善良慈祥的母亲。他们因为都曾享受过人世间最伟大的母爱而对世人有爱心，有一份温情。这是健全人格所不可缺少的重要组成部分。以对世人的爱心为出发点，他们都建构了救世济民的宏伟蓝图。但是，他们因父亲性格与教育方式的不同而受到了不同影响，并在一定程度上影响了他们对救国之路的选择。

2. 父与子

对毛泽东与梁漱溟来说，父亲对他们的影响是至关重要的。在梁漱溟的著作中，多次提及他的父亲梁济，父亲对他的影响是刻骨铭心的。从本质上讲，梁济是一位文化保守主义者，曾供职于清朝内阁十年，清朝灭亡后，他面临着失业，从感情上讲，他是留恋清朝的，这或许与他追求道德完整有关；他又是一个讲求实际的人，崇尚西学，追求新知，力图通过西学来挽救日益沉沦的中国社会。当他所有的尝试失败之后，他为保全其道德人格而从容赴死。通览梁漱溟的著作，父亲对他的影响，主要表现在两个方面：一是童年时期性格的养成方面，二是青年时期人生道路的选择方面。关于其父，梁漱溟是这样评价的：

> “吾父是一秉性笃实底人，而不是一天资高明的人……他最不可及处，是意趣超俗，不肯随俗流转，而有一腔热肠，一身侠骨。因其非天资高明底人，所以思想不超脱。因其秉性笃实而用心精细，所以遇事认真。因为有豪侠气，所以行为只是端正，而并不拘谨。他最看重事功，而不免忽视学问。前人所说‘不耻恶衣恶食，而耻匹夫匹妇不被其泽’的话，正好点出我父一副心肝——我最初的思想和做人，受父亲影响，亦就是这么一路（尚侠、认真、不超脱）。”（梁漱溟，1989b）[664]

这是指父亲梁济性格对梁漱溟为人处世之总体影响。梁漱溟一生正是以上述人生准则为指导来践行其内圣外王之路的。具体到梁济对幼时的梁漱溟的影响，主要在其对儿子的宽松与开放的教育方式上。成年后的梁漱溟对此是记忆颇深的，他回忆道：“父亲对我完全是宽放底……他亦很少正言厉色地教训我们。我受父亲影响，并不是受了许多教训，而毋宁说是受一些暗示。我在父亲面前，完全不感到一种精神上的压迫。他从未以端凝严肃的神气对儿童或少年人。”（梁漱溟，1989b）[664]由此可见，梁济是很懂得作为父亲如何与孩子相处的，他了解孩子的心理并尊重孩子，因而深得儿子的爱戴。尤其让梁漱溟难以忘怀的是幼时父亲以一张纸条间接教育他的事情，他到成年时依然记得父亲写在纸条上的内容：

> “一小儿在桃树下玩耍，偶将一小串钱挂于树枝而忘之。到处向人寻问，吵闹不休。次日，其父亲打扫庭院，见钱悬树上，乃指示之。小儿始自知其糊涂云云。”（梁漱溟，1989b）[665]

这种平等、宽松以及暗示的教育方式，已不是传统中国社会强调上下尊卑之等级秩序与服从的贵族式教育方式，而是尊重孩子人格与心理特点的科学的教育，已具有明显的现代性，这对童年时期的梁漱溟性格的养成有良好的影响，使作为孩子的梁漱溟性格既有温和的一面，又有根据自己的意志和想法决定为人处世态度的特点，温和中不乏坚毅；由于事事由自己做主，所以能担当属于自己的责任，而不把责任推给别人，使其性格既有主见，又善于反省自己。总之，温馨、和睦的家庭气氛以及父亲宽松的教育方式给幼年时期的梁漱溟性格的影响是具有决定性的，也是深远的，使其成年后倾向于中国传统哲学中“和”的一面，把中国社会包括农村社会居民当作一个整体来看待，也就是说，童年时期父亲对他的教育方式在一定程度上影响了他成年后对社会改良道路的选择，反对以暴力的形式进行革命。当然，家庭与父亲的影响仅仅是其中一个方面，远远不是全部。

父亲梁济对青少年时期梁漱溟的影响表现在当他有自己的见解之后，出于对儿子的信任和尊重，父亲仍采取“不干涉”的方式。此时梁济影响下的家庭气氛是民主、平等的，梁漱溟在其《思亲记》一文中写道：

> “公尤好与儿辈共语，恣之言，一无禁……公固关怀国家，溟亦好论时事，于是所语者十九在大局政治新旧风教之间。始在光宣间，父子并嗜读新会梁氏书。溟日手《新民丛报》《若国风报》一本，肆为议论，顾皆能得公旨。”（梁漱溟，1989a）[594]

父亲对子女此种平等态度，使少年梁漱溟毫无顾忌地发表自己的意见。更令父亲欣慰的是，父子二人皆喜读梁启超的书，并且儿子发表的意见“皆能得公旨”，由此可见，梁济对儿子的才气和思想是颇为欣赏，也颇为信任的，因而更加主张让儿子自由发展。梁漱溟回忆说：“到十四岁以后，我胸中渐渐自有思想见解，或发于言论，或见之行事。先父认为好的，便明示或暗示鼓励。他不同意的，让我晓得他不同意而止，却从不干涉。十七八岁时，有些关系颇大之事，他仍然不加干涉，而听我去。就在他不干涉之中，成就了我的自学。”（梁漱溟，1989b）[665]在父亲的“不干涉”主义下，梁漱溟凭着他的年轻意气，继续我行我素，做着多数青年人往往仅凭冲动和热情而进行的一些激进的举动，如革命、暗杀、遇到问题与挫折后返身向佛，甚至不婚，父亲仍然尊重儿子的意志。关于婚姻问题之往事，梁漱溟是这样记述的：

> “（先妣）自知不起，挽儿手而泣，开喻叮咛，情词甚切。儿重违母意。请如教，而有难色。公旁坐独无语。明日以书示之曰：‘汝母昨日之教，以哀语私情，堕吾儿远志；失于柔纤委靡，大非吾意。汝既不愿有室，且从后议。’”（梁漱溟，1989a）[595]

在婚事方面，梁济尊重儿子的意愿；在宗教问题上，坚持实用主义的梁济是一向反对逃避现实问题的佛教的，但对于信佛的儿子，他还是给予了相当的尊重：“释氏之教，公所不喜也。溟年二十，日诵其言，公未尝一言止

之。”（梁漱溟，1989a）[595]

梁济这种尊重孩子意愿的教育方式，即使拿到当今社会来看，也是备受教育界推崇的，因而也是前卫的。梁漱溟也认为父亲这种教育方式“独使情余于礼，意得自通，而教之有道，其间分际斟酌，盖有足为一世法者”（梁漱溟，1989a）[595]。

父亲这种平等相待、尊重子女的教育方式使梁漱溟的个性与思想得到了充分的发展，但是个性独立、坚持己见的青年梁漱溟往往一意孤行，听不进父亲的意见，直到 1918 年梁漱溟 26 岁时父亲带着绝望自沉净业湖后，梁漱溟才幡然醒悟，后悔莫及，简直是痛不欲生：

> “呜呼！公在天其不瞑目矣！儿子之不肖负罪极矣！即欲自诛自责，诚不识当作何语。每于理稿次，辄俯思而痛；虽百死其安赎也！”（梁漱溟，1989a）[595-596]

梁漱溟此种痛悔之状，诚如艾恺所评价的：“梁济拒绝责打和威吓儿子。这使他不具有很强的权威，也遇不到对于权威的反抗。梁漱溟被迫充当了自己的权威和惩罚者。”（艾恺，2003）[34]自己充当自己的权威和惩罚者，这需要相当的道德自律，会经受深刻的精神煎熬与痛苦；经过这样一番精神洗礼后，梁漱溟的道德与意志进一步得到升华，从而坚定了他此后的人生道路，即由佛转儒的入世之路。

童年的毛泽东没有梁漱溟那样幸运，他没有像梁济那样温和而意趣超俗、令梁漱溟感念一生的父亲。他的父亲只是一个精明强干、脾气暴躁、经常打骂孩子的农民。然而，任何人对其出身都是无法选择的，毛泽东也是。让我们走进历史，通过了解毛氏父子之间的关系，来解读毛泽东性格的形成及其对以后人生道路与革命道路的影响。毛家由于毛泽东的父亲毛顺生的节俭与精明而由中农发展为富农，在家境越来越好之后，毛顺生仍然喜欢“聚财”，对儿子们也很苛刻，毛泽东回忆道：

> “他是一个严格的监工，看不得我闲着；如果没有账要记，就叫我去做农活。他性情暴躁，常常打我和两个弟弟。他一文钱也不给我们，给我们吃的又是最差的……对于我，他不给蛋也不给肉。”（埃德加·斯诺，1979）[107]

毛泽东父亲的吝啬苛刻与母亲的慷慨厚道形成了鲜明的对比，因为在一个家庭中生活，他们之间的冲突也就不可避免："她（母亲）可怜穷人，他们在荒年前来讨饭的时候，她常常给他们饭吃。但是，如果我父亲在场，她就不能这样做了。我父亲是不赞成施舍的。我家为了这事多次发生过争吵。"（埃德加·斯诺，1979）[107]后来到延安的毛泽东从斗争与党派的角度来看待这种家庭冲突："我家分成两'党'。一党是我父亲，是执政党。反对党由我、母亲、弟弟组成，有时连雇工也包括在内。"（埃德加·斯诺，1979）[107]父亲对儿子的苛刻与责打使少年毛泽东的不满与反抗越来越强烈，斗争意识日益增强，毛泽东大约十三岁时发生在父亲与他之间的冲突即反映了这一点：

> "我大约十三岁的时候……父亲当众骂我懒而无用。这激怒了我。我骂了他，就离开了家……父亲也赶来，一边骂我一边命令我回去。我跑到一个池塘边，恫吓说如果他再走近一步，我就要跳下去。在这种情况下，双方都提出了停止内战的要求和反要求。父亲坚持要我磕头认错。我表示如果他答应不打我，我可以跪一条腿磕头。战争就这样结束了。我从这件事认识到，我如果公开反抗，保卫自己的权利，我父亲就软了下来；可是如果我仍温顺驯服，他反而打骂我更厉害。"（埃德加·斯诺，1979）[107－108]

这正是少年毛泽东从与脾气暴躁的父亲的斗争中得出的结论。"斗"的哲学，在少年毛泽东的心中已埋下了种子。成年后的毛泽东认为父亲对他严厉管教的结果是"自招失败"，因为"我学会了恨他，我们对他建立了真正的统一战线"（埃德加·斯诺，1979）[108]。但是，任何事情都是利弊兼得的。毛泽东也不否认"他的严厉态度大概对我也有好处。这使我干活非常勤快，使我仔细记账，免得他有把柄来批评我"（埃德加·斯诺，1979）[108]。

当时在回答斯诺的问题时，毛泽东可能还没有来得及全面总结父亲对他的影响：正是由于父亲对他的严厉，使他学会了恨，学会了斗争，进而形成了"斗"的哲学；同时父亲对他的严厉，不仅使他"干活非常勤快"，而且逐渐形成了强健的体魄和战胜一切困难的信心与斗志。不仅如此，少年时期强烈叛逆父亲的毛泽东还将不可避免地继承父亲身上所具有的品性："招致家人不满的严厉；并非来自宗教式禁欲的节俭；贯穿整个人生的勤奋、实践能力；强烈的进取心，但不关心空洞的理论以及兴趣爱好和收集美术品等。”（竹内实，2002）[55]这些品性我们都会在成年后的毛泽东身上看到。其中毛泽东强烈的实践性格，使他后来以实践为基点把马克思主义中国化。日本学者竹内实先生认为，“他抗拒并反抗过的父亲留给他的最大遗产是对体力劳动的信念”：“人应该干体力劳动；如果干体力劳动，就一定会有所收获；体力劳动决不辜负人类这些信念”（竹内实，2002）[55]。的确，正是对体力劳动的这种信念，使毛泽东在陕甘宁边区遇到严重经济困难时，以其特有的对农业体力劳动的熟悉而自然地提出了“自己动手，丰衣足食”的口号，发起了轰轰烈烈的大生产运动，使边区渡过了严重困难时期。

出身还包括一个人出生后所生活的周围环境，其对二位伟人的影响也不容忽视。

3. 成长环境（幼年、青少年时期）

梁漱溟与毛泽东同年即 1893 年分别出生于北京市和湖南省湘潭县的韶山冲。同年出生意味着他们面临相同的时代背景，即此后中华民族危机步步紧逼，这使他们皆以挽救国家民族、以救世济民为己任；而出生于不同的地区——北京和韶山冲，二者之别一方面意味着北方与南方之别，另一方面代表着都市与乡村之别。此种区别对他们产生了不同的影响。北京是当时中华帝国的心脏地带，是当时中国政治的敏感神经，民族危机与挽救民族危机的消息最先在这里产生或聚集，幼年的梁漱溟即受到了政治的影响。1895 年甲午中日战争中，清政府的战败与被迫签约割地赔款的消息传到北京，正在北京应试的举人在康有为的领导下掀起了震惊当时国内外的“公车上书”，直到 1898 年发动了“戊戌变法”运动。此种维新救国运动深得梁漱溟父亲梁济的赞赏与支持；1900 年梁漱溟八岁时，义和团进京，“专杀信洋教和念洋书之人。我们只好将《英文初阶》《英文进阶》一齐烧毁”。因此，“英文念不成了”（梁漱溟，1989b）[668]。庚子之变后，学堂复兴，梁漱溟又入新式学堂读书。当时的北京，由于得风气之先而使幼时的梁漱溟得以读到维新志士，也是其父的故执——彭翼仲先生首家创办的《启蒙画报》和《京话日报》，前者适于儿童阅读，宣传科学常识与历史掌故、名人轶事，范围涉及古今中外；后者的读者主要为成人，评价国内外重大事件，指陈社会病痛，鼓吹社会运动。皆在当时影响甚大。在五年半的中学时期（1906—1911），梁漱溟喜读维新领袖梁启超主办的《新民丛报》与《新小说》，以及立宪派创办的《国风报》、革命派创办的《民立报》，为其思想提供了丰富的养料。在此期间，少年梁漱溟还受到两位朋友的影响，即郭人麟和甄之熙。郭人麟学识渊博、思想超脱，“其思想高于我，其精神亦足以笼罩我”，使梁漱溟对他“崇拜之极，尊之为郭师”，并把其谈话记录成册，题名为“郭师语录”（梁漱溟，1989b）[683-684]。受其影响，梁漱溟的思想发生了极大的转折：“自与郭君接近后，我一向狭隘的见解（即重事功而轻学问）为之打破，对哲学始知尊重，这在我的思想上，实为一绝大转进。”（梁漱溟，1989b）[684]甄元熙是革命派，与梁漱溟之政见不同，因为梁漱溟当时主张立宪，但二人是“很好的朋友”，二人彼此常常因为政见问题进行笔战。后来随着清政府越来越失去人心，梁漱溟也转为革命派。二人皆成为当时进行暗杀、暴动等革命性质的地下组织“京津同盟会”成员。可以说，两位朋友中，前者给了梁漱溟思想、学问上的帮助，后者给了梁漱溟政治上的帮助。他们皆使梁漱溟的思想发生过重大转变。中学毕业后，梁漱溟即作为新闻记者，投身于社会政治活动，直到1912年同盟会改组为国民党时，梁漱溟发现了党内政治生活中丑恶的一面而退出国民党。

综上所述，梁漱溟幼年及青少年时期生活、学习于北京这样的环境，使其对政治发生了浓厚的兴趣，希冀通过参与政治活动而达到救国救民之目的。在其以后的政治路途中，虽曾多次遇到挫折，梁漱溟也曾彷徨、灰心，并对人生感到厌倦，以至于一度想出家为僧，但他还是抱着强烈的救世济人目的多次介入到政治活动之中。当然，他之介入政治，乃是文人型的，而不是政客式的。从其深受父亲影响的“尚侠、认真、不超脱”的道德人格而言，他是厌恶政治的。这种对政治的厌恶所导致的结果，正像艾恺所评价的：“这种厌恶感使他永远不能真正理解政治和权力，直到他后来作为一个乡村改革者和政治调解人时也仍然如此。”（艾恺，2003）[32]

与梁漱溟迥然不同的是，在16岁之前，少年毛泽东的足迹所及只限于韶山冲和唐家坨（毛泽东的外婆家，与韶山冲相距十余华里）。在方圆十余里的山村，少年毛泽东的视野是极为有限的。但是在这视野极为有限的山村里，除了性情暴躁的父亲使毛泽东性格中的斗争意识萌生并增强以外，周围自然、朴实的环境，多数老实厚道而又贫困的农民，以及心地善良的母亲对他的影响是深刻的，也是长久的。在16年的时间里生活、劳动、读书于其中，毛泽东对农村与农民的生活感同身受，农民的生活习性与性格已经渗透进血液之中，难以磨灭。在这其中，乐善好施的母亲对他的影响是终生的：“母亲的言传身教，使毛泽东从小同情贫弱，乐于助人。”（金冲及，1996）[4]

在家乡，少年毛泽东除了接受旧式教育外，还喜读《水浒传》等旧小说，小说中劫富济贫的梁山好汉成为当时毛泽东心目中的英雄。少年毛泽东正是带着对山乡农民的爱与对贫弱者的同情、对压迫者的反抗意识走出韶山冲的。

少年毛泽东在家乡耕读时，从省城长沙传来的饥民暴动的消息与韶山饥民“吃大户”的举动对他影响很大。1910 年 4 月，由于荒年长沙粮价飞涨，有一家人因无法生存而全家投塘自尽。饥民们涌到巡抚衙门请愿，反遭枪击，当场被打死 14 人。在忍无可忍的情况下，他们放火烧了巡抚衙门，捣毁了外国洋行、轮船公司、税关。清政府派兵镇压，暴动者的鲜血染红了浏阳门外的识字岭，被杀者的头颅高高挂在南门外示众（金冲及，1996）[6-7]。对于当时多数人来说，他们仅仅是站在旁观者的立场来看待这个消息，不过是其茶余饭后的谈资，不久即淡忘了。但是，对于同情心与反抗意识都较强的少年毛泽东来说，“却始终忘不掉这件事。我觉得造反的人也是像我自己家里人那样的老百姓，对于他们受到冤屈，我深感不平”。这件事情“影响了我的一生”（埃德加·斯诺，1979）[110-111]。毛泽东在向斯诺叙述自己的童年时代时，还提到了韶山秘密会社哥老会领袖彭铁匠举起义旗、反抗地主和政府的义举。彭铁匠最后被斩首，但在毛泽东的眼里，他就是类似于梁山好汉的英雄。1911 年，毛泽东的家乡韶山一带在青黄不接的时节，又闹粮荒，“穷人要求富户接济，他们开始一个叫作‘吃大户’的运动。我父亲是一个米商，尽管本乡缺粮，他仍然运出大批粮食到城里去。其中有一批被穷苦的村民扣留了，他怒不可遏”。对于这场影响到自己家的“吃大户”运动，毛泽东的态度是：“我不同情他（父亲），可是我又觉得村民们的方法也不对。”（埃德加·斯诺，1979）[111]由此可见，少年毛泽东虽然对贫苦农民充满同情，反对父亲的为富不仁行为，也崇敬造反的英雄好汉，但此时毛泽东并不主张暴力斗争，其思想还属于改良性质。

当时，韶山这个偏僻的山村里，已经开始吹进新鲜的空气，毛泽东回忆道：“本地的一所小学来了一个‘激进派’教师。说他是‘激进派’，是因为他反对佛教，想要去除神佛。他劝人把庙宇改为学堂。大家对他议论纷纷。我钦佩他，赞成他的主张。”（埃德加·斯诺，1979）[111]这段时期，毛泽东读到了郑观应的《盛世危言》，书中主张中国要改变现状，要挽救危机，就要引进西洋的器械。毛泽东认为此书对他的影响是“盛世危言，激起我想要恢复学业的愿望”（埃德加·斯诺，1979）[110]。毛泽东在这一时期还读到了一本名为《论中国被列强分割的危险》的小册子（竹内实，2002）[61]，这本小册子给他留下了深刻的印象，若干年后，他仍然记得开头一句："呜呼，中国其将亡矣！"这本小册子使他"开始意识到，国家兴亡，匹夫有责"（埃德加·斯诺，1979）[111-112]。这些新鲜的主张均使少年毛泽东的思想受到震动，他已经不满足于封闭的山村，开始向往外面的世界。

1910年，16岁的毛泽东终于离开了闭塞的韶山，进入湘乡县立东山高等小学堂读书。在这里，他有机会读到梁启超主编的《新民丛报》，非常喜欢，反复阅读，"直到可以背出来"（埃德加·斯诺，1979）[113]。由此可见，与梁漱溟一样，毛泽东也曾深受梁启超的维新启蒙思想影响。一年之后，毛泽东的视野进一步开阔了，他向往更广阔的世界。于是，他来到省城长沙，考入了湘乡驻省中学。毛泽东到长沙时，已经是辛亥革命的前夜，当时革命派办的《民立报》传到学校，毛泽东看到后深受革命气氛的感染，对革命跃跃欲试。不久武昌起义爆发，毛泽东即投笔从戎，参加了长沙革命军。从军后，他把军队发下的军饷多数用来购买书籍和订阅报刊，他认真读报，从此读报成为他一生的习惯。1912年清帝退位、南北统一后，毛泽东认为革命已经结束，在当了半年兵之后，即退出军队，继续求学。经过选择之后，他以第一名的成绩考入湖南省立第一中学，但仅上了半年，他因为省立一中的"课程有限，校规也使人反感"而对此校不满，在自学了国文教师借给他的《御批历代通鉴辑览》之后，他认为自学的效果更好，于是自动退学。之后，他每天到省立图书馆自修，开始了自学的生涯。自学期间，他如饥似渴地阅读了大量中外书籍，得到了极大的精神满足。在那里，19岁的毛泽东"第一次看到一幅世界地图，怀着很大的兴趣研究了它"（埃德加·斯诺，1979）[120]，从此，他知道世界是如此之大，中国仅为世界之一，而他的家乡湘潭县在图中根本没有。这对于一个刚刚走出乡关不久的青年来说，是非常新奇的。对毛泽东来说，自学虽然"极有价值"（埃德加·斯诺，1979）[120]，但由于父亲反对他放弃正规学校学习而断绝其生活费用，自学了半年的毛泽东不得不重新回到学校读书。自1913年考入湖南第一师范，20岁的毛泽东开始了为期五年的师范学校学习生活。

总而言之，梁漱溟、毛泽东二人的家庭出身与周围环境不同，致使他们幼年、青少年时期的生活与学习环境不同，这对二人性格的形成具有决定作用。

温暖而又充满书香气息的家庭，对他信任且平等相待的和蔼的父亲，使梁漱溟的性格一方面温和，带有书卷气息，另一方面又有独立的个性和主见。或许是由于其祖先高贵的血统，更由于自幼受父亲的人格感召而产生对国家民族的责任感，使他自视甚高，有一股傲气（梁漱溟中学时曾被好友命名为“傲”）（梁漱溟，1989b）[677]，不肯轻易盲从别人。更重要的是梁父“尚侠、认真、不超脱”和以天下为己任的道德人格在青少年时期的梁漱溟身上已留下了深刻的印记，其父在他17岁时为他取字曰“肖吾”即可为证。在北京这个政治中心城市生活与学习，救世济民的道德责任感使梁漱溟不能不关心并参与危机日益加深的中国政治。尽管他的道德人格与当时政治在很大程度上是格格不入的，这使他曾深深地厌恶政治，从而引起厌倦人生的个人危机，甚至几度想自杀，但传统儒家的入世情怀又使他常常不能自已地介入到政治之中去，希图通过介入政治来拯救世人。但毕竟他只是一个拥有高度道德人格的儒生，被艾恺称为“最后的儒家”，而不是政治家，他不懂得政治，他之介入政治不过是传统儒家“知其不可而为之”的道德责任感的最后努力。与梁漱溟形成鲜明对比的是，毛泽东父亲的暴躁、吝啬与母亲的温和、忍耐、善良、慷慨对比鲜明，这使少年毛泽东在与父亲的对抗中萌生斗争意识的同时，还从母亲那里学到了善良、忍耐与同情、帮助弱者的品性。其实，环境对一个人的影响是复杂的，一个人性格品质的形成往往不是个人所能左右的，是难以进行选择的，这在毛泽东的身上即有明显的体现：他在少年时期强烈叛逆强迫他干活、不让他读书的父亲，而实际上在他的性格形成过程中却难以避免地融入了父亲的性格：农民所特有的现实性、不断进取精神（父亲从中农发展为富农后，仍节俭、苛刻地积聚家业可谓此例）、重视体力劳动和在某种程度上轻视知识（或曰空洞的理论）。十几年山村体力劳动的磨炼造就了毛泽东强健的体魄和坚韧不拔的意志，这足以使他面对此后人生道路上的艰难险阻。山乡环境对毛泽东的影响将是根深蒂固的，因为一个人到16岁时，其性格的基本特质已经形成，其后虽然知识会增多，阅历会更丰富，但其性格之“根”已成，难以改变。毛泽东的性格之“根”就这样扎在中国的乡村。毛泽东的“根”扎在乡村，这使他非常了解中国农村社会与农民的实际，了解农民的性格与真正需要，从而使他参与和领导的中国政治革命因为符合中国社会的实际，尤其是能满足农民的需要而逐渐走向胜利。

影响两位伟人后来的人生之路与社会改造道路的因素，即“前见”，除了出身以外，还有他们的知识背景。

（二）知识背景

家庭背景与求学背景的不同，直接决定了二人知识背景的不同。自1893年二人出生以后，中华民族遭受的外侮日益严重：1894年甲午中日战争爆发；1895年清政府战败，被迫割辽东半岛和台湾岛给日本；1897年德国占领胶州湾；1898俄国强占旅顺、大连。帝国主义掀起瓜分中国的狂潮。梁漱溟的父亲梁济受中华民族危机加深的刺激和西方文化的影响，认为中国之所以积弱不振，是由于"唯务虚文，不讲实学"的文人之所误，"他所持有之标准，即是'有用处'三字。他批评世间一切事，有用处即是好，无用处乃是不好……他自己虽也曾读书中举，但他最看不起读书人，最看不起做文章的人，因为读书人不中用"（梁漱溟，1989b）[5]。因而不仅自己对西学感兴趣，而且教孩子从小就学习西洋之实学，以达救国之目的。这即是"实用主义或实利主义，恒随时见于吾父一言一行之间"（梁漱溟，1993b）[178]。梁济这种实用主义思想（梁漱溟有时亦称为功利主义思想）对梁漱溟幼年的启蒙教育影响甚大："当我幼时开蒙读书，正值吾父痛心国难之时，就教我读《地球韵言》一类的书，俾知晓世界大势，而未曾要我读'四书五经'。其后入小学，进中学，读一些教科书，终竟置中国古经书未读。古经书在我，只是像翻阅报刊那样，在一年暑假中自己阅读的。"（梁漱溟，1993b）[181]与当时一般儿童所受的启蒙教育不同，梁漱溟的开蒙阶段以及小学、中学阶段皆是以学习西学为主的，虽然当时的学堂是中西兼学的，但受父亲影响讲求实际效用的梁漱溟对国文不感兴趣：

> "国文教师教我的唐宋八大家的古文，我最不高兴；国文讲义，我向例不看，尤其不喜欢空洞的议论，如苏东坡之万言书。至若庄子上的文字，更叫我头痛痛恨……我从来没有在国文上，下过功夫。"（梁漱溟，1989b）[7]

综上所述，梁漱溟的青少年时代由于深受其父功利主义思想的影响对中国传统文化不感兴趣，而倾心于西学，加上他做事认真，待人真诚，有似于其父，深得其父器重，因而当他17岁时，父亲给他取字曰"肖吾"（梁漱溟，1989b）[6]。在他19岁于北京顺天中学毕业之前，他已经学会了自学。梁漱溟认为，他的自学，最得力于杂志报纸。他10岁时就爱看《启蒙画报》

《京话日报》等宣传救国性质的报刊，中学时大量阅读梁启超主编的《新民丛报》与《新小说》等（梁漱溟，1989b）[674-681]，深受梁氏之维新启蒙思想之影响。

梁漱溟曾把自己人生思想的转变，划分为三个时期：

> “第一时期为实用主义时期，从十四五岁到十九岁止，以受先父之影响为多。第二时期即为出世思想归入佛家，从二十岁至二十八九岁止。第三时期由佛家思想转入于儒家思想，从二十八九以后，即发表《东西文化及其哲学》一书之际。在此三个时期中，令人感觉奇巧者，即是第一个时期可谓为西洋的思想，第二个时期可谓为印度的思想，第三个时期可谓为中国的思想。”（梁漱溟，1989b）[9]

由梁漱溟人生思想的转变，亦可看出其知识结构的变化，即他自己所谓由西洋思想到印度思想，再到中国思想。他后来总结自己思想的来源，认为：“中国儒家、西洋生命派哲学和医学三者，是我思想所从来之根柢。”(梁漱溟，1989b)[126-127]于此，他显然忽视了其青少年时期受父亲及西方实利主义思想的影响。他在 19 岁之前是受父亲思想影响的。而一个人在青少年时期所受的观念与思想的影响是根深蒂固的，无形中会影响他一生的人生道路。这一点即表现在他不是为学术而研究学术的人，而是由思考社会问题引起研究学术的要求的。正如他所言：“我是感受中国问题之刺激，切志中国问题之解决，从而要追到其历史，其文化，不能不用番心，寻个明白……它却不是书本上的知识，不是学究式的研究；而是从活问题和活材料，朝夕寤寐以求之一点心得。”（梁漱溟，1990）[4]由置身于中国问题之中，感到解决问题的迫切性而研究学问，这正体现了早期功利主义思想对他的影响。梁漱溟之最后皈依儒家，亦与其早期受父亲的道德责任感与功利主义思想的影响密切相关。另外，他从 20 岁开始研究佛教甚至一心出家做和尚，到 28 岁放弃出家思想，发现世界文明三大体系，29 岁结婚并出版《东西文化及其哲学》。梁漱溟在这八九年时间里是浸淫于佛教之中的，他此后的人生道路和思想不可能不受此影响。艾恺先生在其《最后的儒家》一书中，指出了研究并沉浸于佛教之后的梁漱溟“面对的是人类的普遍问题，而不是他们自己特殊时期的处境。这种选择精神，更多是在感情上与人类存在的意义这个永恒问题相联系，而不是与他们的生存环境这个直接问题相联系……他摆

脱了危机时期，以一个救世主的身份带着反省和具有普遍意义的启示出现了。”（艾恺，2003）[37]

这正是佛教普渡众生之教义在梁漱溟身上所留下的印记。在 1921 年出版的《东西文化及其哲学》一书中，梁漱溟把人类文化分为矛盾的既具共时性又具历时性的“世界文化三期重现说”，也受到了佛教之泛爱众生观念的影响。

与梁漱溟不同，毛泽东与当时中国社会一般家庭孩子的求学知识顺序是相似的。即幼年求学于私塾，读中国传统儒家经典如“四书五经”之类，然后再进入新式学堂接受新式教育。据《毛泽东年谱》记载，毛泽东于 1902 年“从唐家坨外祖父家回韶山，入南岸私塾读书……先读《三字经》，接着读《幼学琼林》《论语》《孟子》《中庸》《大学》”（逄先知，2002）[2]。对这些枯燥的古典经书，毛泽东是不喜欢的，再加上国文教员对学生态度粗暴严厉，在与父亲的斗争中萌发的反抗意识使毛泽东顶撞教员并逃过学。但是，由于幼时的毛泽东有着过人的记忆力和理解力，仍然学得很好。毛泽东后来把自己的私塾生活概括为“六年孔夫子”（金冲及，1996）[5]。六年的“孔夫子”生活使少年毛泽东具有了良好的古文功底，使成年后的毛泽东对中国古典文化运用自如，为他贯通古今、古为今用以及把马克思主义理论运用到中国革命和建设中打下了坚实的基础。毛泽东在私塾时除了读先生强迫学生必读的经书之外，更喜欢看“中国旧小说，特别是关于造反的故事”，他偷偷地读了“《精忠传》《水浒传》《隋唐》《三国》和《西游记》”。对书中许多故事，他“几乎背得出，而且反复讨论了许多次”。成年后的毛泽东认为“这些书大概对我影响很大，因为是在容易接受的年龄里读的”（埃德加·斯诺，1979）[108]。随着年龄的增长，毛泽东不仅继续读“中国旧小说和故事”，而且开始独立地思考一些与此相关的问题，把小说内容与他身边的现实生活结合起来。毛泽东后来回忆说：“有一天我忽然想到，这些小说有一件事情很特别，就是里面没有种田的农民。所有的人物都是武将、文官、书生，从来没有一个农民做主人公。”毛泽东经过分析与思考，开始从阶级对立的角度来看待这个问题：“我发现它们颂扬的全都是武将，人民的统治者，而这些人是不必种田的，因为土地归他们所有和控制，显然让农民替他们种田。”（埃德加·斯诺，1979）[109]少年毛泽东从朴素的阶级情感出发，仅仅指出“武将”与农民的对立，虽然有失片面，但为其以后接受马克思主义中的阶级斗争观点，从阶级的角度来看待中国社会问题埋下了伏笔。

走出乡关之后，毛泽东除了受到梁启超创办的《新民丛报》之维新启蒙思想与革命派创办的《民立报》之革命思想影响外，他更大的收获来自于半年的湖南省立图书馆自修。半年内，他埋头阅读了大量中外书籍，其中最大的收获是阅读了许多西方近代科学与人文著作，“如卢梭的《民约论》、达尔文的《物种起源》，特别是严复翻译的书，如亚当·斯密的《原富》、孟德斯鸠的《法意》、赫胥黎的《天演论》、斯宾塞的《群学肄言》等，他几乎一一读过，可以说相当集中地接受了一次较为系统的西方近代思想文化的启蒙教育”（金冲及，1996）[13]。

1913—1918 年在长达五年的湖南省立第一师范学校学习期间，毛泽东的“政治思想在这个时期开始形成”，并“在这里获得社会行动的初步经验”（埃德加·斯诺，1979）[121]。可以说，这段时期是毛泽东后来走向革命道路的理论准备与实践准备时期。在学校开设的诸多课程中，毛泽东喜欢国文、修身、地理和历史，并且由于受到杨昌济教授的影响而对哲学、伦理学感兴趣，逐渐形成了自己的哲学思想。毛泽东五年的求学时间以 1916 年为界可分为前后两个阶段：“前期，他更多地关注传统典籍。后期，他把重点放在哲学、伦理学上，社会实践也更加广阔和丰富了。”（金冲及，1996）[25]

作为湖南人，毛泽东五年师范学习生活的前一阶段对中国传统典籍的关注是受到湘学士风的影响，而集中于湘籍士人、学者的著作。所谓“湘学士风”，是指由于湖南历来注重兴办书院，如著名的岳麓书院、城南书院等。自宋朝以来许多学者在这些书院讲学，各种不同的主张和学说，如理学、实学等在此交汇、融合，到晚清时期，形成了以推崇性理哲学、强调经世致用、主张躬行实践为基本特征的湘学士风（金冲及，1996）[19]。

受此学风影响，毛泽东阅读了朱熹、王夫之、颜元、顾炎武、曾国藩、谭嗣同等人的著作，对湘学士风有了深刻的感悟，经世致用、救世济人成为他奋斗的目标。其中，近代以来致力于修齐治平、经世致用的集大成者曾国藩对他的影响最大，他曾在信中说：“愚于近人，独服曾文正。”（毛泽东，1990）[85]在他唯一留下来的听课记录中，多次提到曾国藩的修身经世及治学原则。如“涤生日记，言士要转移世风，当重两义：曰厚曰实。厚者勿忌人；实则不说大话，不好虚名，不行架空之事，不谈过高之理。”（毛泽东，1990）[581]由此观之，曾氏之经世求实观点为青年毛泽东所叹服。又如“曾文正八本：读古书以训诂为本，作诗文以声调为本，养生以少恼怒为本，事亲以得欢心为本，居家以不晏起为本，立身以不妄语为本，做官以不要钱为本，行军以不扰民为本”（毛泽东，1990）[593]。其中不少规则成为毛泽东做人与行事的准则。

在五年师范求学的第二阶段，受中国时事政治危机与新文化运动之影响，毛泽东把改造哲学与伦理学当作救国救民的武器。顺着新文化运动领袖陈独秀之“伦理的觉悟是吾人最后之觉悟”的思路，毛泽东认为“国人积弊甚深，思想太旧，道德太坏”，要改变这种现状，就要“从哲学、伦理学入手，改造哲学，改造伦理学，根本上变换全国之思想” （毛泽东，1990）[86]。为此，毛泽东在1917年前后，阅读了不少哲学、伦理学著作。其中，毛泽东于1917—1918年间为泡尔生的《伦理学原理》所作的1.2万多字的批注，反映了五四前期毛泽东对精神之个人主义的推崇，也即对主观意志能动性的夸大，体现了强烈的唯意志论色彩。在当时中国社会政治危机日益严重的情况下，这种思想在深受传统儒家强调人心的内在道德力量与尼采、叔本华的“唯意志论”、柏格森的“生命冲动”哲学影响的知识界具有相当的普遍性，如梁漱溟的“意欲说”即谓此例。

此后一直到接受马克思主义之前，受中国时局与各种主义、思潮在中国迅速变换之影响，青年毛泽东在思想演进中亦受到各种思潮的影响。有人曾用“旅馆论”来形容毛泽东当时思想变化之快。其中，克鲁泡特金的无政府共产主义，武者小路实笃的新村主义，欧文等人的合作主义，托尔斯泰的泛劳动主义，杜威的实用主义，以及社会达尔文主义，尼采、叔本华的唯意志主义，罗素的社会改良主义，等等，都是他或长或短所徘徊过的“房间”（陈晋，1991）[86]。

就梁漱溟与毛泽东的知识背景而言，二者有不同之处，也有相同之处。二人求知顺序不同，是最大的不同：梁漱溟是由西学，到佛学，最后才到儒学；毛泽东则由儒家经典到西学。相同之处是二人皆受到梁启超维新启蒙思想、革命派革命思想以及社会主义思潮之影响①。但这只是他们人生过程中必经的同一个阶段，由改良而革命，对社会主义思潮也产生过兴趣，也都有唯意志论倾向，但他们很快即分开了，因为受五四新文化运动的影响，毛泽东激动于从外国传入的各种社会思潮的影响，形成其思想的“旅馆论”，直

① 大约同在1912年，梁漱溟偶然在家中发现日本人幸得秋水的《社会主义之神髓》一书，产生反对私有财产之主张；毛泽东于半年的投笔从戎生涯中在《湘汉新闻》上读到一篇江亢虎的谈论社会主义的文章。

到1920年接受马克思主义思想，成为一个马克思主义者。而此时的梁漱溟“虽然对新思潮莫逆于心，而环境气氛却对我讲东方古哲学的无形中有很大压力。就是在这压力下产生出来我的《东西文化及其哲学》一书”（梁漱溟，1989b）[698]。这里，梁漱溟讲了当时他写《东西文化及其哲学》一书的客观因素，即由于他以《究元决疑论》闻名，而于1917年被蔡元培先生聘任作北大印度哲学教席。在新思潮盛行之际，梁漱溟讲东方古代哲学无疑是有压力的。对新思潮“莫逆于心”，说明他虽有压力，但并不反对新思潮；梁漱溟写此书更有其主观因素：受父亲自杀殉道、个人欲望与意志的矛盾以及佛教之出世观念难以解决当时中国所面临困境之影响，自20岁开始学佛茹素并立志终身不娶的梁漱溟先前认定人生唯是苦，当看到《论语》中充满乐观的“孔颜人生”之时，他愈来愈意识到儒学思想之魅力，遂渐归于父亲所殉之儒家之道，志在以“孔颜人生”为基准，为当时处于新文化多种思潮影响下而眼花缭乱的国人“踏实的奠定一种人生”（梁漱溟，1989a）[539]。巧合的是，正是在毛泽东成为马克思主义者的1920年，梁漱溟“决然放弃出家之念”，并于第二年“冬十一月结婚”（梁漱溟，1989b）[699]。关于1920年“绝然放弃出家之念”的直接原因，梁漱溟在其著作中记述了一次禅味颇浓的“顿悟”：1920年春初，梁漱溟应少年中国学会的邀请作宗教问题之讲演，在家补写讲词时，“思路窘涩，头脑紊乱”，随手翻阅《明儒学案》，于东崖语录中忽看到“百虑交锢，血气靡宁”八个字，蓦地心惊：“这不是恰在对我说的话吗?”“顿时头皮冒汗，默然有省，遂由此决然放弃出家之念。”（梁漱溟，1989b）[699]1921年，梁漱溟的《东西哲学及其文化》一书出版，由于此书指出世界未来将是中国文化的复兴，因而，此书的出版标志着梁漱溟成为中国近代著名的文化保守主义者。

从学历来看，这两位伟人皆是中等学校毕业，梁漱溟毕业于顺天中学堂，毛泽东毕业于湖南省立第一师范学校。二人此后都没有进入大学深造。可他们后来都具备了高深的文化理论修养，且自成体系，并进一步以其理论指导其社会实践或革命实践活动，为社会所瞩目。之所以取得如此成就，与他们在青少年时期就养成了良好的自学习惯密切相关。关于自学，梁漱溟有其真知灼见：“所谓自学应当就是一个人整个生命的向上自强，要紧在生活中有自觉。单是求知识，却不足以尽自学之事。在整个生命向上自强之中，可以包括了求知识……有智慧识见发出来，就是生命向上自强之效验，就是善学。假若求知识以至废寝忘食，身体精神不健全，甚至所知愈多头脑愈昏，就不得善学。有人说‘活到老，学到老’一句话，这观念最正确。”（梁漱溟，1989b）[674]这里，梁漱溟点出了自学的根本：即是生命的向上自强，有此才是真正的自学。这反映了梁漱溟受西洋生命哲学的影响，尊重生命向上奋进的自然属性，并因此而强调身心的健康为自学的前提和目标，因为只有身心健康，人才能做到“活到老，学到老”。无独有偶，毛泽东在他起草的《湖南自修大学创立宣言》中也有类似观点：“学生不但修学，还有向上的意思，养成健全的人格，湔涤不良的习惯，为革新社会的准备。”（张允侯，等，1979）[74]毛泽东在此宣言中还批评了新式学校教育的弊病：一是“师生间没有感情”；二是“用一种划一的机械的教授法和管理法去戕贼人性”；三是“钟点过多，课程过繁，终日埋头于上课，几不知上课之外还有天地，学生往往神昏意怠，全不能用他们的心思为自动自发的研究。”（张允侯，等，1979）[72]梁漱溟也认为，学校教育制度的弊端在于：一面是不合于教育的道理，一面又是不合于人生的道理（梁漱溟，1991）[842]。他们二人在新式学校接受教育期间，都曾对当时的学校教育存有一定的逆反心理，都是根据自己的好恶而有选择地进行学习的，对于不喜欢的科目，如梁漱溟对于国文，毛泽东对于数学、美术，他们是敷衍过去的。出于上述相似的求学经历与求学态度，他们二人对中国古代书院的态度不谋而合：梁漱溟主张“要如宋明人那样再创讲学之风，以孔颜的人生为现在的青年解决他烦闷的人生问题，一个个替他开出一条路来去走”（梁漱溟，1989a）[539]。关于此种讲学，梁先生认为他的主张与从前的不同之处在于：“最好不要成为少数人的高深学业，应当多致力于普及而不力求提高。”（梁漱溟，1989a）[540]毛泽东也对书院极为推崇，认为它有诸多优点：

> “从‘研究的形式’一点来说，书院比学校实在优胜得多”，“一来是师生的感情甚笃；二来，没有教授管理，但为精神往来，自由研究；三来，课程简而研讨周，可以优游暇豫，玩索有得。”（张允侯，等，1979）[73]

毛泽东认为他所创办的湖南自修大学，吸收了书院的上述优点与现代学校的合理之处，“而为适合人性便利研究的一种特别组织”。就学习内容和方法来说，学生主要是自学：“自己看书，自己思索”，“共同讨论共同研究”，辅之以教师辅导；就学习的地点而言，自修大学的学生可自由选择：

学生可以到学校里研究，也可以在自己家里研究，也可以在各种店铺里、团体里和公事的机关里研究（张允侯，等，1979）[73-74]。与梁漱溟的观点相类似，自修大学致力于教育的普及："自修大学为一种平民主义的大学"，校外学生凡有志向学均可入学，打破学术秘密（张允侯，等，1979）[73]。由上述内容看来，在强调书院教育内容的自由研究与教育对象的普及方面，二位伟人的观点极为相近。但二者在指导思想上是不同的。梁漱溟主张以"孔颜人生"为青年开出一条人生之路；而毛泽东创办的自修大学则明确指出"求知识与劳力两阶级之接近"，并在《入学须知》中申明："我们的目的在改造现社会。我们的求学是求实现这个目的的学问"（张允侯，等，1979）[81]。在此，毛泽东虽未直接指出其办学的指导思想，但毛泽东在1920年就已经成为一个马克思主义者，此时是1921年，再联系其"改造社会"之目的以及自修大学于1923年被湖南省省长赵恒惕以"所倡学说不正，有害治安"的罪名封闭（金冲及，1996）[79]，因而，可以确定毛泽东创办湖南自修大学的宗旨是与当时现行社会制度相悖的马克思主义，而梁漱溟的指导思想则是传统儒家的"乐生"观念。梁漱溟后来创办的勉仁中学、勉仁书院、勉仁文学院，皆以此为宗旨。总而言之，梁漱溟强调自学的指导思想是以个人修养、个人生命的完善为出发点的；毛泽东则是致力于整个社会的总体改造。这种教育指导思想的不同反映了文化保守主义与马克思主义在社会改造方面的不同志向。

毛泽东、梁漱溟二人的"前见"，还包括他们不同的社会角色。

（三）社会角色

出身与知识背景的不同，导致了二人成年后的社会角色也不同。对于毛泽东来说，五年的师范学校学习生活对他此后人生道路的影响是至关重要的，可以说，五年的学习生活基本上决定了他后来的人生道路，即从事社会革命活动，致力于改造中国社会的社会活动家、政治家、革命家之路。在校五年间，毛泽东除了分秒必争地阅读书报、著文之外，还广泛地参加社会实践活动，既读"有字之书"，更读"无字之书"；他结交志同道合的朋友，曾与朋友一起不带分文，徒步游历了湖南五个县，这是毛泽东社会考察的开始；与朋友一起谈论国家大事，正如毛泽东在回忆中所说"我对女人不感兴趣"、"不屑于讨论身边琐事"，"我的朋友和我只愿意谈论大事——人的天性，人类社会，中国，世界，宇宙！"（埃德加·斯诺，1979）[123]这正是毛泽东诗词中所描述的"指点江山，激扬文字"时期。在此基础上，毛泽东、蔡和森等人于1918年4月成立了新民学会，这是五四时期最早的新型社团之一。师范学校期间，毛泽东还担任过学友会总务兼教育研究部部长，组织成绩展览会、讲演会、辩论会、运动会以及工人夜校等，初步显示了毛泽东极强的组织能力与鼓动力。除此之外，毛泽东等人还热衷于体育锻炼，他回忆说：

> "在寒假当中，我们徒步穿野越林，爬山绕城，渡江过河。遇见下雨，我们就脱掉衬衣让雨淋，说这是雨浴。烈日当空，我们也脱掉衬衣，说是日光浴。春风吹来的时候，我们高声叫嚷，说这是叫作'风浴'的体育新项目。在已经下霜的日子，我们就露天睡觉，甚至到十一月份，我们还在寒冷的河水里游泳。这一切都是在'体格锻炼'的名义下进行的。"（埃德加·斯诺，1979）[123]

在这充满生命活力与激情的"体格锻炼"中，毛泽东铸就了健壮的体格与钢铁般的意志，为日后进行艰苦的革命活动打下了坚实的基础。

1918年，毛泽东毕业于湖南省立第一师范学校。同年，25岁的毛泽东作为新民学会的成员，为协助组织赴法勤工俭学运动到了北京。为解决生活问题，毛泽东经杨昌济先生的介绍，被当时任北大图书馆主任的李大钊聘为图书馆助理员，每月大洋八元，毛泽东认为"工资不低"（埃德加·斯诺，1979）[127]。在此工作期间，毛泽东见到了一些新文化运动头面人物的名字，如傅斯年、罗家伦等，对他们极有兴趣，"打算去和他们攀谈政治和文化问题，可是他们都是些大忙人，没有时间听一个图书馆助理员说南方话"，"我的职位低微，大家都不理我"（埃德加·斯诺，1979）[127]。由此，我们可以感受到在当时人才荟萃的北京大学，出身农民、仅有师范学校学历的图书管理员毛泽东，并没有受到新文化运动领袖的重视，他是受到冷落的。这种冷落，对于一般的五四青年来说，可能也没有太大影响；但对胸怀鸿鹄之志却出身低微、自尊心与叛逆心极强的毛泽东的影响是不容忽视的。有学者从心理分析的角度来分析毛泽东在北京的这段经历对他的影响："正如父亲的暴虐破坏了毛泽东心目中的父性形象的仁慈性一样，知识权威的冷落使他对高级知识分子连同高等学府终生没有好感"，"残暴的父性教育使他终身讨厌母性化了的孔子形象，而五四时期的遭受冷落则使他在西方的人文主义文化面前默默地看了一眼之后就永远离开了。”（李劼，1998）[124]李劼先生对毛泽东心理的这种分析，在很大程度上是出于推测的结果，是作家的一家之言。但当时毛泽东与上层知识分子的疏离，以及由此对青年毛泽东的心理产生过影响，的确是事实。但对当时毛泽东的心理，R. 特里尔先生也有类似看法：“北方是官僚传统的沃土，同时是达官贵人的世界。在权贵眼中，出苦力的人是不会思考问题的，他们根本不能理解一个曾在韶山种过田的人的想法”，“那个冬天他（毛泽东）形成了对北京生活既爱又恨的矛盾心理”（R. 特里尔，1990）[43]。但是，毛泽东的性格决定了他不会在这种失落情绪中彷徨太久的，而是愈挫愈奋，争取一切学习的机会。他回忆道：“但是我并不灰心。我参加了哲学会和新闻学会，为的是能够在北大旁听。”（埃德加·斯诺，1979）[127]在北京的这段境遇中，毛泽东除了旁听北大的课程外，还利用在北大图书馆工作的机会，阅读了大量书刊，其中包括马克思和列宁的著作，以及《新青年》等杂志，这使他“对政治的兴趣继续增长”，“思想越来越激进”。但当时他的思想“还是混乱的”，“正在寻找出路”，主要是受无政府主义影响（埃德加·斯诺，1979）[127-128]。半年多的北京生活，使毛泽东更明确地意识到此后自己在社会上的角色，即站在多数民众的立场上，反对现行政治制度对人民特别是对贫苦大众的压迫，这应该是对上述毛泽东回忆中“对政治的兴趣继续增长”、“思想越来越激进”的合理注解。这也许可在一定程度上解释为什么毛泽东支持湖南青年去法国勤工俭学，而自己却不打算去。对于这个问题，毛泽东是这样解释的：“我觉得我对自己的国家还了解得不够，我把时间花在中国会更有益处。”（埃德加·斯诺，1979）[126]当然，当初毛泽东之所以没有去法国，还有各种主客观方面的原因，如经济问题、语言问题等，但更重要的是毛泽东难以割舍下危机日益严重的中国，他认为他的使命在中国，在于拯救中国民众于水火，因而必须首先了解中国。很多事情都有两面性，毛泽东的这一决定也是如此：一方面，毛泽东可以留在国内详细了解中国、认识中国，“这也许是他以后能把马克思主义中国化的一个重要契机”（金冲及，1996）[45]；但另一方面，这也妨碍了毛泽东对西方文化尤其是西方现代文化的认识与了解，他最熟悉且最难摆脱的是产生于小农经济社会土壤上的中国文化传统，作为中国未来的政党领袖和国家领袖，这是不完备的，因而也就不可避免地容易出现片面和偏激。

1919 年春，毛泽东从北京回到长沙后，“就更加直接地投身到政治中去”（埃德加·斯诺，1979）[129]，作为一个社会政治活动家而为推翻现存社会秩序，建立一个新的社会而奋斗。

与毛泽东类似，梁漱溟在中学时对政治也非常关心，曾参加过暗杀、暴动等志在推翻清政府的政治活动。梁漱溟在顺天中学毕业不久，1912 年 2 月，清帝退位，他即与甄元熙等人创办《民国报》，做编辑与外勤记者。此时梁漱溟与当时中国上层政治人物有过密切接触：

“在做新闻记者时期，持有长期旁听证，所有民元临时参议院、民二国会的两院，几乎无日不出入其间。此外，同盟会本部和改组后底国民党本部、国务院等处，亦是我踪迹最密底所在……国务院的改组，袁世凯的许多操纵运用，皆映于吾目而了了于吾心。许多政治上人物，他不熟悉我，我却熟悉他。”但在对中国政治问题有所了解与认识之后，拥有良好道德修养的梁漱溟逐渐对政治感到厌恶：

“渐晓得事实不尽如理想。对于‘革命’、‘政治’、‘伟大人物’等等，皆有不过如此之感。有些下流行径、鄙俗心理，以及尖刻、狠毒、凶暴之事，以前在家庭、在学校所遇不到底，却时时看见了，颇引起我对于人生感到厌倦和憎恶。”（李渊庭，等，2003）[25－26]

这一年，20 岁的梁漱溟由于对政治、对社会、对人生的厌倦而导致内心极大的矛盾冲突，曾两度想自杀。一年之后，梁漱溟便离开了《民国报》，闲居在家，专心研读佛教经典，走入出世之路。1916 年，梁漱溟发表《究元决疑论》，这是他四五年来专心于佛教研究之成果。此文引起当时学术界之关注，时任北大校长的蔡元培即是因为看了这篇文章，而聘请他为北大印度哲学教席。1916—1917 年，他曾任段祺瑞政府司法部秘书。1917 年，25 岁的梁漱溟正式到北大任教，至 1924 年辞去北大教席，仅有中学学历的梁漱溟在北大作了七年的哲学教师。关于梁先生在北大期间的收入情况，仅举一例：“1919 年 9 月，发给讲师梁漱溟讲课费 100 元”。（陈明远，2005）[100]据前文我们知道，几乎与此同时，1918—1919 年毛泽东在北大图书馆任管理员期间的工资为每月 8 元，毛泽东还认为“工资不低”。从其收入来看，他们生活水平的差别几成霄壤。不仅如此，由于梁漱溟的著作与讲课愈来愈受到当时思想界的关注，他的知名度也越来越大。1923 年北大纪念校庆时，有人搞了一次民意测验，梁漱溟在“国内大人物”这一试题下和冯玉祥并列第十名，其中第二名为陈独秀、第三名蔡元培、第四名胡适、第八名李大钊、第九名章太炎（王宗煜，1998）[228]。总而言之，梁漱溟从中学毕业后，除了有两年的时间赋闲在家外，其社会角色在多数时期是居于社会上层的，不管是编辑、新闻记者、司法部秘书，还是大学教师，这些都是一般人难以企及的职位，此种经历，是当时的毛泽东望尘莫及的。从出身到社会角色，梁漱溟皆位居社会上层，他不仅衣食无忧而且生活颇为优裕，尽管出于良好的道德人格，他对弱者、穷人有极强的同情心，但他却没有下层贫苦人民的生活体验，没有对贫苦生活的感受，因而往往从社会上层的角度来看待中国社会问题。他有一颗高贵的爱民之心，但由于缺乏对贫苦人民生活的深刻了解与体验而往往使其救民方法存有天然的浪漫与空想；二十八九岁重归入儒家之途后，他更是以传统儒家知识分子救民于水火的社会责任感为己任，把中国社会问题归结为文化问题，把弘扬儒家文化，致力于中国传统文化的现代化转换作为最高使命。

总之，二人成年后的社会角色是截然不同的，受家庭出身与知识背景的影响，毛泽东的社会角色为代表下层人民，致力于推翻现存社会秩序的革命家、政治家；梁漱溟则为代表社会上层，致力于社会改良与传统文化继承与转换的儒家知识分子，被称为“最后的儒家”。这两种不同的社会角色，决定了他们不同的哲学观与对中国社会问题的不同看法。

（四）斗争哲学与“孔颜乐处”

在少时受父亲之严厉苛责而形成的叛逆性格基础上，毛泽东在走向成年的人生道路上逐渐形成了斗争哲学观。这种哲学观形成于湖南省立第一师范学校求学期间。这首先缘于其独特的个人经历：第一，作为一个农民的儿子，走出韶山冲之后，一直到成年时期，毛泽东在生活、学习的周围环境中的地位，尤其是经济地位处于偏下水平，这使他往往受到有形和无形的压力，此种压力使自尊心、叛逆心都较强的他受到刺激，即产生了改造现状甚至推翻现状的斗志。第二，受善良、慈祥的母亲影响，毛泽东一直对穷苦人民怀有强烈的同情心，这使他把改变个人现状的个人理想与帮助穷苦人民翻身的社会理想结合起来，形成远大的奋斗目标。第三，少年时期长年的农业劳动和学校时期经常的体育锻炼与社会实践，造就了他强健的身体和坚强的意志，再加上青春的朝气，使他敢于面对世上一切困难，形成战天斗地的宏伟志向。他在日记中记下的充满战斗豪情的名言："与天奋斗，其乐无穷；与地奋斗，其乐无穷；与人奋斗，其乐无穷"（金冲及，1996）[32]，即是他斗争、奋斗精神的绝好体现。需要说明的是，坚持体育锻炼与社会实践也是青年毛泽东在"斗争"世界观指导下的自觉意识。也就是说，坚持体育锻炼与社会实践是为了实现自我与改造社会的志向。二者是互为条件、互相影响的。第四，青年毛泽东哲学观的形成，离不开当时社会环境的影响。五年的师范学校学习期间，中国社会政治急剧变换、屡陷危机，激起许多青年强烈的社会责任感与投身政治的热情，这其中，毛泽东是较为激进的一个。1915年，日本提出了灭亡中国的"二十一条"，毛泽东写下了四句誓言："五月七日，民国奇耻；何以报仇，在我学子！"（金冲及，1996）[23]表现了对民族危机的深重忧虑与报国志向。同年，袁世凯筹划复辟帝制，1916年登基做皇帝，不久败亡。此后各派军阀如走马灯一样轮番登场，互相混战，给人民带来了灾难。在这种情况下，毛泽东心系社会与人民，不满于中国社会现状，产生奋斗、斗争思想即为理所当然。

毛泽东的斗争哲学是建立于"动"的宇宙观基础之上的。早在1917年，毛泽东在其发表于《新青年》的《体育之研究》一文中，就提出了"天地惟动"的宇宙观：

> "人者，动物也，则动尚矣。人者，有理性的动物也，则动必有道。然何贵乎此动邪？何贵乎此有道之动邪？动以营生也，此浅言之也；动以卫国也，此大言之也，皆非本义。动也者，盖养乎吾生，乐乎吾心而已……愚拙之见，天地盖惟有动而已。"（毛泽东，1990）[69]

这里，毛泽东提倡"尚动"，根本目的在于"养乎吾生，乐乎吾心"，亦即是从个人的身体健康与精神愉快为出发点的，是从主体人格全面发展及体魄与精神的关系的角度出发的：

> "欲文明其精神，先自野蛮其体魄，苟野蛮其体魄矣，则文明之精神随之……体全而知识之事以全，故可谓间接从体育以得知识。"（毛泽东，1990）[71]

由此看来，毛泽东从“天地惟动”的宇宙观出发，把“野蛮体魄”亦即锻炼身体作为人生存与发展的第一需要，还把它当作人生快乐之精神享受的源泉之一。毛泽东青年时期进行的“雨浴”、“日光浴”、“风浴”、“露天睡觉”、“冰河里游泳”，使我们不仅感受到青年毛泽东等人强健的体魄与顽强的意志，更感受到了他们忘情的青春快乐与人生享受。“自信人生二百年，会当击水三千里”即体现了毛泽东建立于体力活动基础之上的人生自信与豁达意志。青年毛泽东此种独特的对体魄、体力活动的关注与热爱，是他与当时许多知识分子与青年学生相区别的重要一点，这或许与他出身农民、从小就长时间地参加体力劳动密切相关。少时长时间的体力劳动，造就了他顽强的意志。久而久之，体力劳动或体力活动即成为他不可缺少的生存需要，正所谓习惯成自然。在这个方面，毛泽东与强调“力”、“强”、体力劳动的墨家和颜元哲学有更多的相似之处（李泽厚，1994）[130]。

毛泽东“动”的宇宙观包括两个方面，一方面为宇宙，即他所谓“天地惟动”；另一方面为自我，即主体人格之“动”，这是毛泽东哲学观中更重要更核心的部分。宇宙、自我在“动”的过程中，必然会遇到阻力，遇到阻力即会产生冲突与斗争，斗争哲学就产生了。在斗争的过程中，阻力排除，“动”继续向前，前进中遇到阻力，再斗争，然后再“动”……由此可见，对毛泽东来说，“动”与斗争是一致的，宇宙观即人生观，人生观即宇宙观，二者是一回事。正如李锐对他的评价：

> “‘动’和‘斗’是毛早年哲学思想的一个核心观念，既是宇宙观，也是人生观。终其一生，好动喜斗，尤其实践了自己‘与人奋斗其乐无穷’的诺言。”（李锐，1992）[281]

青年毛泽东读到泡尔生《伦理学原理》一书中的“无抵抗则无动力，无障碍则无幸福”一段时，批曰“至真之理，至彻之言” （毛泽东，1990）[182]，并根据自然界的现象，进一步批注：“河出潼关，因有太华抵抗，而水力盖增其奔猛；风回三峡，因有巫山之隔，而风力盖增其怒号。”（毛泽东，1990）[180－181]在青年毛泽东看来，不仅自然界是这样，人类社会也是如此：“大抵抗对于有大势力者，其必要乃亦如普通抵抗之对于普通人。如西大陆新地之对于科伦布，洪水之对于禹，欧洲各邦群起而围巴黎之对于拿破仑之战胜是也。”（毛泽东，1990）[181－182]由此可见，强调运动、对立、冲突与斗争，是青年毛泽东的宇宙观与人生观。斗争哲学贯穿了毛泽东的一生。因而，毛泽东终其一生留给人们的印象是一个造反者的形象，童年时造父亲的反，少年时造校规的反，青年时造省长的反，成年时又造整个旧世界的反（许纪霖，1988）。

从思想渊源上说，青年毛泽东这一哲学观的形成，应该归结于中西方文化思想的综合影响。从毛泽东在湖南省立第一师范学校期间的《讲堂录》与《〈伦理学原理〉批语》，即可看到，青年毛泽东在哲学思想上是兼收并蓄的，从孔孟程朱陆王，到顾炎武、王船山、颜习斋、曾国藩、康有为、梁启超、谭嗣同，西方著名哲学家康德、叔本华，以及五四新文化运动的先驱陈独秀、李大钊，皆对他产生过影响。自幼即熟读经书的毛泽东吸取了中国传统文化中“刚健有为”的宇宙观和人生观。《周易》所说“天行健，君子以自强不息”提示了“天地盈虚，与时消息”之变动无穷；君子所为，便是效法天道，精进有为，努力奋斗，在日新月异的运动变化中实现自身的能力与价值，这种宇宙观与人生观对青年毛泽东有直接影响。作为湖南人，毛泽东还受到了王船山“主动”之说的影响，认同于其有动无静的宇宙论；王氏在发挥荀子“制天命而用之”思想的基础上，断言“人定而胜天，亦一理也”（王夫之，1996）[587]，使青年毛泽东改天换地的志向大增。维新派领袖康有为、梁启超继承中国古典哲学传统而宣扬的“穷则变，变则通”的思想，严复翻译的《天演论》宣扬变化、斗争、自强、自力、自主与生存竞争思想，使青年毛泽东之变动、斗争意识进一步增强。五四新文化运动时期，新文化运动领袖陈独秀大力提倡斗争精神，坚决反对调和论。他说：国人须知，奋斗乃人生之天职。“世界一战场，人生一恶斗，一息尚存，决无逃循苟安之余地”（陈独秀，1984）[94]。新文化运动的另一位主将李大钊也说：“青年之文明，奋斗之文明也，与境遇奋斗，与时代奋斗，与经验奋斗。”（李大钊，1984）[179]受时代精神感染，血气方刚的青年毛泽东提出“与天、与地、与人奋斗”的豪言壮语也就不为偶然。

综上所述，青年毛泽东斗争哲学的形成是各种因素综合作用的结果。既有家庭出身、父母的影响，个人经历的作用，也有中西文化思想的综合影响。这其中，出身农民与少时较长时间地从事田间体力劳动与父亲的影响是起决定作用的。这使毛泽东自幼嗜读并终生喜爱反映下层民众“造反”、“反叛”题材的《水浒传》《三国演义》等古典小说，他的斗争哲学也与上述小说的“造反”主题相契合，即认为革命就要打破不合理的传统社会秩序，就是“造反”，造反有理！虽然对中国传统经典哲学精神的吸取也是毛泽东哲学观形成的原因之一，但在中国古典哲学中，和谐、和合为主旋律。宋代哲学家张载把辩证法的规律归纳为：“有象斯有对，对必反其为；有反斯有仇，仇必和而解。”（张载，1978）[10]即中国古典哲学承认对立、矛盾与斗争，但最终是走向和解的。因此，毛泽东的斗争哲学与中国古典哲学的主旋律并不一致。倒是出身官宦之家、出佛入儒、亦释亦儒的梁漱溟在把传统儒家哲学生命化的基础上，捕捉到了孔家哲学的主旋律，把“孔颜乐处”作为人生的最高境界。

梁漱溟“孔颜乐处”的人生观是建立在生命本体论的宇宙观之上的。而生命本体的宇宙观，主要来自于柏格森的生命哲学。柏格森认为：宇宙本体既不是康德的“物自体”，也不是具体的事物，而是变动不居的生命之流，并称之为“绵延”，认为“绵延为万物之本”（秦英君，1995）。受此启发，梁漱溟把生命作为宇宙的本体，他说：“在我思想中的根本观念是‘生命’、‘自然’，看宇宙是活的，一切以自然为宗。”（梁漱溟，1989b）[125]由此可见，梁漱溟极为看重“生命”、“自然”，把自然作为一切事物的最终目的。因而，在他看来，“宇宙是一个大生命。从生物的进化史，一直到人类社会的进化史，一脉下来，都是这个生命无尽无已的创造。一切生物，自然都是这大生命的表现”（梁漱溟，1989b）[94]，“宇宙的本体不是固定的静体，是‘生命’，是‘绵延’”（梁漱溟，1989a）[406]。

梁漱溟极为看重的“生命”到底是什么呢？“就是活的相续。‘活’就是‘向上创造’”（梁漱溟，1989b）[93]。在梁漱溟看来，“生”与“活”二字意义相同，生即活，活亦即生。二者相连，即是“生活”。所谓“生活”，“就是自动的意思；自动就是偶然。偶然就是不期然的，非必然的，说不出为什么而然”（梁漱溟，1989b）[93]。他还说：“生活就是没尽的意欲……和那不断的满足与不满足罢了。”（梁漱溟，1989a）[352]“须知生命本性不外是无止境的向上奋进，争取其活动能力的扩大再扩大，灵活再灵活，自由再自由”（梁漱溟，1990）[620]。可见，梁漱溟所说的“生命”，并不是生物科学中所指的物质的生命，而是离开物质的永恒的意欲，是人的内在欲求，是生命的冲动与渴望，这是一种非理性主义的、唯意志论观点。此种永恒的意欲为人类所仅有，“能代表这大生命活泼创造之势，而不断向上翻新者，现在唯有人类”，“故人类生命的意义在创造”（梁漱溟，1989b）[94]。梁漱溟认为，创造可分为两种：“一是成己，一是成物”，或者为：“一是表现于外者，一是不易见者”，“一切表现于外者，都属于成物。只有那自己生命上日进于开大通透，刚劲稳实，深细敏活，而映现无数无尽之理致者，为成己”（梁漱溟，1989b）[95]。在“成己”与“成物”之间，梁漱溟明显地倾向于前者，因为“成己”为“成物”的前提，亦即他所说“为外面创造之根本（即成物）的，却还是个体生命”（梁漱溟，1989b）[95]，因而“成己”的重要性大于“成物”，个体生命，也即个人思想和意志的高扬是创造的根本内容。总而言之，在梁漱溟看来，生命，即意欲为宇宙本体，是万物之源，一切皆由意欲所派生，因而，梁漱溟的生命哲学是主观唯心主义哲学。

在生命本体论基础上，梁漱溟把儒学思想生命化，把“生命”、“生活”作为儒家哲学的本体与核心，以“孔颜乐处”作为人生的最高境界。他提出“要如宋明人那样再创讲学之风，以孔颜的人生为现在的青年解决他烦闷的人生问题，一个个替他开出一条路来去走”（梁漱溟，1989b）[539]。“孔颜乐处”的思想来自《论语》。《论语·述而》中夫子自道：“饭疏食饮水，曲躬而枕之，乐亦在其中矣。不义而富且贵，与我如浮云。”《论语·雍也》中夫子赞颜回曰：“贤哉，回也！一箪食，一瓢饮，在陋巷，人不堪其忧，回也不改其乐。”到了宋代，即有大儒周敦颐“寻孔颜乐处”之说。所谓“孔颜乐处”，即乐天知命，顺其自然，不刻意追求任何利益的一种人生哲学。但这种人生哲学不是消极的、带有幻灭感的顺其自然，而是内含有人生向上与精神追求的人文精神。因而，所谓“孔颜乐处”，是指人类的道德追求与精神需要超越了物质需要与利害计较所体现出来的崇高境界。李泽厚先生认为这是“属伦理又超伦理、准审美又超审美的目的论的精神境界”（李泽厚，1994）[236]。“孔颜乐处”即是一种道德境界，又是一种审美境界。这种境界为不少中国传统文人所毕生追求，成为其“安身立命之所”或者“终极关怀”。

深受柏格森生命哲学影响，将生命，亦即意欲作为宇宙本体的梁漱溟认为“孔颜乐处”为主观精神之乐。他认为“乐天派第一高手”——孔子的人生哲学“就是以生活为对为好的态度……这一个‘生’字是最重要的观念，知道这个就可以知道所有孔家的话。孔家没有别的，就是要顺着自然道理，顶活泼顶流畅的去生发。他以为宇宙总是向前生发的，万物欲生，即任其生，不加造作必能与宇宙契合，使全宇宙充满了生意春气”（梁漱溟，1989a）[448]。梁漱溟认为，顺此自然活泼的生命自然发展，而不去刻意计较算计，人生就是快乐的。他说：“乐寄于生命流畅上，俗说‘快活’二字，实妙得其旨。所不同者，世俗人恒借外来刺激变化以求得其流畅，而高明有修养之士则其生命流畅不假外求者耳。”（梁漱溟，1993b）[156]他进一步举例说：“宋儒有‘寻孔颜乐处’之说，明儒有‘乐是乐此学，学是学此乐’之说，不亦可为很好佐证之资乎。”（梁漱溟，1993b）[156]梁漱溟极为推崇泰州学派王氏父子的“以乐为教”，指出“人生快乐就在生活本身上，就在活动上，而不在有所享受于外”，他希望人们“改换那求生活美满于外边的享受的路子，而回头认取自身活动上的乐趣”（梁漱溟，1991）[694]。综上所述，在梁漱溟看来，生命之流是脱离物质的主观精神的流动，生命之快乐亦就是与物质毫无关系的、超功利的、主观精神自身的快乐，是“自得的乐，是绝对的乐”（梁漱溟，1989a）[464]，人们只有返身向内，致力于自己精神与心理的提高与完善，才能得到真正的快乐。基于这种认识，梁漱溟赞同宋明理学的“无欲”主张，他说：“宋儒无欲确是有故的，并非出于严酷的制裁，倒是顺着自然把力量扯开，使其自然的自己去流行”，“宋明人常说：‘寻孔颜乐处’，那是不差的。他只是顺天理而无私欲，所以乐，所以无苦而自有乐”（梁漱溟，1989a）[464]。梁漱溟把“绝对的乐”完全建立在主观精神基础之上，这与他的唯意志论是一脉相承的。根据历史唯物主义原理，脱离物质与现实的纯粹主观精神世界的乐是不存在的，因而梁漱溟的这种主张是不合实际的。但是，这种对超越物质利益的崇高道德的追求是一种“高山仰止”的境界，是值得人们敬仰的。

梁漱溟所提倡的“孔颜乐处”还在于反对计较利害得失与刻意追求所谓人生意义，应采取认可当下、随遇而安的人生态度。梁漱溟认为人生的痛苦与失落，来源于人们难以满足的追求与欲望，由于欲望得不到满足就会感到焦虑、困惑和痛苦。他说：

> “因多情多欲，一味向前追求下去，处处认得太实，事事要有意义，而且要求太强，趣味太浓，计较太盛，将一个人的生活重心，全挪在外边。一旦这误以为实有的找不着，便骤失其重心，情志大动摇起来，什么心肠都没有了。只是焦惶慌怖，苦恼杂集……其结果必倦于人生，会要有人生空虚之感，竟至生活动摇。”（梁漱溟，1989a）[425]

要避免这种人生的痛苦与失落，梁漱溟认为就要反对计较利害得失的功利主义态度，倡导孔子的人生态度。他说：“孔子的唯一重要的态度就是不计较利害，这是儒家最显著与人不同的态度，直到后来不失，并且演成中国人的风尚，为中国文化之特异彩色的。”（梁漱溟，1989a）[458]不仅如此，梁漱溟还反对刻意追求所谓人生意义：

> “人生没什么意义可指，如其寻问，就是在人生生活上而有其意义；人生没什么价值可评，如其寻问，那么无论何人，当下都已圆足无缺无欠（不待什么事业、功德、学问、名誉，或什么好的成就，而后才有价值）。人生没有什么责任可负，如其寻问，那么只有当下自己所责之于自己的。”（梁漱溟，1991）[693－694]

这反映了梁漱溟认可生活，认可当下，认可自己所负责任的人生态度。在梁漱溟看来，只有像孔子那样实现“绝对的乐，自得的乐”，人们才会“与宇宙融合无间，要求计较之念销归乌有，根本使问题不生也。什么人生有意义无意义，空虚不空虚，满足不满足，他一概不晓得”（梁漱溟，1989a）[426]。这正是中国传统知识分子所追求的天人合一的理想境界。

总之，梁漱溟所提倡的建立在生命哲学基础上的“孔颜乐处”的人生哲学强调主观精神的不断向上与超越，主张精神的自得之乐，反对计较物质利益与刻意追求任何东西，以达到中国传统文人所追求的“天人合一”的理想境界，内含着较高的精神超越与道德追求。这与毛泽东的斗争哲学可谓相反相成。毛泽东的斗争哲学曾主要致力于身体、体力的运动与磨炼，梁漱溟所提倡的“孔颜乐处”则专心于精神境界的追求；毛泽东发出了“与天奋斗，其乐无穷；与地奋斗，其乐无穷；与人奋斗，其乐无穷”的豪言壮语；梁漱溟则提倡“一种自反的精神，或曰向里用力的人生”（梁漱溟，1989b）[179]，以求得“自得的乐”与“绝对的乐”；毛泽东强调宇宙与人生的运动与斗争为主旋律，梁漱溟则认为人与宇宙、人与人、人与人心和谐的“天人合一”境界为人生的最高境界。如果将人类生命所面临的问题概括为安身立命的话（丁钢，2002）[47]，那么，毛泽东的斗争哲学更多地强调其安身的一面；而梁漱溟所提倡的“孔颜乐处”则更关注于其立命的一面。

梁漱溟此种宇宙观与人生哲学的形成，与其家庭背景与个人经历有密切关系。其一，梁漱溟出身于官宦之家，或曰没落贵族家庭，在其人生经历中，他基本上位居社会上层，从没有为衣食忧虑过。从孟子对人的分类来说，他属于治人的“劳心者”，为士人，“士人就不难将道和节放在第一，而认为吃饭好像是一个不足重轻的项目了”（朱自清，1988c）[156]。梁漱溟一生致力于内在精神与道德的完善，即为此例。从管子“仓廪实而知礼节”的古训来看，这种说法是有一定道理的。

其二，梁漱溟出身于一个有教养的家庭，他的祖母、母亲都有较高的知识修养。少时温馨、和谐的家庭气氛，尤其是父亲“意趣超俗”的道德人格以及对他的宽松和器重，使他较早注重内省，亦即反求诸己。中学时，他受梁启超《德育鉴》的启发，便产生了“要作大事必须有人格修养才行”的信念（梁漱溟，1989b）[683]。受父亲与其朋友彭仲翼等人对国家对社会的道德责任感的感召与维新改革气氛的感染，梁漱溟自幼就有一种“迈越世俗的见识主张”，意识到“一个人必须力争上游”，因此而不免流露出一种“高傲神情”，但他认为“这里面固含蓄得一点正大之气，和一点刚强之气”（梁漱溟，1989b）[674]。他提出的生命本体论与“孔颜乐处”的人生哲学中所内含的人生向上的崇高精神追求可由此窥其端倪。

其三，梁漱溟自幼体弱多病，他在自述中说：

> “自幼瘠瘦多病，气力微弱；未到天寒，手足已然不温……五六岁时，每患头晕目眩；一时天旋地转，坐立不稳，必须安卧始得……中学时，常常看着同学打球踢球，而不能参加。人家打罢踢罢了，我方敢一个人来试一试。又因为爱用思想，神情颜色皆不像一个少年，同学给我取一个外号‘小老哥’。”（梁漱溟，1989b）[665-666]

由此可见，由于少时身体不好，梁漱溟很少体会过与同龄人一起嬉戏、运动的快乐，这与少年毛泽东经常参加田间体力劳动与体育锻炼从而养成了健康的体魄形成了鲜明的对比。在青年时，毛泽东热衷于“饿其体肤，劳其筋骨”，充分享受这种充满活力的健康体魄之快乐时，青年梁漱溟则已经开始返身向内，注重内在精神的陶冶，经常一个人苦思冥想。这或许就是互补，当梁漱溟身体瘦弱，无法充分运动身体，享受运动之快乐时，他就把注意力集中于自己的内心，享受心理运动——即思想的快乐。他说“我大约从十岁开始即好用思想”即是此例。

其四，梁漱溟独特的个人信仰的转换是他提出上述人生哲学的重要原因。梁漱溟是从功利主义转到佛教之出世思想再回到儒家思想的。二十岁以前，梁漱溟关注问题的核心在于如何救治中国社会之流弊，表现出功利主义思想，结果导致严重的精神危机，几欲自杀。二十岁至二十八九岁，从先前关注社会问题的挫折中，转回到个人生命问题的思考，受佛教典籍的影响，梁漱溟二十岁开始茹素，并抱定出家的决心，从肯定欲望，认为“欲望就是人生的一切”，转为古印度人亦即佛教的出世思想，完全否定欲望、否定人生，认为苦乐等问题都源自人类生命本身而不必外求。梁漱溟二十九岁决定放弃出家，回到世间生活，重新思考如何使生命“住世”的问题，最后选择儒家生活为其生活路向。这其中，佛教对他的影响是很大的。梁漱溟在《我早年思想演变的一大关键》一文中，曾指出信仰佛教对他发现世界三大文化体系的意义：

> “正是由于我怀人生是苦的印度式思想，一朝发现先儒这般人生意趣，对照起来顿有新鲜之感，乃恍然识得中印两方文化文明之为两大派系，合起来西洋近代基督教的宗教改革下发展着现世幸福的社会风尚，岂不昭昭然其为世界文化文明三大体系乎。假使我循旧社会常例先读儒书《论语》，早接触得夙来的中国式人生意趣，那么，我将不易察觉世界上有如上三方社会人生文化文明之划然各具其特色异彩的……此所以早年未读儒书实为我思想演变上一大关键也。”（梁漱溟，1993b）[185]

由从佛教认为人生唯苦，到发现儒家人生之乐，提出以“孔颜的人生”为当时青年解决烦闷的人生问题，这正是梁漱溟独特的人生信仰所导致的结果。

不同的出身、角色等“前见”，决定了毛泽东、梁漱溟二人不同的哲学观与看问题的不同视角，从而导致了二人对中国问题的不同看法与解决途径。

二、中国社会问题——不同的看法与不同的解决模式

置身于近代中国危机四伏且日趋严重的社会环境下，强烈的社会责任感使毛泽东与梁漱溟都认真面对并思考中国社会问题，以求解决的途径。他们从各自的视角与哲学观出发，产生了对中国社会问题的不同看法和不同的解决途径。

（一）中国社会问题的“一般性”与“特殊性”

关于中国社会问题，在1938年梁漱溟访问延安时，二人曾有过交流与争论。梁漱溟认为：“中国老社会有其特殊社会构造，与欧洲中古或近代社会均非同物。中国革命是从外面引发的，不是内部自发的；此其特殊性即由中国老社会之特殊构造来。”而毛泽东在承认梁漱溟的观点的基础上，还认为：“中国社会亦还有其一般性，中国问题亦还有其一般性；你太重视其特殊性而忽视其一般性了。”梁漱溟则回答说：“中国之所以为中国，在其特殊之处；你太重视其一般性，而忽视其特殊性，岂可行呢？”（梁漱溟，1993a）[205]关于中国社会问题的特殊性与一般性，二人各执己见，争论未有结果。之所以会如此，是因为他们从各自的视角与哲学观出发，已经形成了对中国社会问题的明确观点与理论，且根深蒂固，难以改变。

1. 毛泽东与中国社会问题的“一般性”

出身农民的毛泽东从其斗争哲学与广大下层劳动人民的视角出发，以马克思主义的阶级斗争学说为理论基础，指出中国古代持续了三千年之久的封建社会的主要矛盾是“农民阶级和地主阶级的矛盾”，“中国历代的农民，就在这种封建的经济剥削和封建的政治压迫之下，过着贫穷困苦的奴隶式的生活”。进入近代社会以后，“中国一步一步地变成了一个半殖民地半封建的社会”。毛泽东认为，这个社会有如下几个特点：

> “其一，封建时代的自给自足的自然经济基础是被破坏了；但是，封建剥削制度的根基——地主阶级对农民的剥削，不但依然保持着，而且同买办资产阶级和高利贷资本的剥削结合在一起，在中国的社会经济生活中，占着明显的优势。其二，民族资本主义有某些发展，并在中国政治的、文化的生活中起了颇大的作用；但是，它没有成为中国社会经济的主要形式，它的力量是很软弱的，其大部分都与外国帝国主义和国内封建主义有着或多或少的联系。其三，皇帝和贵族的专制政权被推翻了，代之而起的先是地主阶级的军阀官僚的统治，接着是地主阶级和大资产阶级联盟的专政。其四，帝国主义不但操纵了中国的财政经济命脉，并且操纵了中国的政治和军事力量。因此，帝国主义和中华民族的矛盾，封建主义和人民大众的矛盾，这些就是近代中国社会的主要的矛盾。”（毛泽东，1991b）[624－631]

毛泽东通过对近代中国社会特点的分析，得出了结论：近代中国社会的主要矛盾，一为民族矛盾，一为阶级矛盾；就阶级矛盾这一方面来说，中国近代社会与古代社会是一脉相承的。毛泽东以阶级斗争的眼光来看待中国历史，认为阶级矛盾与阶级斗争贯穿了除原始社会之外的中国历史。要解决中国社会的矛盾，除阶级斗争、暴力革命之外，别无他途。这就是毛泽东所强调的中国社会问题的"一般性"。

2. 梁漱溟与中国社会问题的"特殊性"

出身于书香之家，以生命哲学与"孔颜乐处"为宇宙观与人生观的梁漱溟则更关注中国社会的"特殊性"，他认为中国社会的特殊性在于中国传统社会结构是一个"伦理本位，职业分途"的社会，他说："假如我们说西洋近代社会为个人本位的社会、阶级对立的社会，那么，中国旧社会可说为伦理本位、职业分立。"（梁漱溟，1989b）[166－167]

先从伦理本位看，梁漱溟认为中国人自古就缺乏西洋的团体生活，不存在个人与团体的关系问题，只有伦理关系。伦理关系始于家庭，而不止于家庭。何为伦理？伦即伦偶之意，就是说，人与人都在相互关系中。人一生下来就有与他相关系之人（父母、兄弟等），此即天伦，人生将始终在与人相关系中而生活（不能离社会），此即伦理。人们在相关系中生活，彼此发生情谊。因情而有义。因而情谊也是人们彼此之间的一种义务关系，如父义当慈，子义当孝，兄友弟恭，夫妇、朋友，乃至一切相关之人，莫不自然互有应尽的义务。人生各种关系中，"家"乃其天然基本关系；故伦理首重家庭，谓人必亲其所亲也。次以家庭为中心向外推衍，即以家庭骨肉之谊准推于其他：如师徒、东伙、邻右，推到政治则有父母官、子民。总之，家庭与宗族在中国人生上占有极重要的位置，及至亲戚、乡党亦为所重。与西方人无论在法制上、礼俗上处处形见其自己本位主义，一切从权利观念出发不同，中国社会各种关系一概家庭化，一切都在伦理关系中，彼此互以对方为重；一个人似不为自己而存在，乃仿佛互为他人而存在，这种社会，可称为伦理本位的社会（梁漱溟，1989b）[168－169]。梁漱溟认为，全中国社会把这种伦理关系推展开来，就会形成一种相互关心、相互尽义务的稳定关系系统。

再看职业分立，所谓职业分立即是指社会分工。梁漱溟认为，由于中国古代社会实行土地自由买卖的政策而人人得而有之，并且遗产均分，而非长子继承制，再加上蒸汽机、电机未发明，乃至较大机械亦无之，所以未造成资本垄断之势。无垄断也就无阶级。生产工作者（农民、工人）恒自有其生产工具，可以自行生产。各人做各人的工，各人吃各人的饭，只有一行一行不同的职业，而没有两面对立的阶级。所以，中国社会可称为一种职业分立的社会。在此社会中，非无贫富、贵贱之差，但升沉不定，流转相通，不少人还可通过科举考试进入士人阶层，正所谓“朝为田舍郎，暮登天子堂”，对立之势不成，斯不谓之阶级社会耳（梁漱溟，1989b）[170－172]。

梁漱溟进而指出，中国伦理本位和职业分立的社会结构，存在着一种交相为用、相得益彰的关系。就职业分立影响伦理本位而言，主要表现为两个层面。第一层，由于没有土地、资本的垄断，而且从当时生产技术看，小规模经营有其方便，大规模经济经营无甚必要，所以，让社会上这些小农小工小商，零零散散地各为生业，各自关门过日子。以家为生产单位，一家人天然地相依为命，其伦理关系也因此而益加巩固密切。第二层，由于职业分立，士农工商各有前途所求，贫富贵贱升沉无定，由是有家世门祚盛衰等观念，或追念祖先，或期望儿孙，父诏其子，兄勉其弟，使人倍笃于伦理而益勤于其业，亦即采取“向里用力”的人生态度。再从伦理本位影响职业分立而言，因伦理本位的经济，财产不属个人所有，而视其财产大小，为其伦理关系之亲、疏、近、远者所得而共享之。这样财产不易集中，阶级不易形成。同时，政权相对公开，许多人有机会参与其事，就更加减弱了经济上的垄断趋势，从而稳固了社会的职业分立。阶级统治不成，中国政治不能不伦理化，由政治伦理化，更使社会职业化。职业又有助于伦理。职业与伦理辗转相成，彼此扣合，其理无穷（梁漱溟，1989b）[172－174]。

总之，梁漱溟认为，这种特殊的“伦理本位，职业分立”的中国社会结构不可能形成阶级，也就无所谓阶级对立与阶级斗争。

综上所述，毛泽东与梁漱溟对中国社会问题之“一般性”与“特殊性”的不同强调，是他们分别站在革命家与士人的立场上，分别以斗争哲学与生命化的孔子人生哲学来解释中国历史的结果。毛泽东是从革命与斗争的角度来看待中国历史，其历史观为革命史观；梁漱溟则是从文化的角度解释历史，其历史观为文化史观。所谓革命史观，即是从现实革命斗争的需要出发，从革命者的立场与视野来研究和品评以往革命斗争史中的事件与人物的一种历史观。它既是毛泽东对历史唯物主义具体化或中国化的一种理论表达形式，又是毛泽东思想的一个重要组成部分（郭世佑，1995）。毛泽东此种革命史观的目的是为了激励革命者与人民的革命斗志，以完成民主革命。这种史观的实用性和主观性较强，用以指导革命斗争是没有问题的，但它并不完全代表，也不等于用客观的眼光来看待历史事实和历史人物的唯物史观。至于梁漱溟的文化史观，则是把柏格森的生命哲学、佛教的唯识学与儒家哲学结合起来，站在唯心主义的角度来看待整个世界历史的结果。他把世界历史的发展归结为文化的发展，而"文化不过是那一民族生活的样法"，"生活就是没尽的意欲——和那不断的满足与不满足罢了"（梁漱溟，1989a）[352]。因而梁漱溟以"意欲"为根本来解释世界文化发展的不同路向，认为世界三大文化的根本精神是不同的：中国文化是以意欲自为、调和、持中为其根本精神的；印度文化是以意欲反身向后要求为其根本精神的，西方文化则是以意欲向前要求为根本精神的（梁漱溟，1989a）[353,383]。梁漱溟极为赞赏中国文化的根本精神，决定"以孔颜的人生为现在的青年解决他烦闷的人生问题"。以此为指导思想，梁漱溟在对中国传统社会结构的分析上，指出中国社会结构是以"伦理本位，职业分立"为特征的，这种社会正是以"自卫、调和、持中"为根本精神的。梁漱溟对中国社会与中国文化精神的分析不失深刻、独到，且煞费苦心，但他忽略了人类生活中物质性的一面，割裂了物质与文化的关系，因而他的分析失于主观性太强，缺乏对人类社会与人类生活的全面认识而缺乏客观性。那么，进入近代社会，面对西力东侵与西学东渐，中国传统社会结构与文化精神受到冲击之后，中国社会所面临的问题是什么呢？

（二）近代中国社会问题所在

关于毛泽东对近代中国社会的特点的认识，已如上文所述。即中国近代社会与古代社会是一脉相承的，阶级对立与阶级斗争贯穿了除原始社会之外的整个中国历史。只是由于进入近代社会后，中国受到了西方列强的侵略，因而中国社会的主要矛盾除了阶级矛盾之外，还有民族矛盾。中国民主革命斗争的任务就是要解决这两大矛盾，推翻压在中国人民头上的三座大山——帝国主义、封建主义和官僚资本主义，建立一个人民民主国家。作为农民的儿子，毛泽东深知农民生活的艰辛与痛苦，这种艰辛与痛苦随着 20 世纪二三十年代全国普遍的灾荒与战祸的日益严重而加剧，这会使农民的反抗性、革命性越来越强烈。因而毛泽东越来越认识到农民在中国民主革命中的地位的重要性，特别是他于 1927 年 3 月发表的《湖南农民运动考察报告》，成为中国革命斗争史上划时代的文献，它介绍了大革命期间中国农民所表现出来的伟大力量，讴歌了湖南农民运动，认为“孙中山先生致力国民革命凡四十年，所要做而没有做到的事①，农民在几个月内做到了。这是四十年乃至几千年未曾成就过的奇勋。这是好得很。”（毛泽东，1991a）[15-16]在意识到农民的伟大力量之后，毛泽东在秋收起义失败后，即把革命队伍转移到农村，开创了一条工农武装割据、农村包围城市的中国革命道路。在以后的革命历程中，毛泽东进一步总结道：“农民问题，就成了中国革命的基本问题，农民的力量，是中国革命的主要力量。”（毛泽东，1991b）[692]谁赢得农民，谁就赢得中国。我们看到，毛泽东是站在马克思主义的立场上，以一个革命领袖的眼光，以中国特有的实用理性来看待中国社会问题包括农民问题的，其所得出的结论是符合中国社会实际的，因而，他所开创的以农村包围城市、最后夺取全国革命胜利的道路最终达到了目的。

而梁漱溟则认为，近代中国所面临的问题中，“外界问题（帝国主义）虽是有的，但中国内部问题大过外界问题；个人的不健全也是有的（贫、愚、弱、私），但社会的不健全大过个人的不健全”。他认为近代中国社会问题的根本在于“其千年相沿袭之社会组织构造既已崩溃，而新者未立；或说是文化失调”。也就是说，梁漱溟所描述的旧中国延续千余年之久的“伦理本位，职业分立”的社会结构在进入近代以后由于西洋人与西洋文化的东来，为新环境所包围压迫，并不断地受到新的刺激而日趋崩溃。“夙昔之法制、礼俗悉被否认，固有文化失败摇坠不堪收拾，实民族历史上未曾遭遇过的命运。而同时呢，任何一种新秩序也未得建立”。因而，在梁漱溟看来，“中国问题并不是什么旁的问题，就是文化失调——极严重的文化失调，其表现出来的就是社会构造的崩溃，政治上的无办法”（梁漱溟，1989b）[162-164]。而要解决“文化失调”问题，就要进行文化重构。那么，如何进行文化重构呢？梁漱溟认为：

> “一民族真生命之所寄，寄于其根本精神，抛开了自家根本精神，便断送了自家前途。自家前途，自家新生命，全在循固有精神而求进，而向上……只有发挥自己特长，站在自家原来立脚地上以奋斗，离开不得这里一步。”（梁漱溟，1992）[109-110]

---

① 毛泽东在此句前指出宗法封建性的土豪劣绅、不法地主阶级，是几千年专制政治的基础，帝国主义、军阀、贪官污吏的墙脚。打翻这个封建势力，乃是国民革命的真正目标。

因此，要谋中国社会政治问题的解决，绝不能离开中国固有文化；同时，他又认为中国进入近代社会后传统社会构造之所以崩溃解体正是由于中国文化的失败，而中国文化之所以失败即在于其缺乏科学技术与团体组织（梁漱溟，1989b）[191]。梁漱溟认为这是人所共知的事实，却属一种"浅的说法"，若向深处探求，则是"在根本人生上我们有缺欠。此缺欠经西洋风气的启发而见出来，使得我们对于固有文化不满意，固有人生理想不满意，甚至于厌弃反抗。这厌弃和反抗，是中国社会崩溃的真因。引起厌弃反抗的自身缺欠，是中国文化的真失败点"（梁漱溟，1989b）[192]。这里，梁漱溟从正反两个方面指出了要解决中国社会问题绝不能离开中国文化的根本精神，但是，在此基础上还要克服中国文化的缺陷，也即吸取西洋文化的长处，就是"科学技术"与"团体组织"。为此，梁漱溟提出了中西文化调和的范式："对于西方文化是全盘承受，而根本改过，就是对其态度要改一改"，"批评的把中国原来态度重新拿出来"（梁漱溟，1989a）[528]。

如何实现上述中西文化的"调和"呢？梁漱溟认为要实现中国文化的创造性转化，必须建立一种新的社会组织构造，并且这种社会组织必须合乎中国社会的特点。梁漱溟认为旧中国社会结构为"伦理本位，职业分立"的社会，这就是中国社会结构的特殊性，这其中蕴涵了"伦理主义"与"人生向上"的中国民族精神，新的社会组织构造必须以此为根基。而进入近代以来，"伦理本位"的特点与精神在城市"已被摧残无余"，在农村尚有所保留，这即所谓"礼失而求诸野"。并且进入近代社会以后，中国农村与农民成为现代化的弃儿，农村经济之凋蔽与农民生活之困苦的现状令人震惊。而中国社会历来以农立国，所以"中国问题天然是乡村问题"（梁漱溟，1989b）[316]，建立新社会组织构造，从乡村入手较有基础。另一方面，在梁漱溟看来，知识分子为中国文化的传承者，是"代表理性、主持教化、维持秩序"（梁漱溟，1989b）[185]者，故解决中国问题的方法即是知识分子到乡间去，他说："中国问题之解决，其发动主动以至于完成，全在其社会中知识分子与乡村居民打并在一起，所构成之一力量。"（梁漱溟，1992）[210]而知识分子与农民结合的具体组织形式即是梁漱溟所设计的"乡农学校"①。这是一个"政教合一"的组织机构，"在这一个组织构造里，一方面是采取了进步的团体组织精神"，另一方面是容纳了中国的两大精神"伦理主义、

① 后为村学、乡学，其实质是一样的。

人生向上”，从而实现了中西文化之沟通调和（梁漱溟，1992）[439]。梁漱溟认为通过这样一个集政治、经济、教育于一体的多功能的社会组织构造，即可逐步解决农民、农村问题，并使中国文化重光于世。可见，乡农学校是梁漱溟实现中西文化“沟通调和”以达文化重构目的的基本组织依托。不仅如此，梁漱溟组织乡农学校、进行乡村建设有更为远大的目标：“乡村建设，实非建设乡村，而意在整个中国社会之建设，或可云一种建国运动。”（梁漱溟，1989b）[161]在梁漱溟的心目中，这是一个宏大而系统的工程，乡农学校的模式试验成功之后，还可推向全国，成为整个国家的政治体制。

综上所述，就对近代中国社会的认识而言，二人有一致之处。他们都看到了中国是一个农业大国，广阔的农村和占人口80%的农民是中国社会最严重的问题；中国社会经济落后，政治腐败，缺乏一个强有力的顺乎民意的中央政府，致使全国处于四分五裂的状态；西力与西学的冲击是导致中国传统社会崩溃解体的重要原因之一，中国自身的文化传统也存在着严重的缺陷和失调现象等。但从根本上说，他们对中国社会问题，特别是近代中国社会问题的看法是不同的：毛泽东从政治与阶级斗争的角度出发，认为中国近代社会问题就是帝国主义与封建主义问题；梁漱溟从文化的视角出发，认为中国近代社会问题是文化失调问题。面对以上诸种问题，二人对中国社会的改造，基本上都遵循着同样的一种思维模式，即从乡村入手，最后解决整个中国问题。但是，由于哲学观与立场不同，决定了他们虽同样从乡村入手但致力于解决中国问题的手段、途径各异，最后要达到的目标也不尽一致，这些皆蕴涵于他们分别缔造的邹平模式与延安模式之中。

（三）解决问题的不同模式

毛泽东与梁漱溟都看到了农村经济的破产与农民的苦难，意识到农村与农民问题的重要性，因而皆从农村入手来致力于整个中国问题的解决。出于不同的立场与哲学观，他们分别创建了农民革命与乡村建设的不同模式——延安模式与邹平模式。本节将从教育的角度对二者进行分析比较。

1. 延安教育模式——农民革命与“改造社会，改造世界”

延安教育模式是以毛泽东为代表的中国共产党在领导中国农民革命的过程中，把马克思主义的阶级斗争理论与中国革命的具体实际相结合，在了解中国农民文化心理的基础上给农民看得见的实际利益，依靠农民并教育农民从事反对现行政权与外来侵略的暴力斗争的一种大众化、阶级性与政治性相结合的教育模式，其指导思想是毛泽东的新民主主义文化教育理论。

中共延安教育模式的前身是苏区教育模式。早在第二次国内革命战争时期，中共在三大起义失败后，就把主力革命队伍转入南方农村地区，组织中国工农红军，创建了以江西瑞金为中心的多块革命根据地，并依靠广大农民群众发动土地革命，打土豪，分田地，从而获得了农民群众尤其是贫农的支持。在教育方面，中共从苏俄接受和引进了马列主义尤其是列宁的教育思想与教育制度。党在江西中央苏区和其他苏区，参照苏俄经验，相继建立起共产主义的教育制度，其基本方针是教育为革命战争服务，教育面向工农劳苦大众，教育与劳动相结合。党从现实政治斗争和革命动员的需要出发，首次在中国将教育分成三种类型的教育系统：第一类为提高干部政治、军事和业务素质的干部教育系统；第二类为培养青少年而建立的传授政治和文化知识的普通学校教育系统；第三类为针对广大劳苦群众而开展政治动员和扫除文盲的社会教育系统（高华，2005）。这三类教育系统在瑞金临时政府成立以后皆得到一定发展。贯穿于这三类教育系统中的指导思想是共产党政治性、阶级性与群众性的教育观。这种教育观主要表现在以下几个方面。

（1）在教育目的与政策方面，党和苏维埃政权首先将教育定性为阶级斗争和政治动员的手段，主张学校不是简单传授知识的读书机关，而要成为党和苏维埃政权的宣传者（中央教育科学研究所，1981）[95]。“教育工作应该为着战争与进行广泛的马克思共产主义的教育服务的观点出发，教育为着战争……用教育工作帮助战争的动员”（中央教育科学研究所，1981）[35-36]，为此，党和苏维埃政权要求一切教材要多带政治鼓动性，以“实施无产阶级的赤化教育，以启发学生群众的阶级觉悟和认识”（中央教育科学研究所，1981）[101-102]。

（2）在教育对象与教育者方面，强调教育主要面对广大的劳苦大众，规定实行工农阶级教育优先的政策，地富子弟虽可进入小学学习，但严格禁止厂主、地主、富农子弟入初级中学（中央教育科学研究所，1981）[103]。不仅如此，各级苏维埃政权对教师也有特别的政治要求，禁止农村原有的私塾先生从事教书工作，乃是因为“学究先生”思想陈腐，无法在新形势下扮演政治宣传者和鼓动者的角色（中央教育科学研究所，1981）[101]。

（3）在教育内容方面，瑞金时期的苏区教育同样渗透着强烈的政治色彩。在湘赣省苏维埃政府文化部为开展苏区扫盲工作而拟定并颁布的3级生字表中，其主导思想兼顾了政治教育与生活实用原则：第一级生词共27句，均为日常生活和劳动用语；第二级生词 30 句，计有政治词汇 19 句；第三级生词 29 句，政治词汇达到 14 句。在总数 86 句生词中，政治宣传词语竟有 33 句（中央教育科学研究所，1981）[278-279]，占总语汇比重的约 40%。

苏区教育的政治性、阶级性特点为后来的延安教育打下了底色。受当时照搬苏俄经验的苏区临时中央政治局“左倾”政策的影响，苏区教育也存在着“左”的错误。如对旧知识分子（即私塾先生）的排斥政策，即体现了“左”的倾向。对此，由毛泽东等人签署的文件《关于土地斗争中的一些问题的决定》中指出：“一切地主资产阶级出身的知识分子，在服从苏维埃法令的条件下，应该充分利用他们来为苏维埃服务”（江西省档案馆，等，1983）[521]。这是切中时弊的正确主张，但由于当时毛泽东在苏区几度处于受排挤的地位，其主张并未完全实行，到延安时期才真正推行。

出于建立抗日民族统一战线的需要，延安时期陕甘宁边区政府对教育对象与知识分子的政策已较前有所放松，虽然继续强调教育为工农大众服务，但已宣布地主、富农子弟也可入学的新政策；对于教师的政治思想和阶级成份的要求也出现了松动，宣布只要拥护中共政策，私塾先生仍可继续教学，各根据地也不像瑞金时代那样，强令关闭一切私塾、旧学，而是允许予以保留。但是，在继承苏区教育底色基础上形成的延安教育模式，仍具有强烈的意识形态色彩。延安教育是党领导的战时状态下的革命大众主义的动员教育，这种教育是一种强化意识形态灌输的教育，具有鲜明的阶级性和政治鼓动性，它以革命政党的世界观和路线、方针、政策为教育的宗旨和依归，突出教育的政治思想训练，基本生活和生产技能学习的实际功能（高华，2005）。如果说，苏区教育是以共产主义为其意识形态，具有明显的俄化特点的话，那么，延安教育则以新民主主义为其理论指导，具有明显的中国民族特色。这表现在以毛泽东的马克思主义中国化理论为指导，在教育内容与教育方式上充分结合当时边区的实际情况与民族特点，实行群众喜闻乐见的教育。全面抗战爆发后，中共在瑞金时期苏区教育经验的基础上，根据新需要对原有的教育方针进行了修改补充，逐步形成了新的教育方针，即教育为抗日战争服务，教育与生产劳动相结合。这种教育方针与苏区教育方针有一脉相承之处，都强调教育为战争服务和与生产劳动相结合，强调教育的工具性，强调教育的阶级性和政治性。这突出表现在，中共从教育附属于政治且服务于政治的观点出发，规定在陕甘宁边区和其他抗日根据地，把在职干部教育放在第一位，第二为学校干部教育，第三为社会教育，第四为国民教育

（中央教育科学研究所，1981）[356]。这些规定体现了党领导下的教育所一贯坚持的阶级第一的政治立场。阶级论教育观的另一体现是在边区的教育内容上，延安教育完全依照革命意识形态的要求，将政治教育、政治动员放在突出地位。在上述三种类型的教育中都体现这一原则，以加强受教育者对党的路线、方针、政策的认识，并进而改变受教育者的思想意识（高华，2005）。

延安教育模式的特色更多地体现在社会教育方面。陕甘宁边区极为重视对农民群众的社会教育。其教育形式主要有冬学、夜校、识字班、民办小学等，另外还有以生产、学习与家庭关系为基础成立的学习小组，如读报组、地头组、运输组、放羊组、民兵组、担架组、纺织组、编席组、炕头组，乃至家中的夫妻组、父子组等，将农民群众组织起来，对其进行以扫盲与抗战的政治动员和发展生产为主要内容的教育。由于缺乏足够的教员从事边区社会教育，以毛泽东为首的边区政府提倡民教民的教育方法，就是“老百姓教老百姓……识字组也可以民教民，认识十个字的就可以当组长，认识一百个字的就可以当委员长”（毛泽东，1996）[115]。充分体现了中国共产党平民化、大众化的教育理念。通过上述社会教育的组织形式与教育方式，中共一方面使边区群众得到一定程度的文化教育，另一方面，更重要的是，中共把边区群众组织起来，用新的民族意识、国家意识与中共的抗战政策武装民众的头脑，这与减租减息、大生产运动、抗战动员等起到综合作用，逐步得到边区群众的理解、信赖和拥护。因而，边区的社会教育既是群众性的扫盲运动，又是比较彻底的社会动员，后者显得更重要、更突出。民众接受社会教育的过程，实际上是对中共在乡村政权的认同过程。在这个过程中，中共实现了在边区乡村权力主角的转换，并通过社会教育控制了乡村全部社会资源（黄正林，2003）。与邹平的村学、乡学以乡村的地主、士绅等精英人物为乡村领袖不同，中共在边区则通过减租减息和乡村选举运动，迫使原来的乡村精英退出了乡村政权的舞台，新选出的以贫苦农民为主体的精英分子成为乡村政权的新领导群体。这是由中国共产党代表工农群众利益的阶级基础与进行暴力革命、推翻现行政权而让贫苦人民翻身的奋斗目标所决定的。边区人民用自己喜闻乐见的歌谣唱出的《东方红》《绣金匾》《万丈高楼平地起》等歌曲，反映了边区军民的鱼水关系，体现了边区人民对共产党的高度信任和热爱，这正是中国共产党在边区进行减租减息、大生产运动与社会教育的结果。

与延安教育模式不同，梁漱溟所缔造的邹平教育模式则完全是另一种思路。

2. 邹平教育模式——乡村建设与“文化改造，民族自救”

邹平教育模式是梁漱溟政治文化思想与实践的集中体现，其理论指导是他于 1937 年发表的《乡村建设理论》。其实，梁漱溟的乡村建设思想早在 1923 年即已萌芽，当时他在山东曹州中学的讲演中，就已提出“农村立国”的主张（梁漱溟，1992）[15]。后来，在广东办学时，他又提出“乡治”主张。1930 年在河南辉县筹办河南村治学院，但不久即因中原大战的爆发而停办；1931 年，梁漱溟应山东省主席韩复榘之邀到山东邹平县创建山东乡村建设研究院，并最终以“乡村建设”代替“乡治”。之后，“乡村建设”就成为 20 世纪 30 年代尽人皆知的流行词汇。

从组织结构上说，梁漱溟在邹平开创的集政治、教育、经济于一体的邹平教育模式由山东乡村建设研究院这一“总脑筋”统一领导。1931 年春，山东乡村建设研究院在邹平正式成立。其职责是：“研究乡村建设问题；指导乡村建设实施。”（许莹涟，等，1936）[80]其内部组织主要包括三部分：乡村建设研究部、乡村服务人员训练部和实施乡村建设实验区。其中研究部为一学术研究机关，以培养乡村建设的设计指导人才。训练部即是要培养乡村建设的基层干部人才。实验区有两处：一为邹平，一为菏泽。本文主要介绍邹平实验区。研究院除上述三部分外，还有总务处以掌管全院事务，另有农场、卫生院、图书馆、社会调查部、乡村服务指导处等。

邹平教育模式的特色在于训练部的教员与学生在实习期间和结业后到邹平实验区之各乡村去创办乡农学校。1931 年冬到 1932 年春，曾在邹平县的 7 个区中成立乡农学校 90 余处。因而，梁漱溟说，“邹平的工作，是以乡农学校来进行”的（梁漱溟，1992）[347]。1933 年，山东省政府根据国民党全国内政会议精神，确定邹平县为县政建设实验县，给研究院以相当大的自主权，从此，邹平的乡村建设实验进入了新的时期。邹平的行政区划也发生了变化，取消了原来的区公所，按地理、习俗等把全县划为 14 乡 316 村，于乡设乡学，村设村学。这样原来在区范围内设立的乡农学校也从此改名为村学、乡学，但其实质并未改变。村学、乡学是政教合一的乡村组织，既是乡村自治组织，又是乡村教育组织。至 1937 年，邹平共建立乡学 14 处、村学 271 处。

从内部结构看，乡学、村学包括学董、理事、学长、教员，及一村或一乡中之男女老少（即学众）。其中，学董是村中或乡中有办事能力的人，由乡村中有身份地位的5至10人组成学董会，从中推举一位常务学董经县政府礼聘为理事，主持日常事务并沟通上下；学长为村中或乡中品德最尊的人，即梁漱溟所谓“群情所归”、“齿德并茂者”，由学董会推荐并经县政府礼聘，处于监督、指导地位且不掌握实权，处于超然地位，调和一村或一乡之矛盾冲突；教员（乡学中称辅导员）是指乡村运动者，是聘请来的“有知识的明白人”，即知识分子，多数在研究院受过专门训练，他们既负责乡学、村学的教育教学工作，也负责推进乡村社会工作；学众即是村中或乡中的男女老少一切人，主要指成年农民，为实施教育之对象。概而言之，其组成部分包括三种人：一是乡村领袖，即学董和学长；二是成年农民；三是乡村运动者。其中前二者是乡村社会的重要组成部分，故先从他们入手，使其在村学或乡学的形式下联合起来，造成一种共同向上的关系；后者则是代表一个新意思、新运动而来更新农村社会的（梁漱溟，1992）[347-348]。换言之，后者因受过研究院的训练而明白乡村建设的真正含义，因而处于指导地位。这样，这三种人通过各自在村学、乡学中的位置而相互联系，通过他们的共同努力而让乡村社会活起来，以达到梁漱溟所预计的“大家齐心学好，向上求进步”的目标（梁漱溟，1989a）[668]。这里，“大家齐心”代表了向西方学习其“团体组织”精神，“学好向上求进步”则代表了“人生向上”的中国民族精神。梁漱溟所颁布的《村学乡学须知》充满了浓浓的乡间伦理情谊，因而村学、乡学的目标在一定程度上实现了梁漱溟以中国固有精神为主而吸收西洋人的长处，从而达到中西具体事实的融和的理想（梁漱溟，1989b）[308]。从上述村学、乡学的组成，我们还可以看出梁漱溟进行乡村建设所依靠的乡村领袖是学董与学长，他们皆是在村中或乡中有身份、有地位的人，可称乡绅，而广大的乡村平民与贫民，只能处于被领导与受教育的地位。由此可见，梁漱溟虽把乡村作为一个整体来看待，但他看重的还是乡村的上层力量，即乡绅，这与梁漱溟出身世宦之家，易于从士的角度来看中国问题密切相关。他虽然悲天悯人，关心广大贫苦民众，但这改变不了他看问题的角度与立场。但从另一方面来说，梁漱溟欲要通过创建一新的社会组织构造，以实现“中西具体事实的融和”而达到文化重建之目的，则不能不依靠乡村士绅。因为，一来他们有一定的文化知识，有一定的见识与眼光；二来他们在乡间有一定的威望，因而会有一定的号召力。若依靠广大的贫苦农民去推行这项旨在进行文化重建、伦理重建的乡村建设运动，则是不可想象的。因为在旧中国，穷与愚是互为条件、互为因果的。因为穷与愚，贫苦农民没有见识、没有胆识，也没有兴趣去从事这种事业。这与以毛泽东为首的中国共产党依靠贫苦农民从事反帝反封建的暴力革命迥然不同。

从功能上说，村学、乡学是集政治、经济、教育、军事于一体的组织。正如梁漱溟所说：

> “我们的理想是政、教、富、卫合一。我们在邹平正实验着行政机关教育机关化的理想……乡学、村学既是乡村自治机关，又是乡村教育机关。”（梁漱溟，1992）[582]

梁漱溟意在通过行政机关教育机关化，来达到政教合一、以教统政的目的。所谓政教合一，在梁漱溟看来，就是把人生向上这件事情亦由团体来帮助，使人的生命往更智慧、更道德、更善良里去。换言之，把帮助人生向上的事情亦由最高有力的团体来做，这就叫作政教合一（梁漱溟，1992）[690]。此处政教合一之“教”，主要是指教人如何做人的教育，即教化，也就是道德教育。梁漱溟认为当时中国农村最紧迫的问题是整顿人心与革除乡间弊风陋俗，这需以情感化的方式对其进行劝导帮助，以人生向上的目标勉励乡民；乡民只要用心思去理解就能体会领导者的良苦用心。同时，学董、教员又不能强制乡民服从自己，应以教育、说服的方法循循善诱，从而引导他们人生向上。乡民与学董、教员若产生了矛盾应由乡长从中协调，不应当面顶撞。这正体现了中国传统伦理情谊的要求。在伦理情谊与人生向上的基础上，乡民还要逐渐养成纪律习惯，培养团体组织生活能力，学习西方的科学技术，以实现中西文化的调和。而这些新习惯、新能力的养成显然就是教育的功夫，并且需要在集政治、经济、教育以及自卫于一体的团体生活中培养，故梁漱溟认为村学、乡学的理想目标是政、教、富、卫合一。这种政教合一的团体组织还决定了其教育形式为学校式教育与社会式教育“融和归一”，以社会式教育为主。其中，“村学酌设成人部、妇女部、儿童部等，施以其生活必须之教育，期于本村社会中之各分子，皆有参加现社会并从而改造现社会之生活能力”（梁漱溟，1992）[383]。这正体现了梁漱溟以社会为本位，把社会教育与学校教育“融和归一”的教育理念，以实现“创造新文化，救活旧农村”之目的（梁漱溟，1989a）[615]。他还认为，要创造文化，必须着重于成人教育，成人教育就是社会教育，就是乡村建设，皆是一回事。他说：“你不想改造中国文化则已，否则非要注重成人教育不可！”（梁

漱溟，1992）[436]

从教育内容来说，村学、乡学之教育主要包括农业改良、组织生产、消费、信用等合作事业，推行各项社会改良措施，如戒缠足、戒早婚与买卖婚、禁烟等，以及乡村自卫训练与文化教育等方面的内容。就所学功课来说，有各村学、乡学同有的功课，如识字、音乐唱歌与精神讲话（也即精神陶炼）等；还有各村学、乡学的功课不必相同，本着生活即教育的原则，各村各乡情况不同，可以施以不同的教育。在上述课程中，梁漱溟尤其注重精神陶炼。所谓精神陶炼，就是以儒家伦理道德与人生态度为主要内容的教育与陶炼。他认为精神陶炼包括三个方面的内容，即合理的人生态度的指点，人生实际问题的讨论及中国历史文化的分析。这三者皆以“中国民族精神”为核心（梁漱溟，1992）[516]。照梁漱溟看来，中国民族精神，就是人类的理性，是人之所以为人的东西。乡村建设要以此为中心，认识自己，认识本民族的精神所在，才能实现民族自觉，树立民族自信心；以此为基础实现中西文化的沟通调和，才能达到“推进社会，组织乡村”的目的；以此为指导思想，精神陶炼的共同内容是“忠爱”、“孝悌”以及当时时代所需的伦理规范，以《弟子规》《朱子治家格言》《三字经》等篇为初步教材，再以《礼记》《小学》作精神陶炼教授课本，同时适当吸收西方社会的新道德、新知识。

综上所述，邹平教育模式，即是以山东乡村建设研究院为指导，以村学、乡学为中心，把全体乡民组织起来，旨在以中国固有精神为基础来吸收西方文化长处，以实现中西文化的沟通调和来达到“创造新文化，救活旧农村”之目的，并进一步把这种模式推向全国，以达“建国”之最终目标。

比较而言，由于梁漱溟与以毛泽东为代表的中国共产党人的宇宙观与人生观不同，决定了他们所缔造的两种教育模式虽皆从农村入手，但达到理想社会的手段与途径不同。前者把乡村社会当作一个和谐的整体来看待，在维持乡村原有政权及秩序的基础上，倚重地主、乡绅等乡村精英，依靠外来知识分子的指导、帮助，把全体村民、乡民融入以中国固有的“伦理情谊，人生向上”精神与西方的“团体组织，科学技术”相结合的伦理情谊化的组织之中，以实现“文化改造，民族自救”之目的；后者则是把乡村社会划分为不同的阶级与阶层，强调各阶级之间的对立与斗争，主要依靠贫苦农民来推翻原来的乡村精英，从而颠覆原有的乡村秩序，确立以贫下中农为主体的新政权，以服从于战争与生产需要的社会教育把广大农民组织起来，通过农民为主体的革命来达到“改造社会，改造世界”之目的。由此可见，这两种模式皆强调把农民群众组织起来，但这两种组织的核心思想与性质是迥然各异的，前者是一伦理情谊化的组织，以中国固有精神“伦理情谊，人生向上”为核心指导思想；后者则是兼具斗争性与政治性的组织，以中国化的阶级斗争观点为主导思想。二者皆强调知识分子的作用，但前者由于强调伦理教化而把知识分子放在“人师”的地位，后者则由于着重革命斗争中贫苦农民的主体作用而强调知识分子接受贫苦农民的改造而“脱胎换骨”，向农民看齐。

由此可见，在这两种迥然不同的教育模式背后，隐含着毛泽东、梁漱溟二人特色各异的教育文化路向的选择与建构。

第三章

教育模式与文化路向的建构（一）

进入近代中国社会以来，在中西文化的传承与传播过程中，来自不同社会背景、怀有不同“前见”的人对中西文化的不同接受意味着他们对中西文化的不同选择与超越，更意味着对不同教育文化路向的选择与建构。毛泽东与梁漱溟正是在对中西文化的不同内容与教育文化路向的不同选择中建构了不同的教育模式。

在各自“前见”的基础上，二人对中学与西学进行了各自的选择与吸收。在接受经世致用、注重实际、躬行实践的湘学士风基础上，青年毛泽东自然而然地接受了随十月革命一声炮响而传来的马克思主义之阶级斗争学说，自称于 1920 年成为一个真正的马克思主义者（埃德加·斯诺，1979）[131]。此后，毛泽东主要致力于马克思主义理论的中国化探索。梁漱溟则在早期接受西洋功利主义思想与出佛入儒之后，自认为“中国儒学、西洋生命派哲学与医学”是他的思想“所从来之根柢”。在对中西文化思想作出不同选择并消化融合的基础上，他们提出了特色各异的致力于解决中国农村问题，并最后解决中国问题的教育模式。

一、马克思主义与延安教育模式

20 世纪 20 年代前后，包括出身农家的毛泽东等中国近代知识分子之所以接受马克思主义的阶级斗争理论，除了阶级斗争理论与毛泽东的哲学不谋而合之外，更有中国传统实用理性与大同理想之因素。

（一）实用理性、乌托邦理想与马克思主义之传入

实用理性是中国民族性格的重要特色之一。所谓实用理性，就是“关注于现实社会生活，不作纯粹抽象的思辨，也不让非理性的情欲横行，事事强调‘实用’、‘实际’和‘实行’，满足于解决问题的经验论的思维水平，主张以理节情的行为模式，对人生世事采取一种既乐观进取又清醒冷静的生活态度”（李泽厚，1994）[320]。

这种实用理性，强调以现世生存之人类的需要为第一需要，珍视此岸世界即世俗社会生活，轻视对彼岸世界的探求。在这种生活态度的影响之下，人们会较多地关注日用人伦而较少耽于冥思玄想。中国人的伦理观、宗教观，乃至政治观都带有较浓的实用理性色彩。孔子之“未能事人，焉能事鬼”及“敬鬼神而远之”即是其实用理性的反映。这种实用理性使近代中国人在面临越来越严重的民族危机的情况下，为保存民族生命而不惜突破“夷夏之辩”而“屈尊”向西方列强学习，从器物、制度到思想文化，学习西学的内容步步走向深入。近代以来，对当时国人的思想观念产生巨大影响的理论即是进化论与马克思主义的传入。从本质上看，进化论强调生存竞争原则与今胜于古的单线进化观；马克思主义之唯物史观认为经济基础决定上层建筑，这些与中国传统“分久必合，合久必分”之历史循环论和“复三代之盛”的历史退化论是完全相背谬的，但当时中国知识界却几乎毫无障碍地接受了这些理论。这其中的重要原因即是实用理性之民族性格的作用。正是由于实用理性的存在，近代国人可使其情感经常处在理智的控制、干预和渗透之下，使人们的意念、信仰、希望以及意识形态经常要求某种理性的解释，进化论在中国便主要不是作为一种实证的科学学说来对待和研究，而是更作为一种意识形态、一种信仰、一种生活动力、人生观点和生命意念而被接受和理解（李泽厚，1994）[151]。

不仅进化论的被接受是如此，马克思主义的被接受也是这样。当时多数国人之所以接受马克思主义，主要不是因为认识到马克思主义理论的科学性，而是由于马克思主义是随着“俄国十月革命的一声炮响”才传入中国的——毛泽东这句话已经传神地说明了中国知识分子接受马克思主义的实用目的，即是希望导致俄国社会主义革命胜利的马克思主义同样也会使中国革命取得胜利，使中国摆脱被侵略的地位而成为富强的社会主义国家。毛泽东对中西文化的选择与吸收，就是着眼于一个“用”字，他后来把这个思想

通俗地表述为："向古人学习是为了现在的活人，向外国人学习是为了今天的中国人。"（毛泽东，1986）[752]正是在这种实用理性的基础上，毛泽东接受了从苏俄传来的马克思主义学说，并把它与中国革命的具体实际相结合，把中国化的马克思主义运用到了出神入化的境界。一位澳大利亚的汉学家曾这样评价毛泽东的思想方法："毛泽东从来不花时间去考虑是否会丢掉自己的中国特点，也不为中国文明的衰败而忧心忡忡。他一向深信自己是中国人，正如丘吉尔深信自己是英国人那样。毛泽东从未像同时代的某些中国人那样为此而愁苦忧虑，而正是由于没有上流绅士的神经过敏，才使得他专心致志而又顺理成章地把马列主义带给中国人民。"（贝迪克·威尔逊，1977）[274]

除了实用理性之外，中国思想传统中特有的乌托邦理想（亦即大同梦）也是当时国人接受马克思主义的一个重要原因。从《礼记》所预言的"大道之行也，天下为公，选贤与能，讲信修睦。故人不独亲其亲，不独子其子，使老有所终，壮有所用，幼有所长，矜、寡、孤、独、废疾者皆有所养"（《礼记·礼运》），到近代时期洪秀全、康有为和孙中山等人所构造的"新天新地新人新世界"的大同远景，皆以空想社会主义为奋斗的最终目标和远大理想。由此可见，中国人对财产均分、人人平等的社会主义理想并不陌生，因此，由空想社会主义到马克思之科学社会主义也即共产主义的远大目标，从逻辑上来说，也就水到渠成地被国人所接受。

需要说明的是，在当时的历史条件下，包括毛泽东在内的一些近代中国人并不能全面理解马克思主义，而主要是以其唯物史观中的阶级斗争学说来接受、理解马克思主义的。毛泽东回忆说：1920 年读了陈望道译的《共产党宣言》等著作以后，"才知道人类自有史以来就有阶级斗争，阶级斗争是社会发展的原动力，初步地得到认识问题的方法论。可是这些书上，并没有中国的湖南、湖北，也没有中国的蒋介石和陈独秀。我只取了它四个字：'阶级斗争'，老老实实地来开始研究实际的阶级斗争"（毛泽东，1982）[21-22]。后来，他还进一步把阶级斗争作为区分唯物主义与唯心主义的标准："阶级斗争，一些阶级胜利了，一些阶级消灭了。这就是历史，这就是几千年的文明史。拿这个观点解释历史的就叫作历史的唯物主义，站在这个观点的反面的是历史的唯心主义。"（毛泽东，1991d）[1487]这句话即典型地说明了阶级斗争观点主宰了中国几十年的历史。众所周知，阶级斗争只是唯物史观的其中一个组成部分，阶级斗争远远不能代表马克思主义之唯物史观。但是，阶级斗争作为唯物史观的一个重要内容，对毛泽东领导的中国农民革命战争的胜利起到了关键作用。共产主义作为唯物史观的未来图景，提供的只是革命的信念和理想，阶级斗争作为唯物史观的现实描述，才既是革命的依据，又是革命的手段和途径。于是它成了马克思主义在中国最根本的理论学说和基本观念（李泽厚，1994）[155]。

也就是说，阶级斗争观点虽然与中国传统文化之以“和”为主的价值观念相悖，但是许多知识分子还是从实用理性与乌托邦理想的角度把它作为实现美好共产主义理想的手段而接受了它。以毛泽东为首的中国共产党人在接受马克思主义之后，是把它与中国农民大众为主体的中国革命实践相结合的，因而有必要探讨中国农民的生存伦理与农民革命的关系。

（二）中国农民的生存伦理与农民革命

美国著名农民研究专家詹姆斯·C. 斯科特在《农民的道义经济学》一书中，从东南亚农民的反叛与起义问题入手，用“生存伦理”（subsistence ethic）这一概念来强调生存规则的道德涵义。在他看来，贫困本身不是农民反叛的原因；只有当农民的生存道德和社会公正感受到侵犯时，他们才会奋起反抗，甚至铤而走险（詹姆斯·C. 斯科特，2001）[322]。我认为，斯科特这段关于东南亚农民生存伦理的论述同样适用于中国农民。中国农民自古以来就有自力更生、艰苦创业的优良传统，一代代农民承继此传统，面朝黄土、背负青天，终日牛马般劳作，过着艰辛的生活。进入近代以来，面临国内封建势力与国外侵略势力的双重压迫，中国农民的生存境况日趋恶劣。林语堂在其《中国人》一书中说：“凡是到中国旅行过的人，特别是那些固执地到过为访问者所罕至的中国内地的人们，无不为中国劳苦大众低劣的生活水准所震惊。尤其使他们感到不可思议的是，中国人在这种条件下居然颇感到快乐和满足。”（林语堂，1988）[45]这正是普通中国农民大众“知足常乐”之民族性格的写照。尽管处于极为低下的生活水平之下，但由于封建制度的重压与中国特有的人多地少的国情，许多农民无论如何挣扎、奋斗，也难以提高生活水平。再加上农村生活的封闭性与农民视野的狭窄，农民放眼一望，周围百姓差不多都是如此，他们也就心安理得地安于这种贫困的生活了。但是，农民的这种知足是有前提的。这个前提就是要保证其最基本的生存条件——能够“活命”，这就是中国农民的生存伦理，一旦失去这个前提条件，一向温顺而知足的农民就会铤而走险了，因为对农民来说，此时因饥饿而导致的死亡威胁已经超过了对被政府军队枪杀的恐惧。正如费孝通先生在其《江村经济》中所说的，“驱使百万农民进行英勇的长征，其主要动力不是别的，而是饥饿和对土地所有者及收租人的仇恨”（费孝通，2002）[237]。历史学家王家范先生也认为，农民是“可以欺生而却绝不畏死。如若把他们置之死地，在生死必择的关头，铤而走险，那破坏性的力量也着实可怕。中国历史上就一再领教了，从山村里走出来的暴怒，会让二三百年的物质积累毁于一旦”（王家范，2000）[345]。

农民革命的威力，不仅被中国历史多次领教过，而且被毛泽东所体会和欣赏。出身农家的毛泽东非常理解中国农民的生存伦理，他在对斯诺的自述中所提到的家乡农民在灾年时“吃大户”的举动即表明他对这一生存伦理是了解并且理解的。在此基础之上，毛泽东即把他所接受的马克思主义与以中国农民革命为主体的中国革命实践结合起来，开始了其马克思主义理论的中国化探索。

（三）马克思主义的中国化探索与延安教育模式

马克思主义是随着俄国十月革命的炮响而从苏俄传入中国的，这在某种程度上也说明当时多数国人包括毛泽东在内所接受的马克思主义主要为苏俄式的马克思主义，或者说是经过苏俄领导人所理解与诠释的马克思主义。从以下《毛泽东主要阅读的马恩列斯著作一览表》即可说明这个问题（李庚靖，2003）[15]。

表3－1 毛泽东主要阅读的马恩列斯著作一览表

时 期	马克思、恩格斯	列 宁	斯大林	备 注
党的创立	《共产党宣言》			
大革命		《国家与革命》		
土地革命	《反杜林论》	《两个策略》《共产主义运动与“左派”幼稚病》		
抗日战争	《资本论》《社会主义从空想到科学的发展》	《列宁选集（多卷本）》 《国家与革命》 《理论与策略》		《马克思恩格斯列宁斯大林论艺术》

续表

时　期	马克思、恩格斯	列　宁	斯大林	备　注
解放战争		《国家与革命》《共产主义运动与“左派”幼稚病》		
新中国成立以后	《资本论》《政治经济学批判》	《列宁有关政治经济学论文十三篇》	《苏联社会主义经济问题》	
合计	6	9	1	1

可见，毛泽东对列宁著作读得最多且最勤，其中《国家与革命》一书，毛泽东在三个革命时期反复阅读，《共产主义运动与“左派”幼稚病》在两个时期阅读过，另外，对马、恩著作两个时期阅读过的是《资本论》。另据延安时期给毛泽东管过图书的史敬棠回忆，毛泽东在延安经常读《两个策略》《共产主义运动与“左派”幼稚病》。毛泽东在这两本书中写了一些批语，用几种不同颜色的笔画的圈、点和杠杠，写有某年某月“初读”、某年某月“二读”、某年某月“三读”的字样。这说明，到那个时候为止，这两本书至少已读过三遍了（龚育之，1986）[24]。总之，作为中国农民革命的领袖，毛泽东阅读数量与次数最多的是列宁著作，说明毛泽东所理解、接受的马列主义主要为列宁主义。

毛泽东之所以主攻列宁著作，是因为他想从列宁的著作中探求殖民地、半殖民地国家取得民族独立与民主革命胜利的经验。苏俄在列宁主义的指导下取得了十月社会主义革命的胜利，摆脱了民族压迫，其中有不少经验值得借鉴。但中国的国情毕竟不同于苏俄，因而毛泽东在中国人特有的实用理性（即实践理性）的基础上，开始了马克思主义的中国化探索。

众所周知，近代中国，甚至一直到当代中国的最大国情即是中国是一个农业大国，农业人口在当时就占了全国人口的80%以上。进入20世纪二三十年代以来，农村经济的破产与农民的极端贫困现象令人触目惊心，成为当时中国社会各界普遍关注的社会问题。出身农家的毛泽东是从1925年回家乡搞农村调查与农民运动时开始注意到农村与农民问题的重要性的。他曾回忆说：“以前我没有充分认识到农民中间的阶级斗争的程度”，这次回韶山后，才体会到“湖南农民变得非常富有战斗性”，于是，“我发动了一个把农村组织起来的运动”（埃德加·斯诺，1979）[135]。根据毛泽东自己的回忆和留下来的农村调查文稿，他从 1925 年到 1934 年先后有 16 次赴农村进行调查，体现了他的实践理性和“没有调查，就没有发言权”的思想。经过调查研究，加上童年与少年时期农村生活的长期体验，毛泽东了解并理解了当时革命根据地（即苏区）农村经济与农民政治、经济与文化生活的现状，对农村社会的阶层结构与农民注重现实利益的心理状态也了如指掌，再加上他对中国农民起义传统的留意，对《三国演义》《老子》的谙熟，和他素来主张身体力行，重视亲身实践经验同传统中国哲学的修养，使他比其他人更能在一场以农民为主体、以农村为周围环境的农民革命战争中如鱼得水，胜任愉快，最充分发挥一个具有渊博学识（主要是中国旧学）的知识分子的领导作用（李泽厚，1994）[177]。

毛泽东领导中国革命战争取得胜利的最根本原因即在于把他所掌握的以阶级斗争、辩证唯物论与党的组织理论等为主要内容的马克思主义理论与他所领导的中国农民战争的实践结合起来，在认真吸取党内外其他人士有关积极建议与相关理论的基础上，他创造性地提出了在中国的具体情况下发动农民、组织农民积极投入共产党所领导的战争的一系列路线、方针和政策，这就是毛泽东思想，是中国化的马克思主义。毛泽东思想的体系是庞大的，它包括政治、经济、军事、外交、文化、教育等诸多方面。本书主要截取毛泽东与党内其他领导人关于瑞金时期（即土地革命战争时期）之苏区教育与延安时期（抗日战争时期与解放战争时期）之边区教育（即陕甘宁边区教育，亦称延安教育）的有关论著与方针政策作为重点，来梳理毛泽东把马克思主义理论中国化的历程。

早在大革命时期，毛泽东就开始用阶级斗争观点来认识地主与农民受教育状况之不同，他在《湖南农民运动考察报告》中指出，“中国历来只是地主有文化，农民没有文化。可是地主的文化是由农民造成的，因为造成地主文化的东西，不是别的，正是从农民身上掠取的血汗”，“中国有百分之九十未受文化教育的人民，这个里面，最大多数是农民”。在指出地主与农民的对立之后，毛泽东进一步总结说：“农村里地主势力一倒，农民的文化运动便开始了。”（毛泽东，1991a）[39] 值得注意的是，毛泽东对湖南农村考察的结果也正是在“地主势力一倒”之后，才可能有农村文化的新气象。他还注意到了当时农村学校所存在的问题：“乡村小学校的教材，完全说些城里的东西，不合农村的需要。小学教师对待农民的态度又非常之不好，不但不是农民的帮助者，反而变成了农民所讨厌的人。”因而，农民宁欢迎私塾，不欢迎学校；宁欢迎私塾老师，不欢迎小学教员（毛泽东，1991a）[40]。对于此种现象，陈晋先生称为“反向认同”，其原因是除了由于传统的积淀过于深厚和民间社会意识变革的滞后外，还在于新的东西不能够进入农民的生活，不能转化为农民实际的需要，从而使农民难以从感情和心理上去欢迎新文化（陈晋，2002）。作为农民的儿子，毛泽东对这一点是非常理解的。但是，作为一个马克思主义者，毛泽东自然要用新的世界观来改造农民的传统意识，帮助他们克服其思想文化习俗中的落后因素。因而在具体策略方面，毛泽东主张应表现出一定的灵活性，在某种程度上暂时适应乃至迁就农民文化的某些局限性，否则，他就根本无法想象对农民进行广泛的社会政治动员，很难为先进文化在中国农村文化土壤上的传播和运用拓展契机（陈晋，2002）。顺着这种思路，毛泽东提出了关于菩萨等封建迷信问题的解决办法：“菩萨是农民立起来的，到了一定时期农民会用他们自己的双手丢开这些菩萨，无须旁人过早地代庖丢菩萨……菩萨要农民自己去丢，烈女祠、节孝坊要农民自己去摧毁，别人代庖是不对的。”（毛泽东，1991a）[33]由此可见，毛泽东是主张在了解并在一定程度上迁就农民文化心理的基础上来教育农民的。

在瑞金时期（即土地革命战争时期）的农村革命根据地（即苏区），毛泽东在对农村经济、政治及农民文化心理进行调查研究的基础上，继续其马克思主义理论的探索。当时的苏维埃根据地即苏区最大的现实问题就是地瘠民贫、经济困难、文化落后，并始终处于艰苦的战争环境之中，这一切决定了苏区教育工作同其他工作一样，首先应该服从于战争的需要。正是从这一点出发，毛泽东指出：“苏维埃文化教育的总方针在什么地方呢？在于以共产主义的精神来教育广大的劳苦民众，在于使文化教育为革命战争与阶级斗争服务，在于使教育与劳动联系起来，在于使广大中国民众都成为享受文明幸福的人。”（中央教育科学研究所，1981）[20]这个总方针的确立是苏区革命战争环境的产物。要使代表劳苦民众利益的共产党在这场敌强我弱的艰苦的战争中取得胜利，最根本的一点是必须使中国共产党切实得到广大民众的支持，而要做到这一点，除了发动贫苦民众打土豪、分田地，解决农民的土地问题之外，还要对其进行教育，使他们认识到工农翻身求解放与土地革命战争的必要性，从而增强工农革命胜利的信心，增强对土地革命战争的支持力度。这就决定了苏区教育作为战时教育的特点之一，即浓厚的阶级性、群众性以及政治性色彩。这些色彩表现于当时的教材内容、教育对象与对教育者的要求上。战时教育的特点之二是相对注重成人教育，尤其是干部教育。因为艰苦的斗争任务更需要成年人来承担，更需要大批干部在群众中起骨干作用。这不能不提高成人教育、干部教育在整个教育结构中的地位。当地贫困落后的边远山区条件还决定了因陋就简、因地制宜、多渠道、多形式办教育的特点，如以夜校、半日校、识字班组、识字牌、读报组、俱乐部等各种组织形式的群众性扫盲组织即是此例。这些正体现了实事求是，一切从实际出发的马列主义原则。需要指出的是，毛泽东等人把马克思主义理论的中国化过程是在同党内教条主义与“左”倾错误作斗争的过程中走向成熟的。中共临时中央政治局自1933年从白色区域迁入红色区域后，极力在苏区推行苏联教育经验，力图使苏区教育“正规化”。与毛泽东等人从当时当地实际情况出发而突出成人教育、干部教育的重要性以及多种形式办学的方针不同，博古等人则偏重于儿童教育与建立正规的学校教育制度，并且在对待知识分子的政策方面存在排斥、打击知识分子的所谓“吃知识分子”的“左”的倾向。毛泽东等人对此进行了坚决抵制与斗争，特别是在对待知识分子的政策方面提出了针锋相对的方针：“为了造就革命的知识分子，为了发展文化教育，利用地主资产阶级出身的知识分子为苏维埃服务，这是苏维埃文化政策中不可忽视的一点。”（中央教育科学研究所，1981）[20]但是，由于毛泽东在苏区多次受到排挤，其主张并未得到彻底执行，上述教条主义教育主张在一段时期内在苏区仍占据主导地位。

延安时期，是毛泽东作为中共中央的核心领导地位得以确立的时期，也是以他为代表的中共中央把马克思主义理论与中国民族革命战争的具体实践相结合而产生第一次飞跃的时期。以毛泽东为代表的中国共产党人在继承苏区教育之阶级性、群众性与政治性的基础上，根据实际情况的变化，提出了反抗日本帝国主义侵略的民族革命战争所需要的从国防教育、抗战教育到新民主主义教育的发展思路。所谓国防教育、抗战教育，其性质是类似的，皆强调教育为抗战服务，强调教育内容的政治性、军事性，以及文化教育中的统一战线。1940年前后，针对前期教育工作中过分强调统一战线，而忽视共产党的独立性和在统一战线中的领导地位，以及过分强调教育的正规化而不顾边区实际之倾向，毛泽东提出民族的、科学的、大众的文化教育方针。

所谓民族的文化教育，“它是反对帝国主义压迫，主张中华民族尊严和独立的。它是我们这个民族的，带有我们民族的特性”（毛泽东，1991b）[706]。“中国共产主义者对于马克思主义在中国的应用也是这样，必须将马克思主义的普遍真理和中国革命的具体实践完全地恰当地统一起来，就是说，和民族的特点相结合，经过一定的民族形式，才有用处，决不能主观地公式地应用它”（毛泽东，1991b）[707]。所谓科学的文化教育，“它是反对一切封建思想和迷信思想，主张实事求是，主张客观真理，主张理论和实践一致的……剔除其封建性的糟粕，吸收其民主性的精华”（毛泽东，1991b）[707]。所谓大众的文化教育，在毛泽东看来，也即是民主的文化教育，“它应为全民族中百分之九十以上的工农劳苦民众服务，并逐渐成为他们的文化。”（毛泽东，1991b）[708]总之，“民族的科学的大众的文化，就是人民大众反帝反封建的文化，就是新民主主义的文化，就是中华民族的新文化”（毛泽东，1991b）[708-709]。

这样，毛泽东为延安的文化教育指出了发展的方向，强调文化教育的民族性、大众性与科学性，其中前二者在此后的教育中得到了充分的体现。经过 1942 年的“整风运动”与 1943 年的“整学运动”，到 1944 年的边区文教大会，陕甘宁边区从党中央到普通教育工作者及人民大众，统一了关于边区教育的指导思想：确定了教育内容的政治性与实用性，即教育为抗战服务，为生产服务，教育与人民群众的日常生产与家庭生活紧密结合，体现了理论联系实际、学以致用的原则；明确了教育对象的广泛性，也即大众化，从地主、富农子弟到贫农子弟皆可入学，体现了抗日民族统一战线的需要；在教育方法上，由于教员缺乏，可以民教民，识字的教不识字的，体现了民主、平等的原则；在办学方式上，由于边区政府经费短缺，提倡根据民众需要实行民办公助的政策，不强求整齐划一，以不误生产为原则，不但要有比较集中、比较正规的中、小学，还要有分散的、不正规的村学、读报组和识字组；不但要有新内容的民办学校，还要利用和改造旧私塾（毛泽东，1991c）[1011-1012]。另外，边区群众教育中还以新秧歌、春联、年画作为教育群众的重要方式，体现了教育的民族化特色。以干部教育第一，社会教育第二，国民教育第三来排序，体现了边区教育的战时性、政治性色彩。

中共在边区还开创了通过树立各方面的典型、模范来加强对群众的教育的方式，如勤劳致富的典型吴满有、支前模范戎冠秀等，以此激起群众的上进心，对边区民众的生产教育与文化教育起到了一定的促进作用。毛泽东还强调对党员、干部的道德教育，他树立了全体党员群众学习的道德典范——白求恩、愚公等。他号召全体党员学习白求恩“毫无自私自利之心的精神”，成为“一个高尚的人，一个纯粹的人，一个有道德的人，一个脱离了低级趣味的人，一个有益于人民的人”（毛泽东，1991b）[660]。从某种意义上说，这与中国传统儒家重视伦理本位、道德至上的观念相一致，是中国革命实践的产物。与此相联系，他还指出知识分子与工农群众相比，其精神世界有种种污浊、渺小之处，因而知识分子要向工农群众学习，通过生活与精神的双重磨炼，来改造自己的精神世界，改造身上的小资产阶级气味，向工农群众的生活与精神看齐。与此相应，刘少奇提出共产党员的个人修养问题，“修养”的核心内容是“无产阶级的思想意识和道德品质的修养”，是“用无产阶级的思想意识去同自己的各种非无产阶级思想意识进行斗争；用共产主义的世界观去同自己的各种非无产阶级的世界观进行斗争；用无产阶级的、人民的、党的利益高于一切的原则去同自己的个人主义思想进行斗争”（刘少奇，1985a）[121]。上述毛泽东、刘少奇对党员干部的道德要求，体现了民族革命战争时期的道德要求，与当时各种教育皆把政治教育放在首位的目的相一致，都是革命战争的需要，较多地强调了人们在党内外各种组织中的共性，较多地强调了集体的需要，但同时也在一定程度上压抑了个体、个性的发展与要求。毛泽东针对党内政治思想工作提出了“团结—批评—团结”的原则与“批评与自我批评”相结合的方法，既在一定程度上统一了党内外人士持不同意见者的思想，又加强了党内团结，增强了党的凝聚力。这是以毛泽东为代表的中国共产党把马克思列宁主义与中国革命具体实践相结合的又一成就。

需要指出的是，毛泽东等人关于延安教育的主张和思想，主要不是作为教育家，而是作为政治家、革命家来指导延安教育的，因而他们不可避免地从当时政治与民族革命战争的角度来看待、认识延安教育，把延安教育放在当时国际国内大政治的背景下来进行分析和研究，或者说，是运用马克思主义的基本理论和方法，独立分析和解决边区教育所存在的实际问题，边区教育是附属于当时民族革命战争的需要的。这与教育专家或教育学家看教育的角度不同，因而其分析与解决教育问题的方法与得出的结论也可能会与教育专家的方法与结论有所不同。

综上所述，延安时期，以毛泽东为代表的中国共产党在把马克思列宁主义与中国民族革命战争的实践相结合的基础上，以实事求是、理论联系实际为原则，把苏区教育的成功经验进一步推广至陕甘宁边区及其他根据地，并创造了边区教育在教育内容、方法、形式等方面的新特点，积累了战时根据地教育的许多可贵经验，并在边区政治、经济、教育、军事等各方面成就的基础上，实现了马克思主义理论与中国革命具体实践相结合而产生的第一次飞跃——毛泽东思想，从而为边区教育向新中国教育的发展奠定了理论基础。

与毛泽东等人从政治家、革命家的角度以马克思主义指导延安教育不同的是，梁漱溟则是以一个思想家与学者的身份缔造了邹平教育模式，其指导思想是佛学、儒学与西方生命派哲学相结合的生命化儒学。

二、生命化儒学与邹平教育模式

如果说，毛泽东以实践理性与斗争哲学为基础，用马克思主义来致力于对整个中国社会的全面改造，那么，梁漱溟则是以生命哲学为基础，以生命化儒学来强调通过个人生命的完善来达到人与自然、人与社会的和谐，从而改造中国社会，并进而改造人类社会。

（一）“意欲”与文化路向

由前文所述梁漱溟把近代中国社会问题归结为“文化失调”问题可知，他把文化问题视为一切问题的根本。在梁漱溟的文化体系中，“意欲”是起点，是根本。沿着意欲—生活—文化的思路，梁漱溟认为：“我以为我们去求一家文化的根本或源泉有个方法。你且看文化是什么东西呢？不过是那一民族生活的样法罢了。生活又是什么呢？生活就是没尽的意欲（will）——此所谓意欲与叔本华所谓‘意欲’略相近——和那不断的满足与不满足罢了。”（梁漱溟，1989a）[352]而叔本华（Arthur Schopenhaue）所谓的“意欲（will）”“即是生命意志，意志作为（人）自己的身体的本质自身”（叔本华，1982）[159]，也就是说，意志是生命之所以成为生命的本质。深受佛教思想影响的德国唯意志论哲学家叔本华认为，意志在最基本的意义上就是永无止境的盲目冲动，其本质是无尽的欲求。意志最大的欲求是生命，是生命的冲动与渴望，哪儿有意志，哪儿就会有生命，因而意志又可称为生命意志。人的身体与世界，都是生命意志的物质载体，是生命意志的客观表现。由此可见，在叔本华看来，生命意志本身是盲目的，它可以为善，也可以做恶，可能会使人类升入天堂，也可能使人类坠入地狱。鉴于其局限性，法国哲学家柏格森对生命意志作了带目的论色彩的补充和修订，认为生命即是向上的冲动与不间歇的创造。综合二者的观点，梁漱溟认为“生命本性可以说就是莫知其所以然的无止境的向上奋进，不断翻新”（梁漱溟，1990）[544]。这种翻新完全是人的“意欲”，即生命意志的产物，是人的主观世界的产物，而不是由客观世界的因果律所决定的。高扬人的主体精神，强调人的主观意志，是中国近代反对封建宿命论，提倡个性解放之主旋律的哲学反映。梁漱溟的“意欲”说也反映了这个时代特征。但是，他未免走得太远了，以至于把意志当作世界发展的终极因素。

综上所述，梁漱溟关于“意欲”或者“生命”的概念似乎来源于叔本华与柏格森等西洋唯意志论与生命哲学家。但是，梁漱溟还曾说过：“我只是本着一点佛家的意思裁量一切，这观察文化的方法，也别无所本，完全出于佛家思想。”（梁漱溟，1989a）[376]可见，梁漱溟更是以佛教思想来观察文化问题的。他以佛教之唯识学的观点，对“生活”进行分析，认为生活是人们受“意欲”驱使而去追求满足的“事的相续”。那么，这个“事”是什么？梁漱溟认为：

> “一问一答即唯识家所谓一‘见分’，一‘相分’——是为一‘事’。一‘事’，一‘事’，又一‘事’……如是涌出不已，是为‘相续’。为什么这样的涌出不已？因为我们问之不已——追寻不已。一问即有一答——自己所为的答。问不已答不已，所以‘事’之涌出不已。因此生活就成无已的‘相续’。这探问或追寻的工具其数有六，即眼、耳、鼻、舌、身、意。凡刹那间之一感觉或一念皆为一问一答的一‘事’。”（梁漱溟，1989a）[377]

也就是说，人为求“意欲”的满足，必须借助眼、耳、鼻、舌、身、意这六种工具去探问，由此得到的感觉或观念即是“一问一答的事”，“事”涌出不已就是“生活”。

梁漱溟分析认为，在现实生活中，妨碍意欲满足的“为碍之物”主要有三类：一类是可以满足的，即“我”在宇宙中的物质问题；一类是满足与否不可定的，指意欲向前要求时为碍的在有情的“他心”；一类是永远无法满足的，指自然界中必须遵循的“因果必至”的规律，这是人的意欲所无法征服、改变和超越的（梁漱溟，1989a）[380]。这三类不同的“为碍之物”，实际上代表了人类要解决的三类问题，即人对物的问题、人对人的问题和人对自身生命的问题（梁漱溟，1990）[716]。人类在解决上述三类问题的过程中，产生了三种不同的意欲反应方式，形成了所有人类生活的三个路径样法，即一是意欲向前面要求，二是对于自己的意思变换、调和、持中，三是转身向后要求（梁漱溟，1989a）[382]。他认为，这三种不同的意欲反应方式所形成的人类生活的三个路径样法，即把所有的人类生活都包括在内，因此，“意欲”的不同路向就构成了西方、中国和印度三大文化体系的本质和心理基础。梁漱溟进一步根据这三种路向说明了中、西、印三种不同的文化精神：“西方文化是以意欲向前要求为根本精神的……中国文化是以意欲自为、调和、持中为其根本精神的。印度文化是以意欲反身向后要求为其根本精神的。”（梁漱溟，1989a）[383]概而言之，在梁漱溟看来，西、中、印三种文化类型是分别以理智、伦理、宗教为特征的文化，它们对人类的贡献分别就是科学与民主、以和谐为主体的儒家伦理道德以及至高无上的佛教。

梁漱溟认为，分别以理智、道德与宗教为特征的西、中、印三种文化是兼具历时性过程与共时性结构的文化。就其历时性而言，他认为西方文化解决的是人与物之间的关系，中国文化解决的是人与人之间的关系，印度文化解决的是人与自身生命之间的关系。所以，西方人面对的“碍”是自然界，中国人面对的“碍”是“他心”，印度人面对的“碍”是自我生命。问题不同，解决的方式自然也有差异。第一个问题解决的方式是“从对方下手，改造客观境地”，“而得满足于外”；第二个问题的解决方式是“反求诸己”，“尽其在我”，“而得满足于内”；第三个问题的解决方式是以“取消问题为问题之解决，以根本不生要求为最上之满足”（梁漱溟，1990）[717-718]。他认为，上述三个问题有先后之分与程度高低之不同，它们分别代表了人类文化发展的不同阶段。西方文化研究的着眼点是外界物质，也是人类发展过程中首先遇到的问题，其所用来解决问题的东西是理智；中国文化的着眼点是内在生命，其所用的是直觉；印度文化的着眼点是无生本体，其所用的是现量（梁漱溟，1989a）[504]。因而，西方文化是人类社会发展中首先遇到的问题，中国文化是人类发展到一定阶段才能遇到的问题，而印度文化是人类发展到最后才遇到的问题。

那么，既然西、中、印三种文化是历时性的，是应该沿着依次演化的三个文化阶梯行进的，为何事实上却出现了共时性的三大文化系统呢？梁漱溟的回答是，中国人和印度人都是第一条路向尚未走完就折向了第二和第三路向，因而它们是人类文化的早熟。而中、印文化早熟的原因被梁漱溟归结为“天才论”。他说：“中国之文化全出于古初的几个非常天才的创造，中国从前所谓‘古圣人’，都只是那时的非常天才。文化的创造没有不是由于天才的，但我总觉得中国古时的天才比西洋古时的天才天分高些，即此便是中国文化所由产生的原故。”（梁漱溟，1989a）[481]其意即，完全由于偶然的因素，中国人被古代圣人领上了人生第二路向。同样，印度文化也是如此而过早地走上了人生第三路向。至此，梁漱溟由其文化观的唯意志论导向了天才论。必须看到，天才固然会对文化的产生和形成起重要作用，然而将中、印文化早熟的原因仅仅归结于此，则显示了梁漱溟文化观的苍白与窘迫。

在对中、西、印三大文化系统进行分析的基础上，梁漱溟提出了他对世界文化的预言——“世界文化三期重现说”：

> “盖第一路走到今日，病痛百出，今世人都想抛弃他，而走这第二路……尤其是第一路走完，第二问题移进，不合时宜的中国态度遂达其真必要之会，于是照样也拣择批评的重新把中国人态度拿出来。印度文化也是所谓人类文化的早熟；他是不待第一路第二路走完而径直拐到第三路上去的……而最近未来文化之兴，实足以引进了第三问题，所以中国化复兴之后将继之以印度化复兴。于是古文明之希腊、中国、印度三派竟于三期间次第重现一遭。”（梁漱溟，1989a）[526-527]

在梁漱溟的预言中，西方文化、中国文化、印度文化将分别次第重现于世界。在他看来，当时西方文化路向已经走到了尽头，其征服自然的态度所产生的物质文明与科学方法已经走向了反面，不仅不能给人类带来幸福，而且给人类带来了无穷的灾难，因而西洋人已经不得不由第一路向转向第二路向即中国文化路向。他指出西洋人在经济、学术、人生等方面已经露出这种转向的迹象。因此，他大胆地预言道：“质而言之，世界未来文化就是中国文化的复兴，有似希腊文化在近世的复兴那样。”（梁漱溟，1989a）[525]而中国文化的复兴，在梁漱溟看来，就是中国人生态度的复兴。以此为中心，他提出了对中、西、印三种文化应持的态度：

“第一，要排斥印度的态度，丝毫不能容留；第二，对于西方文化是全盘接受，而根本改过，就是对其态度要改一改；第三，批评的把中国原来的态度重新拿出来。”（梁漱溟，1989a）[528]

虽然佛教是梁漱溟的终生信仰①，但他认为由于印度的态度太超前，于救治中国目前之危机无补，如果此时提倡印度的态度，中国便会祸乱不已；如果提倡佛家的生活，只会延长中国人水深火热的生活，因而绝对不能容留。而对于西方文化，梁漱溟的态度是矛盾的。他一方面认为西方的科学和民主是当时解救中国危机所必需的，因而必须全盘接受；另一方面他又认为西方的科学和民主是在“意欲向前”的人生态度基础上产生的，由此带来了许多弊端，因此在引进科学和民主两种精神时必须加以修正，要“批评的把中国原来的态度重新拿出来”。也就是说，梁漱溟主张全盘接受西方文化，但必须以中国的人生态度制衡之。而中国的人生态度，在他看来就是孔子的人生态度，就是孔子之所谓“刚”。只是此时所谓“孔子的人生态度”已不完全是原始孔子的人生态度，而是经过梁漱溟在融合中西人生态度的基础上诠释的现代新儒家人生态度，也就是梁漱溟把儒学思想与西洋生命哲学融会贯通而形成的生命化儒学。

（二）生命化儒学：孔子人生态度的现代诠释

20世纪初期，西学东渐已深入到思想文化层面，新文化运动的蓬勃兴起是其标志。当时，先进的知识精英批判儒家传统文化，倡导西方个性解放，严重地动摇了中国传统的人生观和价值观。辛亥革命以后，军阀混战导致了激烈的社会动荡。由于传统的伦理道德与价值规范已随着帝制的被推翻与新文化运动的批判而失去了神圣性，而此时新的价值取向还未确立，在这种情况下，不少中国人开始出现信仰危机，中国人的道德生活开始呈现出一种混乱无序的状态。面对这些问题，人们对人生的意义产生了怀疑，产生了严重的“意义危机”（the crisis of meaning）（张灏，1987）[280]。用梁漱溟的话说就是“人生空虚无意义之感”（梁漱溟，1989a）[425]。不少人为了解脱

---

① 梁漱溟曾说过：“对于人生苦乐的留心观察，是我出世思想的开窍由来。从而奠定了此后一生归宿于佛法。”（详见梁漱溟《我早年思想演变的一大关键》，载于《梁漱溟全集·第7卷》，山东人民出版社1993年版第184页）

精神上的烦恼，纷纷遁入佛门，有的甚至走上了自杀之路。熊十力在辛亥革命失败后曾著文说："念党人争权夺利，革命终无善果，又目击万里朱殷，时或独自登高，苍茫望天，泪盈盈雨下。"（熊十力，1996）[429]充分反映了曾经豪情万丈的革命志士在革命失败之后精神迷失、茫无所从的悲观情绪。

针对如此困境，深怀佛家普度众生之慈悲情怀的梁漱溟决心为处于苦闷、彷徨之中的国人指出一条明确的人生之路，并以此挽救中华民族的危机，引导中国走向现代化之路。这条人生之路，在他看来，不是五四时期盛行的"西化派"之科学实证主义思潮和功利主义人生观，因为它不能解决中国人之精神信仰与终极关怀问题，并且西方生命哲学的出现与欧洲战火的硝烟，已经从学理与事实两方面宣告了"科学万能论"的破产。既然西方人走的是一条导致自我毁灭的现代化之路，中国人应该以此为鉴，避免重蹈覆辙。他认为中国人的当务之急是悬崖勒马，回头认取自家传统，从传统中发掘出有现代价值的东西，由向"西"走回到向"东"走的路上来。这条路就是孔子之路——孔子的人生态度，是经过梁漱溟诠释的"新孔学"，亦即生命化儒学所倡导的人生态度。除叔本华的唯意志哲学外，梁漱溟之"新孔学"的思想来源主要有三方面："一是法国哲学家柏格森（Hehri Bergson）生命哲学；二是佛教的唯识宗；三是王阳明心学和泰州学派王艮父子的思想。"（董德福，2001）[186]以"六经注我"的学术路径，梁漱溟把上述学派之学说杂糅进他所赞赏的孔子人生哲学，创建了"新孔学"之理论体系。他说："我曾有一个时期致力过佛学，然后转到儒家。于初转入儒家，给我启发最大，使我得门而入的，是明儒王心斋先生；他最称颂自然，我便是如此而对儒家的意思有所理会……后来再与西洋思想印证，觉得最能发挥尽致，使我深感兴趣的是生命派哲学，其主要代表者为柏格森……柏氏说理最痛快、透彻、聪明。"（梁漱溟，1989b）[126]在梁漱溟对自己学术思想来源的概括中，除了生命哲学与儒学外，他还提到了医学。但有学者认为，医学对他的哲学思想的建构，作用甚微，并不构成他的思想来源。并且尚有遗漏的是阳明心学和佛教唯识宗的思想（董德福，2001）[187]。

柏格森反对欧洲之理性主义的生命哲学于1913年经《东方杂志》的介绍而传入中国，五四运动之后在中国广为传播，成为影响中国哲学界的"显学"之一。当时一大批知识分子受到它的影响并且对其推崇备至，比较典型的有梁启超、梁漱溟、张君劢、李石岑、张东荪、朱谦之等人。其中，梁漱溟受柏格森生命哲学之影响最大且历时最久，直到他晚年撰成的《人心与人生》一书仍有不少生命哲学的痕迹。梁漱溟之所以对柏氏之生命哲学推崇备至，认为“有从容时间尽读柏氏书，是人生一大乐事”（梁漱溟，1989b）[126]，并且援其生命哲学入儒，从而使传统儒学生命化，是因为柏格森哲学尊崇直觉，贬抑理智；重体验，非逻辑；强调精神对物质的超越性；鄙视物质生活与科学文明；把世界的本质看成是一个生生不息的“生命之流”，而万物和自我都是生命之流的表现……这一切使当时包括梁漱溟在内阅读柏格森著作的人感到一些“中国哲学的意味”。因为，生命哲学之上述精神与中国传统哲学之刚健有为、自强不息之宇宙观和人生观以及重义轻利、追求精神独立的人格理想相契合，因而很合当时中国一些知识分子的口味。梁漱溟就认为：“只有孔子的那种精神生活，似宗教非宗教，非艺术亦艺术，与西洋晚近生命派的哲学有些相似。”（梁漱溟，1989a）[480]鉴于柏格森生命哲学有与中国儒家哲学的相通之处，更鉴于在梁漱溟看来，柏格森之哲学还代表着西洋哲学的转向，于是，他吸收了柏格森的“生命”、“直觉”、“绵延”等基本范畴，以此对传统儒学进行改造，对孔子学说进行了全新的诠释。

于孔孟之后的儒家学派中，梁漱溟深为赞赏阳明心学，其中王艮父子之“乐学”、“乐教”理论和对自然的尊崇对他也有至深的影响。20 世纪 20 年代初，梁漱溟放弃出家之念归入儒家之“顿悟”即是由王心斋（王艮）“称颂自然”的启发而产生的。王艮认为，苦乐不在于欲望满足与否，人生之乐不需外求，而本然地藏于内心，如其所谓“此乐多言无处寻，原来还在自家心”。不仅如此，王艮还把这种人心之乐提升到本体的高度：“乐者心之本体也……本体未尝不乐……无物故乐，有物则否。且乐即道也，乐即心也。”这种带有明显佛教色彩的本体之乐，是人心在本真状态，亦即所谓“空”或“无欲”状态之下的乐，如果遇到物的阻碍，人为地向外逐求，人心或曰生命之运动就难以自然流畅，乐也就减少了。徐复观先生也曾说过：“《论语》及至以后的孔门系统，都重视一个‘乐’字。”（徐复观，1987）[11]由此可见，“乐”之精神贯穿了孔孟儒学思想；并且，正是王艮父子的乐教理论，促使梁漱溟放弃了佛教“人生唯是苦”之苦乐观，而归于儒家直觉的“乐”的生活。

梁漱溟用柏格森关于“生命冲动”为世间万物产生之源的观点去解释王艮之苦乐观。王艮曾言：“人心本无事，有事心不乐；有事行无事，多事亦不错。”梁漱溟对此的诠释是：“其云‘有事’者，指此心有所障碍，即失其流畅也。其去‘无事’者，指此心随感而应，过而不留也。此乐是深造自得之乐，与彼有所得于外之乐迥然两回事，恰为生活上两条脉络。”

（梁漱溟，1993b）[183]概言之，生命流畅（即人心无事）就会感到乐，心中有私欲的追求即阻碍了生命的流畅（即人心有事），就会感到苦海无边。梁漱溟的言外之意是，西洋人向外逐物的功利型人生是得不到人生之乐的，只有抛弃个人私欲，返身内求，才能达到“孔颜乐处”的人生最高境界，得到人生的终极幸福。梁漱溟的著作中，多次提到王心斋的《乐学歌》，即：乐是乐此学，学是学此乐；不乐不是学，不学不是乐。这即说明梁漱溟极为推崇这种“乐学合一”的人生境界，只是这种境界是常人难以达到的，恐怕只有超凡脱俗的圣人才会达到。综上所述，经过生命化诠释的王氏父子这种“乐”的人生态度是梁漱溟之“新孔学”的主要内容之一。

在构成梁漱溟之“新孔学”的思想来源之中，前文还提到了佛教之唯识宗。自从20岁开始研究佛学之后，梁漱溟信佛甚笃，一生未变。虽然他在其《自述》中曾说在大约二十八九岁时转入儒家思想，“回到世间”，但我认为这是从其所一向关注的“中国问题”这个角度而言的；至于从其个人信仰，也即“人生问题”而言，梁漱溟对佛教的信仰终生未变。正如有学者所指出的，他是“以儒家精神济世，以佛家精神立身”。那么，佛教思想，尤其是他独推的唯识学在他的“新孔学”理论中究竟占何种地位？我认为，虽然佛教之唯识学陈义甚高，并为梁漱溟终生笃信，但它毕竟超越了人世间之“生命”层面，而梁漱溟之生命化儒学（即“新孔学”）属于入世的学问，所以，唯识学难以成为生命化儒学独立的思想来源。有学者认为，他通常是将佛教唯识宗与柏格森生命哲学糅合在一起，阐发他生机主义宇宙观和主观唯心主义认识论的（董德福，2001）[194-195]。

除了以柏格森的生命哲学解释王艮父子之“乐”的人生境界之外，梁漱溟生命化儒学的一个重要内容即是从柏格森之生命本体论出发，重新解释并发挥传统儒家哲学之“生”的变易思想。“生命”是梁漱溟文化哲学中的一个核心范畴。他认为：“在我思想中的根本观念是‘生命’、‘自然’，看宇宙是活的，一切以自然为宗。”（梁漱溟，1989b）[125]这里的“生”不仅指生命，还指化生生命的过程，故说“生生之谓易”——化生生命是宇宙自然不变的准则，梁漱溟认为：“这一个‘生’字是最重要的观念，知道这个就可以知道所有孔家的话。孔家没有别的，就是要顺着自然道理，顶活泼顶流畅的去生发。他认为宇宙总是向前生发的，万物欲生，即任其生，不加造作必能与宇宙契合，使全宇宙充满了生意春气。”（梁漱溟，1989a）[448]因此，梁漱溟“新孔学”最重要的观念是生命的观念与“生生不已”的变易观念，贯穿于孔学和宇宙的最基本精神就是生命精神。不仅如此，梁漱溟还把儒家之“变易”（“生”）观与柏格森之“生命”、“绵延”概念同等看待，把这种“化生万物”的“变易”上升到宇宙本体的高度。这个宇宙本体不是静止的，而是能动的，世间万物，乃至人类社会，都是由这个生命本体派生而来。他说：“宇宙的本体不是固定的静体，是‘生命’，是‘绵延’。”（梁漱溟，1989a）[406]他还说：“宇宙是一个大生命，从生物的进化史，直到人类社会的进化史，一脉下来，都是这个大生命无尽无已的创造。”（梁漱溟，1989b）[94]

在生命本体论的基础上，梁漱溟进一步以柏格森的直觉观对孔学的核心——最能体现生命精神的“仁”进行解释和发挥。在梁漱溟看来，孔子所谓的“仁”，就是柏格森的直觉，“敏锐的直觉，就是孔子所谓仁”（梁漱溟，1989a）[453]。他说：“儒家完全要听凭直觉，所以唯一重要的就在直觉敏锐明利；而唯一怕的就在直觉迟钝麻痹。所有的恶，都由于直觉麻痹，更无别的原故，所以孔子就是教人‘求仁’。人类所有的一切诸德，本无不出自此直觉，即无不出自孔子所谓‘仁’。所以一个‘仁’就将种种美德都可代表了。”（梁漱溟，1989a）[454]因此，仁就是本能、情感、直觉。由此，梁漱溟进一步认为，作为直觉的“仁”，与西方的“理智”是根本对立的，“在直觉、情感作用盛的时候，理智就退伏；理智起了的时候，总是直觉、情感平下去；所以二者很有相违的倾向。”他认为孔子之所谓“刚毅木讷近仁”与“巧言令色鲜矣仁”作为“仁”与“不仁”的区别即在于直觉与理智的不同：

> “一个是通身充满了真实情感，而理智少畅达的样子；一个是脸上嘴头露出了理智的慧巧伶俐，而情感不真实的样子。大约理智是给人作一个计算的工具，而计算实始于为我……每随占有冲动而来，因这妨碍情感和连带自私之两点，所以孔家很排斥理智。”（梁漱溟，1989a）[455]

由重直觉、贬理智出发，梁漱溟进一步指出孔子的重要人生态度就是一切不认定，全凭直觉，不计较利害。由此态度而得到的生活才是绝对“乐”的生活，才是“仁”，所以，梁漱溟认为孔子“不计较利害”的态度已“演成中国人的风尚，为中国文化之特异色彩”（梁漱溟，1989a）[458]。总之，在梁漱溟看来，孔子之所谓“仁”，是指人从其内心或者说真情实感产生的美好的感情，如其所谓“美德要真自内发的直觉而来才算”（梁漱溟，1989a）[458]。与对王艮父子之“乐”的直觉化诠释相类似，梁漱溟认为“仁”天然地内藏于每个人的内心，也即人性本是善的，“人类的本性是很自然很条顺很活泼如活水似的流了前去”（梁漱溟，1991）[695]。如此完全听凭直觉，活动自如，就合乎“仁”、合乎“乐”的道理；而人一旦用理智或者算账（计较利害）的心思来理解，就会失去本心的“仁”和“乐”，也就体会不到真正的“仁”与“乐”了。

在对儒家的人生态度进行生命化、直觉化解释与发挥的基础上，梁漱溟指出了未来中国人应持的人生态度，即孔子之所谓“刚”的态度。所谓“刚”，被梁漱溟解释为里面力气极充实的一种活动。他认为过去中国人的人生态度有偏于阴柔坤静的一面，近于老子，而不是孔子阳刚乾动的态度。而中国虚弱落后的局面，急需中国人振作起来，应以“刚”的人生态度来挽救中国。与此同时，他又指出“刚”与“欲”是不同的：“孔子说：‘枨也欲，焉得刚’，大约欲和刚都像是很勇的往前活动；却是一则内里充实有力，而一则全是假的——不充实，假有力；一则其动为自内里发出，一则其动为向外逐去。”（梁漱溟，1989a）[537]由此可见，此时梁漱溟对“刚”的人生态度的界定与他对儒家之“仁”、“乐”态度的诠释是一致的，即把上述内容生命化、直觉化。他根本反对计较利害、向外逐求的人生态度，也就是西方人所走的第一路向之人生态度；他极为赞赏的是中国人所走的第二路向之人生态度。但是，他又认为：“我们此刻无论为眼前急需的护持生命财产个人权利的安全而定乱入治，或促进未来世界文化之开辟而得合理生活，都非参取第一态度，大家奋勇向前不可，但又如果不根本的把他含融到第二态度的人生里面，将不能防止他的危险，将不能避免他的错误，将不能适合于今世第一和第二路的过渡时代。”（梁漱溟，1989a）[537-538]因而，梁漱溟提倡的所谓“刚”的人生态度实际上是中西人生态度的融合：

> “现在只有先根本启发一种人生，全超脱了个人的为我，物质的歆慕，处处的算账，有所为的而为，直从里面发出来活气——罗素所谓创造冲动——含融了向前的态度，随感而应，方有所谓情感的动作……只有这样向前的动作可以弥补了中国人夙来缺短，解救了中国人现在的痛苦，又避免了西洋的弊害，应付了世界的需要……这就是我所谓刚的态度，我所谓适宜的第二路人生。”（梁漱溟，1989a）[538-539]

梁漱溟一向反对中西文化的融合，但我们看到，他所倡导的实际上还是中西文化融合之路：只是他倡导的融合不是表面现象的简单拼凑，而是文化本源上的融合，即人生态度上的融合。他所倡导的“刚”的人生态度已不是原先中国人所持的随遇而安、调和持中的人生态度，而是一种超越了个人利害、随感而应、发自内心向前追求的态度。他认为这种人生态度是孔子“刚”的人生态度的复活，其实，这个“复活”是借西方人的人生态度而完成的。如果没有西方文化的涌入，梁漱溟大概难以发现中国人生态度的缺陷，也不会有向前要求的态度。因而，从这个意义上说，梁漱溟援西学入儒从而生命化儒学、直觉化儒学是在西力、西学的刺激下致力于中国传统文化之现代化转换的一种努力，仅仅用“保守”一词来概括梁漱溟的思想显然有失于片面与准确。

但是，梁漱溟之“新孔学”的主要内容，无论是他关于王心斋之“乐”，还是对于孔子之所谓“仁”与“刚”的态度的生命化、直觉化诠释，其生命化儒学的精神方向从本质上说还是传统的，如其所言，将来中国文化的复兴，就是中国人生态度的复兴，即孔子人生态度的复兴。从纯学术的意义上说，梁漱溟生命化的孔子不是历史上真正的孔子，而是经他乔装打扮的孔子，从某种意义上说，“新孔学”是他主观臆造的产物。但是，梁漱溟生命化儒学的价值不在于它是否准确地继承了原始孔学之思想，而是在于它所内含的精神价值与方法论意义。梁漱溟之生命化儒学是首次援西洋生命哲学入儒的现代化努力，他开创了“以洋释儒”的新学风。这将与他对儒学之“仁”、“刚”、“乐”的生命化、直觉化诠释一样，会对此后的现代新儒家产生永久的影响。对于梁漱溟生命化孔子的努力，牟宗三先生给予了很高的评价：

> “他独能生命化了孔子，使吾人可以与孔子的真实生命及智慧相照面，而孔子的生命与智慧亦重新活转而披露于人间。同时，我们也可以说他开启了宋明儒学复兴之门，使吾人能接上宋明儒者之生活与智慧。”（牟宗三，2005）[88]

这里，牟宗三先生所称颂的是梁漱溟在学术上的贡献与影响，特别是指他对现代新儒家这一学派的形成所起到的开山作用，由此，梁漱溟被称为现代新儒家的开山者。

然而，从事学术研究，原非梁漱溟之本意，他曾多次声明，“我无意乎学问”，“我不是学问家”，“以哲学家看我非知我者”，他称自己是“问题中人”，而非“学问中人”。他认为对自己恰如其分的评价应该是“他是一个有思想，又且本着他的思想而行动的人”（梁漱溟，1990）[6]。由此推之，被梁漱溟生命化的孔子思想，也即其“新孔学”，或曰生命化儒学，绝不仅仅是书斋里的学问，而是用以指导其行动的指南。在他看来，“孔子的东西不是一种思想，而是一种生活”，他的志向是要把孔子的思想生活化、平民化。他认为，在王艮的弟子中，“有许多樵夫、陶匠、田夫，似亦能化及平民者”（梁漱溟，1989a）[539-540]。循着这条将孔子大众化、平民化的路线，他辞去了北大教席，走出了象牙之塔，走上了践行生命化儒学之路。他去山东办学、到广东搞乡治、去晓庄参观，逐渐认识到了乡村是中国文化之本。于是，梁漱溟选择了乡村作为他努力的方向，把通过乡村建设进行“文化改造，民族自救”作为他奋斗的目标。进而言之，梁漱溟把其生命化儒学思想贯穿于他志在改造乡村，进而改造整个中国社会的乡村建设实践之中，以实现其作为“最后一个儒家”之“内圣外王”的使命感。7年的邹平乡村建设是梁氏乡村建设理论的集中体现，其中教育（或称教化）是其乡村建设的最主要内容，也是他所推崇的孔子人生态度最为恰当的大众化方式。

（三）邹平教育模式：生命化儒学的大众化实践

从某种意义上说，梁漱溟在山东邹平所进行的乡村建设是他寻找并实践“孔子生活”的过程。只是随着时间的推移与国际国内环境的急剧变化，梁漱溟所赞赏的“孔子思想”在走向生活化、平民化的过程中，在生命化儒学的主导价值观未变的前提下，其思想内容之偏重点已经发生了些许变化。梁漱溟终生关注的两大问题是“人生问题”与“中国问题”。如果说，青年时期的梁漱溟更为关注的是“人生问题”，使得五四时期的生命化儒学彰显了人主动、能动、追求个性解放的一面，从而使儒学以充满新鲜与生命活力的新面目出现在世人面前；那么，20世纪20年代后期到30年代，已近中年的梁漱溟则更为关注危机重重的“中国问题”，开始摈弃以前的一些观点，将其生命化的儒学理性化。梁漱溟再将这种修改了的生命化儒学作为其乡村建设的理论基础。这种修改主要表现于两个方面：一是用理性代替本能的直觉、意欲、生命冲动；二是由“创造”与“奋斗”的人生态度向“内圣外王”回归。于是，在梁漱溟的思想脉络中，我们看到了他由儒学的生命化到生命主义的儒化之转变趋势。但其生命化儒学的主导价值观并未改变，如果把其乡建理想看作其作为一个现代儒者所要开出的“新”的话，那么，他所本的“元”仍是生命化的儒学（夏士清，1992）。

1. 生命本体观与“农民自觉”

梁漱溟以“意欲”为核心，沿着意欲—生活—文化乃至文明的思路，构建了他关于东西文化的思想体系。在他的思想体系中，“意欲”重在生命个体的体验，它体现着对生命个体价值的尊崇。在他看来，意欲即等同于生命，生命意志，或者说人的精神、人生态度。他说，“生命是自动的，能动的，是主动的，更无使之动者，凭空而来，前无所受”（梁漱溟，1990）[544]，“人类生命的意义在创造”（梁漱溟，1989b）[94]，这足以证明他对生命及生命意志的认同与推崇。他还进一步指出人的生命（或意欲）在世界上具有本源的性质：“宇宙的本体不是固定的静体，是‘生命’，是‘绵延’。”不同的意欲，即不同的人生态度，决定了不同的文化。在他看来，中国的问题在于文化问题，近代中国的问题就是“严重的文化失调”，而解决文化问题的根本就在人生态度问题上，也即人对个体生命的态度问题上。近代中国政治腐败、人欲横流及军阀混战之问题，从根本上说，都是人生态度问题，是人缺乏生命主体意识，并缺乏对他人生命的尊重从而导致人心失当、精神家园丧失的结果；只有使国人树立生命主体意识，产生积极的“乐生之心”与“进取之心”，重建中国人的精神家园，才能解决文化问题，从而最终解决中国问题。在梁漱溟看来，树立生命主体意识首先要有个性自由，他批评后儒假孔学造成了中国文化的缺陷，即是“个人不被发现……多少感情要求被压抑，被抹杀”，认为中国最大的不及西洋之处就在于“个性不得伸展，社会性亦不得发达”（梁漱溟，1989a）[479]，他还进一步指出了个性自由的重要性：“个性不立绝不是健全的社会组织，个人在社会中地位的尊重，毕竟是永恒的真理。”（梁漱溟，1992）[137]在他看来，个性的肯定不仅要由社会来保障，还在于生命个体自我意识的觉醒；中国民族的富强和中华文化的复兴根本在于全体国民生命意识的昭苏。

从20世纪20年代后期开始，梁漱溟逐渐认识到中国问题实际上是农村与农民问题，而问题的解决应交还给中国问题的主体——占全国80%以上的农民。但贫困、愚昧的中国农民却缺乏这种自我意识。因此，梁漱溟认为，乡村建设最重要的一点就是农民自觉。那么，何为“农民自觉”？他说：

“所谓农民自觉，就是说乡下人自己要明白现在乡村的事情要自己去干，不要再和从前一样，老是糊糊涂涂地过日子，迷迷糊糊地往下混，这样子是不成了！……必须我们自己起来想办法，去打算，必须自己去干。乡下人如果能明白了这个意思，这便叫作农民自觉；乡下人如果真能照此去干，这便叫作乡村自救。农民自觉，乡村自救，乡村的事情才有办法。”（梁漱溟，1989a）[618]

要“农民自觉”、“乡村自救”，首先就要对农民进行教育，使农民认识到只有通过农民自觉才能达到乡村自救的道理，其关键在于解决乡村的“精神破产”问题，“让乡下人活起来”。所谓“精神破产”，他认为“是指社会上许多旧信仰、观念、风尚、习惯的动摇摧毁，而新的没有产生树立。以致一般乡民都陷于窘闷无主，意志消沉之中”（梁漱溟，1992）[349]。这正是西学东渐过程中西方价值观念对中国传统价值观造成冲击的结果，也是连年的天灾人祸对农民的沉重打击所导致的结果。如何解决这个“让乡下人活起来”的问题呢？梁漱溟认为首先必须让农民“认识古人的道理，让他已失去的合理观念恢复起来，把传统的观念变为自觉的观念；让他安定，让他看见前途”，在此基础上，“再则在人生实际问题上来给他点明，使看见前边的道路”，产生“乐生之心，进取之念”（梁漱溟，1992）[501]，如此，乡村的自救才有希望。

梁漱溟还进一步指出，“农民自觉”虽然是乡村建设能否成功的关键，但是，“单是乡村人解决不了问题”，还须有代表理性的知识分子与之结合，成为“众人之师”。农民要真正达到自觉还需要知识分子的指导与帮助。而知识分子到农村去促进农民自我意识的觉醒在某种程度上不仅决定着乡村建设的命运，还决定着整个中国的命运：“中国问题之解决，其发动至于完成，全在其社会中知识分子与乡村居民打并在一起所构成之一力量。”（梁漱溟，1992）[210]促使农民自觉，首先要激活农民的生命力，树立其奋发向上的人生态度。由此目的出发，他在邹平所进行的乡建运动的核心内容是创办乡农学校。乡农学校中最重要的一门课程是“精神讲话”，这门课程是针对中国农民普遍的“精神破产”而设置的。同时，针对乡村服务人员，也就是有志于服务乡村的乡建运动者——乡建知识分子，他还开设了类似性质的“精神陶炼”，通过对农民进行“精神讲话”，以“救济乡村精神的破产，让乡下人活起来”，或者说，“稳定他的意志”、“巩固他们的自信力”（梁漱溟，1992）[350]。在这一过程中，乡村建设运动者的人格感化和精神榜样将对农民的自觉起非常重大的作用。因而，对乡建工作人员的要求也就非常严格。通过对乡建工作人员进行“精神陶炼”，培养他们的“深心大愿”，消除“俗见俗肠”，使他们对广大民众与中国前途有一种悲天悯人的胸襟和“民胞物与”的使命感，使他们能够超越个体生命，把个体生命融入中华民族这一大生命之中。在梁漱溟看来，所谓“民族自觉”，就是使中国人认识自己，认识自己的民族精神（梁漱溟，1992）[512]。可见，梁漱溟充分地认识到了国民的自我意识与民族精神对民族振兴的重要性。那么，何为民族精神？他认为，“中国民族精神，照我的认识，就在‘人类的理性’……中国民族精神彻头彻尾都是理性的发挥”（梁漱溟，1992）[516]。什么又叫理性？他认为：“理性就是平静通达而有情，与理智不同。理智是人类生活的工具……理智不蕴涵情感。理性则是人类生命的本体。”他还进一步举例说：“中国过去常说‘读书明理’，其理乃指情理而说，非指物理而言也。理智与理性不同，认识物理的能力为理智，而认识情理的则为理性。”（梁漱溟，1992）[699]由此可见，梁漱溟是从人类的生命、感情、直觉出发来认识中国传统文化的，这正是其生命化儒学的内在本质，强调人与人、人与自然之间的感情及和谐相处正是中国文化的特点所在。由此，梁漱溟进一步把中国民族精神概括为：“一为向上之心强，一为相与之情厚。”（梁漱溟，1990）[133]换言之，中国民族精神即是梁漱溟所谓的“伦理主义”与“人生向上”。

从上述梁漱溟所提倡的中华民族精神之内容来看，他所要唤起的农民自觉，实质上是一种道德自觉而非政治自觉。近代民主政治最重要的贡献之一就是把道德与宗教划分到政治领域之外，以显示政治的独立性。就政治而言，作为公民的个人是权利和义务的主体，只有通过公民的政治自觉，而后才能表现政治主体的自由。就权利而言，它可以争取，而不可以抛弃（如人身自由），亦不可以让度（如选举权）；就义务而言，它有强制性，故不可以逃避，亦不可以代替（夏士清，1992）。不错，中国社会历来是较为重视人情、面子的，中国传统文化尤其是儒家文化确实强调“伦理主义”与“人生向上”，但是，这些道德理想更多地被传统中国社会之上层所接受，尤其是“士”这个阶层，因为他们较普通民众而言，更有机会受到文化教育，从而受到儒家思想的熏陶。而对于广大的普通民众，尤其是面朝黄土背朝天、过着艰辛生活且眼界狭窄的农民而言，不能排除上述儒家道德思想会通过乡间士绅而对其精神产生渗透性影响。如一般而言，农民之老实、厚道、仁义即是其表现；但是仅能维持基本生存的艰辛生活使农民把绝大部分时间与精力用于维持生存、艰难度日上，此种长期的窘迫生活使农民养成了重视实际的生存伦理，只有得到看得见的实际利益，有利于其生存，才会使农民对某种主义、制度或组织产生信赖与拥护。正如管子所谓“仓廪实而知礼节”。因而，上述儒家道德理想之境界不是一般民众所能达到的。在社会物质生产力水平还很低下的阶段，把这种境界强加给广大贫苦农民是不现实的，必然会得到曲高和寡、呼而不应的结果。梁漱溟在未给农民，特别是贫苦民众明显的实际利益的情况下，一概以“互以对方为重”的道德主义取向教育农民，造成了“高喊乡村运动，而乡村不动”，正是这种曲高和寡之表现。

2. 生命和谐观与政教合一之乡农学校（村学、乡学）

生命哲学家柏格森指出，在宇宙中，虽然物质是分散的，但生命是统一的，是和谐的，他说：“每一个物种都有它的存在理由，它的功能，它的命运。物种共同形成一种合唱，在这种大合唱中，表面的不和谐只是为了显示基本的和谐。总之，在大自然中发生的一切……有一种完善的一致性。”（柏格森，2004）[108]在这一点上，传统中国哲学与生命哲学具有相似之处。中国传统文化尤其重视整体的和谐，把自然也看成是生命运动的组成部分，强调天地万物与人同体，儒家则把“天人合一”作为士人道德修养的理想境界。梁漱溟高度重视和强调了这种思想，他认为，中国文化的核心观念即是认为宇宙的本性是绝对的和谐（即调和）：“中国这一套形而上学的大意……其大意以为宇宙间实没有那绝对的，单的，一偏的，不调和事物；如果有这些东西，也一定是隐而不现的。凡是现出来的东西都是相对、双、中庸、平衡、调和。一切的存在，都是如此。”（梁漱溟，1989a）[444]在此基础上，他进一步总结说：“调和折衷是宇宙的法则。”（梁漱溟，1989a）[451]孔子的人生哲学，在他看来，就是反映宇宙这种法则的一种生命哲学。正是这种哲学，使人超越了物我对立，达到个体生命与宇宙大生命的融合。具体而言，这种被梁漱溟生命化、直觉化的孔子人生态度即是“生”、“仁”与“不认定”、“不计较利害”的态度。在他看来，作为生命本性的调和即和谐，就是“中”，也就是“仁”：“在这自然变化中，时时是一个‘中’，时时是一个‘调和’——由‘中’而变化，变化又得一‘中’，如是流行不息……‘仁’与‘中’异名同实。”（梁漱溟，1989a）[456]众所周知，就实质而言，孔子的哲学即是教人如何做人的道德哲学，因而，被梁漱溟生命化的孔子哲学当然也是以道德为核心内容。在梁漱溟看来，所谓道德，就是“生命的和谐”；而“生命的和谐”，就是“人生生理心理——知、情、意——的和谐；同时亦是我的生命与社会其他的人的生命的和谐”（梁漱溟，1989b）[86-87]。由此可见，梁漱溟既强调个人生命内部之知、情、意的和谐，同时还强调人与人之间的和谐相处，扩而言之，即是强调整个社会的和谐。在其生命和谐观的基础上，梁漱溟在邹平的乡村建设中创建了政教合一，以和谐为宗旨的乡农学校——1933年后改称乡学、村学。

综上所述，梁漱溟是从文化入手来认识、解决中国问题的。他认为近代中国问题之根本所在就是“文化失调——极严重的文化失调”，因而他强调“乡村建设除了消极地救济乡村之外，更要紧的还是在积极地创造新文化”，就是“要从中国旧文化里转变出一个新文化来”（梁漱溟，1989a）[611]，以达到“创造新文化，救活旧农村”之目的。这个“转变”，即是梁漱溟所说的“老根发新芽”，也就是说，老的中国文化、旧中国社会已经不能要了，必须发出新芽才能复活；然而新芽之根还是要从老根上发，否则无从发起。他认为，这事关重大的中国文化之根，就存在于乡村：“中国文化是以乡村为本，以乡村为重，所以中国文化的根就是乡村。”中国文化之根分为有形的与无形的两部分，“就有形的来说，就是乡村——乡村是中国文化有形的根；就无形的来说，就是中国人讲的老道理——那真有道理的老道理就是中国文化无形的根”（梁漱溟，1989a）[612-613]。这“老道理”就是梁漱溟所概括的两个方面，一是互以对方为重的伦理情谊，一是改过迁善的人生向上。梁漱溟之所谓“老根发新芽”，就是希望通过“沟通调和”中西文化，在保留中国固有精神的基础上，吸收西洋人之团体组织与科学技术，以实现中国传统文化的创造性转化。

那么，如何实现中西文化的“沟通调和”呢？梁漱溟认为，社会组织结构是文化的载体，要实现中国文化的创造性转化，必须建立新的社会组织构造，而这一社会组织构造必须合乎中国社会的特点。但是，中国进入近代社会以后，由于西学的冲击与中国人盲目地学习西方文化而导致了中国原来“伦理本位”、“职业分途”的社会组织结构被破坏以后，西方“个人本位”、“阶级对立”的社会结构又未能建立起来，“遂陷于东不成、西不就的状态中”，从而呈现出“旧辙已破坏新轨未立”的混乱局面。因而，乡村建设必须从“重建一新社会组织构造”入手，乡村建设运动“实为吾民族社会重建一新组织构造之运动”（梁漱溟，1989b）[161]。在这个基础上，才可以复兴儒家文化，复兴梁漱溟所极为赞赏的孔子的人生态度。这一“新社会组织构造”，他认为，“就是一个中西具体事实的融和，可以说，是以中国固有精神为主而吸收了西洋人的长处……其组织原理就是根据中国的伦理意思来的；仿佛在父子、君臣、夫妇、朋友、兄弟这五伦之外，又添了团体对分子、分子对团体一伦而已。这一个团体组织是一个伦理情谊的组织，而以人生向上为前进的目标”（梁漱溟，1989b）[308]。他意在这一“新社会组织构造”中启发乡民的注意力与活动力，培养乡民注重团体生活的新政治习惯，从而完成地方自治。在新的社会组织构造中，梁漱溟极为重视中国文化之“老道理”，即中国民族精神的地位，与其在五四时期写作的《东西文化及其哲学》时主张“对西方文化是全盘承受而根本改过的态度”不同，此时的梁漱溟在经过1927年的“顿悟”之后，已经认识到“欧化不必良，欧人不足法”（梁漱溟，1992）[112]，中国文化的根本出路不在于学习西方，而在于“认取自家精神，寻取自家的路走”，他说：

> “一民族真生命之所寄，寄于其根本精神，抛开了自家根本精神，便断送了自家前途。自家前途，自家新生命，全在循固有精神而求进，而向上，不能离开向外以求，不能退坠降格以求。只有发挥自己特长，站在自家原来立脚地上以奋斗，离开不得这里一步。”（梁漱溟，1992）[109-110]

这里，中国之“自家根本精神”，就是中国文化之老根，也就是中国之“老道理”，就是伦理情谊与人生向上之精神，也是他所提倡的孔子之“仁”与“刚”的人生态度。他认为，只有以此为基础，才能养成乡民中国式的新政治习惯，从而实现中国政治、经济、文化的现代化。

这种在中国固有精神基础上，引进西方团体组织与科学技术的新社会组织构造，具体到梁漱溟的乡村建设实践，就是他在邹平创办的乡农学校（乡学、村学）。以其生命和谐观为理论支持，他把乡村社会看作一个整体，认为“乡村内部不是没有问题，然而乡村外面的问题更严重”，他的志向所在是“要求整个乡村社会的改善与进步”，他把乡村的农民与地主一起看成“乡村居民”。梁漱溟在谈到他的“乡村建设”与共产党的农民运动的异同时指出：

> “共产党的农民运动‘在某一点上说是与我们相同的，就是要农民

自觉、有组织而发生力量，解决他们自身的问题。但从另一点上看是不相同的。他们的农民运动是在乡村社会里首先作一种分化的工夫，使乡村社会成为分离对抗的形势。在乡村社会之内就发生斗争。我们则看乡村社会的内部，虽然不是全没有问题，然而乡村外面问题更严重；——就是整个乡村的破坏。所以我们必须看乡村是一个整个的……故我们所作的工夫，是积极的、培养的、建设的，而他们是消极的、破坏的。我曾见毛泽东分析广东社会为八个阶级，只其中低级之三、四阶级准他加入农民协会，其余那些不准加入。划的界限非常严。农民又武装起来，为农民自卫军，简称农团；与绅士们领导的民团，彼此之间，就发生冲突……我们对于中国问题的解释与估量，与他们不同’。”（梁漱溟，1992）[353]

因而，他在邹平创办的乡农学校（即村学、乡学）把农民作为无任何差别的整体而全部吸收进来，包括了一个村或一个乡所有的成员。其组成部分包括学董、理事、学长、教员（或辅导员）及一村中或一乡中之男女老少（即学众）。梁漱溟颁布了《村学乡学须知》（以下称《须知》），对上述各成员应尽之义务进行了规定，例如：学众要“尊重多数，舍己从人”，“顾全少数，彼此造就”，“尊重学长”，并“接受学长的训饬”；学长要“自爱自重”，“抚爱后生，调和大众”，“于村中子弟有不肖者，应加督教”，等等。但《须知》并未规定各成员应享有的权利，因为在他看来，“从义务说话能打动中国人的深心，而从权利说话则刺激不动的；此因义务观念在中国原来就有，而权利观念则为他一向所无”，所以，“现在要使中国人团结到一块，就得从义务观念出发说话；如系权利观念则恰好使中国人往分散里去”。他还认为，《须知》不是许多法律条文，而是“近乎一种道德上勉励的话”（梁漱溟，1992）[537]。由此可见，梁漱溟创办村学、乡学之目的虽在于培养乡民的“新政治习惯”（梁漱溟，1992）[535]，即培养乡民的主动精神与民主参与意识，为建造新的理想社会奠定良好的心理素质。但是，作为新儒家的梁漱溟更为强调培养“新政治习惯”必须合乎中国伦理精神，即以“伦理情谊为重、以对方为重”之精神，乡民应自觉地强调个人对他人、对团体的义务，而不强调个人的权利，即使成员之间产生意见或者发生冲突，也要由处于超然地位、有师长身份的学长来进行调停、教育，以缓和、化解矛盾，创造一种和谐的乡村社会秩序。这正是其生命和谐观的社会化表现。

就乡农学校的源流而言，梁漱溟认为，这个融合中西文化的新组织就是中国古人所谓“乡约”的补充改造。弘扬传统的乡约，通过教育的方法把“理性”灌输到民众中去，是乡农学校最主要的任务。这里，梁漱溟所推崇的乡约，不是明清时期政府用政治力量推行的乡约，而是北宋时期由乡村人自己创造的乡约，即吕氏乡约：“乡约是分四大纲领：一、德业相劝；二、过失相规；三、礼俗相交；四、患难相恤。”（梁漱溟，1989b）[321] 从职能上讲，乡约是一个集政、教、养、卫于一体的村社组织。对于这种村社组织，梁漱溟对其评价甚高，认为“它充满了中国人精神——人心向上之意”，“合乎我们以前所讲的原理原则……是一个伦理情谊化的组织，而又是以人生向上为目标的一个组织”。在他看来，这种注重伦理情谊与人生向上的村社组织，不仅是“注重事情而不注重人”、“以权利为体”而“把人心向上除外”的地方自治所难以比拟的，就是西方社会的宗教或政治也难以企及，因为其宗教虽含有劝人向上之意，但却是“非自觉的”；其政治组织则“不含有人生向上之意”（梁漱溟，1989b）[321-322]。尽管梁漱溟对乡约评价甚高，但为适应现代社会的需要，他认为乡农学校作为现代社会一种“新的社会组织构造”，有必要对传统的乡约进行“补充改造”，将新的内容注入旧的形式，正所谓“旧瓶装新酒”。这种“补充改造”有这样四个方面。一是“将消极的彼此顾恤，变成积极的有所进行”。通过各种合作组织，将农民组织起来，引进技术，发展生产，给乡下人“造血”，而不仅仅是“输血”，以解决乡村的贫困问题。二是把古代乡约中偏于个人的道德改为社会的道德，把有限的一点个人私德看成是永远展开的。不让乡下人有小志气，而要有大的勇气，如此才能改造乡村，改造中国。三是由于梁漱溟办乡农学校是志在改造社会，创造新文化，不是单为一乡之人共勉为善，所以要以村、乡为单位，与外边的远近各地进行联络，把改造过的乡约推广到全国，使整个社会学校化。四是新的社会组织构造只许私人或社会团体提倡，政府不能插手，最多只能站在一个不妨碍或间接帮助的地位。乡村组织就是一个种子，政府好比风雨、日光、肥料等，政府只能从四面去培养，帮助乡村组织的自然成长（梁漱溟，1989b）[331-334]。

通过对古代乡约的“补充改造”，梁漱溟志在通过乡农学校这一民间化、情谊化的乡村组织，“充分发挥中国古人的理性精神，从伦理情谊来调整社会关系，以成团体；而团体则以大家齐心向上学好求进步为目标”（梁漱溟，1989b）[426]。“理性”，是梁漱溟乡村建设的理论支柱。“理性”就是伦理主义与人生向上之中国民族精神。在他看来，所谓伦理主义，是指“这个团体里边的制度构造，是采取个人尊重团体、团体尊重个人、少数人尊重多数人、多数人尊重少数人”，概言之，“就是尊重对方，仿佛没有自己”（梁漱溟，1992）[440]。至于人生向上，他认为：“人生向上里面含藏着自爱爱人的深厚意思，是人类生命力量的源泉。”（梁漱溟，1989b）[566]自觉地强调个人对他人、对团体的义务，自觉地以对方为重，而团体也为个人提供发挥其生命力的舞台，这就是他所提倡的介于个人本位主义与社会本位主义之间的伦理本位主义，也就是他所提倡的“理性”。在他看来，一旦农民普遍接受了这种“理性”，并把它推广到全国之政治、法律的范围之内，中国的一切问题都可以得到解决。因此，在乡农学校的课程里，关于中国传统文化与伦理道德的教育，占有相当大的比重。乡农学校的课程有高级部与普通部之别，其中高级部的课程中，国学占 7 小时，精神陶炼课占 4 小时，占每周总学时 40 小时的 1/4 强；普通部则每天有 1 小时的精神陶炼课（1 周即 7 小时——笔者著），6 小时的国学课，占每周学时 42 小时的 1/4 强（王国斌，1933）。当时精神陶炼课的主要内容是“讲述古代名人传记或格言，以启发民族之自信力为宗旨，间有关于个人修养，陶冶性情者”（张宝舫，等，1933）。由此可见，梁漱溟在邹平对乡农进行道德教育的主要内容是经他改造过的所谓“旧道德”，以启发中华民族之“理性”与对本民族之自信心，并在此基础上学习西方的团体组织精神与科学技术，以实现孔子人生态度的生活化、大众化，达到复兴中华民族与儒家文化之目的。

梁漱溟先生从其生命本体与生命整体和谐的角度出发，认为乡农学校就是要“启发每个人的生命力量，结合而成一个大生命力量”，亦即形成乡村的“团体生命”；并“继续扩充，发挥光大，必会成为更大范围的生命力量”。换言之，在他看来，“乡村是小团体，国家是大团体，而其内容则均为生命问题的解决离不开生命，生命要慢慢扩大；我们的意思，澈始澈终，如此而已”（梁漱溟，1989b）[422]。由生命的角度来理解乡村建设，在他看来，乡农学校作为乡村建设运动的核心内容，其宗旨即是培养乡农的主体意识与团体组织精神，即他所谓的“新政治习惯”。而他认为“培养新习惯就是教育。培养新习惯既然贯彻在一切上，教育就贯彻在一切上。况且人与人的意思交通加繁，文字的需要亟切；同时又因各项业务革新，技术改进，而各种知识的需要大增；这在各个人说，自非要学习不行，那么在工作上便处处是教育了”，“总起来说，功夫只一个主要功夫——教育；目的只一个主要目的——促进团体生活；而从实际生活需要多方以求之；这便是我在邹平的工作”（梁漱溟，1990）[342-343]。梁漱溟在此总结了他在邹平所做的工作从根本上而言就是教育的工作，是从政治、经济、合作等方面联合促进乡民之团体生活，以培养其新政治习惯的工作，其培养乡民新政治习惯的组织——村学、乡学因而即是政教合一的组织。此政教合一之“政”，即是普通所说的政治，是人类社会最有权威、最有力量的团体生活；而“教”则是指教化，或者说是一种道德教育，其目的在于通过教育的方式帮助实现人生向上之目的。如他所言：“我们所谓政教合一是本着更高向上的意思，由贤者出主意，众人来听从。我们所谓教育……非只是指知识技能的教育而已，是指整个的生命，整个的人格说的。”（梁漱溟，1992）[677]由此，我们看到梁漱溟强调的是中国传统的道德本位观念，这也正是其生命化儒学的宗旨所在。在梁漱溟看来，要实现上述目的，就要使邹平的村学、乡学以“政教合一”、“以教统政”为组织原则，使乡村社会学校化、教育化。单从经济、政治、自卫等角度出发来组织团体不会有好的结果，只有从较真的动机、较深的意义、较高的要求——人生向上出发，才能养成中国人的团体组织。并且中国人的团体生活是要靠自觉、思维、理性来进行的，而不是胁迫、强制所能为的；同时，团体秩序的维持，亦不能不靠理性；只有发挥理性才能维持团体，无法借重于机械的力量（武力）。而启发理性、发挥理性的就是教化。由此就可以明白政教合一的真义所在（梁漱溟，1992）[691]。

既然梁漱溟以启发民众之“理性”为政教合一之真义，那么，在他看来，能代表理性并对广大乡民进行教育的人就是那些所谓的贤智之士；具体到村学、乡学而言，就是学长。据《须知》中规定，学众要树立“舍已从人”、“遵规约、守秩序”、“敬长睦邻”、“尊敬学长”、“接受学长的训饬”等“自觉”的观念。他认为，这符合中国尊尚贤智的传统与伦理主义、人生向上之固有精神，且与西方团体组织的少数服从多数的原则并不冲突。因为，他认为“贤智是由于多数人之所尊尚而来，所以尊尚贤智亦即尊重多数。多数人恳切向上，愿意受贤智的领导，这个意思讲出来，方为政教合一”（梁漱溟，1992）[691]。这里，梁漱溟是以中国传统伦理主义与人生向上之理性精神为中心得出上述结论的。在他看来，邹平村学、乡学的组织原则，与西方的法治是不同的。法治是政教分离的，以法为最高；而村学、乡学尊尚贤智之政教合一原则最终是要归到人治上去的，此即他所说的“人治的多数政治”或“多数政治的人治”。梁漱溟自认为这种“人治”较西方的法治是优越的，他说："政治上的分别，不外多数政治与少数政治，我们现在的这种尊尚贤智，多数人受其领导的政治，自一方面看，的的确确是多数政治，因多数是主动，而非被动；但同时又是人治而非法治，因不以死板的法为最高，而以活的高明的人为最高。"（梁漱溟，1989b）[292]这反映了他以人为本、以传统伦理为本的主张，在他看来，以一个德才兼备的人为乡村组织领袖，便可以将中国传统的贤人政治与西方政治中的大众参与精神结合起来，形成中国式的团体组织，从而成就一种"顶合中国人精神，顶合古人理想"的政治。在这种政教合一的政治组织中，把社会的政治、法律问题皆纳入伦理道德教育范围之内，走中国传统礼俗之路，使乡村人际关系建立于"柔性的习惯之上"，以达"推动社会，组织乡村"之目的。梁漱溟断言，中国将来必定要走这条政教合一之路，他说：

> "中国地方自治，要想成功，必须从礼俗出发，进行组织。而礼俗的地方自治组织，亦就是情谊的、伦理的，与教学的地方自治组织——政治与经济，统属于教学的组织之中，而教学居于首位。这就是政治经济与教化三者合一的地方自治组织。"（梁漱溟，1992）[344]

梁漱溟认为，借助这个政教合一的乡村组织，可以完成乡村建设政治、经济、文化方面的任务：（1）保持中国传统之伦理情谊与人生向上之"理性"；（2）将农民团结起来，以他力引发农民之自力，让农民认识到他们共同面临的困难与不幸，促使其自觉地想办法合力来解决，即让广大农民自觉产生合作的要求，从而克服中国乡村社会一盘散沙的局面；（3）在此基础上，大家共同商量、解决当时中国农村所面临的匪患、兵祸、捐重、天灾、烟赌等社会问题，在这种自治的氛围中慢慢生发一种民主政治；（4）通过教员即乡村运动者，把西方的科学技术如机械、良种、农药等带到农村，以改进农业生产技术，发展农村经济（善峰，1996）[292]。

综上所述，梁漱溟建立在其生命整体和谐基础上，以建教合作（即建设与教育合起来进行）与政教合一为组织形式的乡农学校是煞费苦心的，他要求把乡村社会包括政治、经济等方面的一切工作都纳入教育系统，以实现其社会学校化的理想。他号召任乡农学校教员的知识分子"帮助乡民开出其人生向上的精神，用他的意气激发乡民的志气，用他的活力激发乡民的活力，用他的生机引发乡民的生机"，意在使乡村民众向着"齐心向上学好求进步”的目标前进。此种以“文化改造”来达到“民族自救”的乡村建设模式，类似于林毓生所分析的“借思想文化以解决问题的途径”，是“受根深蒂固的、其形态为一元论和唯智论思想模式的中国传统文化倾向的影响”（林毓生，1986）[45]。这种途径或模式，有学者称为中国传统“圣王论”的翻版。就中国儒家的最高理想“内圣外王”之“内圣”来说，它属于伦理学的范畴，面对价值世界，处理价值判断；“外王”属于政治学范畴，面对现实世界，处理事实判断。前者回答应然问题，后者回答实然问题，二者分属两个不同的领域，价值世界与现实世界能否相通，价值判断与事实判断能否对接，对应然问题与实然问题的处理能否相融，二者能否融合，还需作进一步的探讨。而“人治的多数政治”、“政教合一”的模式正是伦理学与政治学混同的产物。它虽经过了民主政治组织形式的包装，内里却仍是一个伦理模式而非政体模式。梁漱溟所要唤起的乡民的主体意识是一种道德自觉而非政治主体的觉醒（高明，2004）。现代社会最重要的标志就是自由与民主，这些皆需要公民有政治主体意识，否则，自由、民主就成为空谈。而梁漱溟强调中国传统之伦理主义，要求乡民互以对方为重，反对谈个人的权利，由这种道德自觉是难以走向政治主体的自觉的。再者，他强调的伦理情谊是建立在人性善的基础之上的，而人性之善恶问题一直是中外哲学界长期争论的问题，至今未有定论。因而，他的这种“人性善”的基础本身并不牢固，那么建立于其上的理论是否成立也就成问题了。他所提倡的“伦理主义，人生向上”之中国固有精神属于价值判断，而他主张在中国固有精神基础上所要吸收的西洋之“团体组织，科学技术”属于事实判断的范畴，就像“内圣”与“外王”，二者不在一个层面上，因而难以把二者融合在一起。这或许是他的生命化儒学的大众化实践——乡村建设运动没有成功的思想根源。

第四章

教育模式与文化路向的建构（二）

毛泽东和梁漱溟对不同的教育文化路向的选择与建构，不仅体现在其文化改造与政治革命的不同目标与思想基础上，还体现在其实现目标的过程中。在践行其教育模式的过程中，两位伟人观点的不同之处在于邹平教育模式重在以教统政（伦理本位），而延安教育模式则重在以政统教（政治本位），前者强调精英之教育作用；而后者则强调民众的力量；在组织群众的过程中，前者以商量办事为主，后者以大规模的政治动员为主；在教育内容上，后者以政治思想教育为主，而前者以人生行谊教育为主；二者在对待知识分子的态度上还存在着把知识分子当作“主”还是“宾”的区别。上述侧重点的不同，从本质上反映了两种教育文化路向的不同，当然，这与邹平、延安两地不同的政治、经济与人文环境也有密不可分的联系。

一、延安、邹平的社会生态

生态学的概念最早由德国生物学家 E. 海克尔（E. Haeckel，1834—1919）于 1866 年提出，他认为这门学科是“研究生物在其生活过程中与环境的关系，尤指动物有机体与其他动、植物之间互惠或敌对关系，即生物有机体及其与环境之间相互联系的科学”。后来的学者进一步将其推广为“研究生物与其生存环境之间的科学”，指出生物具有适应复杂变化的环境的能力，生物与其生存环境构成了一个整体的系统（李博，2000）[3-4]。而人作为生物之一，必然依赖其周围生存环境并作用于生存环境，与其生存环境形成一个整体系统，这个系统就是社会生态。因而“社会生态”是人类社会的各种群体与其生存环境所组成的特定结构及其功能关系（叶峻，1999）。从这个角度来看，在20世纪三四十年代，延安与邹平这两个地区的居民所面临的社会生态环境，其中包括自然环境与社会环境是不同的，对两种教育模式的各自特征都有一定的影响。

（一）陕甘宁边区——闭塞、贫困、动乱的经济荒地与文化荒地

延安教育模式是在基于陕甘宁边区经验的基础上形成的，因而有必要介绍一下陕甘宁边区所面临的自然环境与文化环境。1935年10月，毛泽东带领经过两万五千里长征的红军队伍来到陕甘宁边区时，这里既偏僻又贫穷，经济长期处于停滞与衰退之中。陕北地处黄土高原，属温带半干旱地区，降水较少，冬季较长，年平均气温低，风沙多。由于植被遭到严重破坏，水土流失严重，导致陕北黄土高原沟壑纵横，土地贫瘠，南接八百里秦川，北连内蒙古高原，东面黄河形成了一道天堑，西面是人烟稀少的少数民族地区，造成了这里偏僻、闭塞的自然环境。恶劣的自然条件，加上生产技术落后，以及19世纪中期的回民起义以后内战不断和1911年以后军阀政治的反复无常，使得曾诞生了中华文明的这一地区变成了中国最贫穷最萧条的地区。20世纪初期的陕甘宁经济处于封闭落后的自然经济状态，农业生产为经济主体，生产工具仍为原始的农具，属粗放式生产，广种薄收，“朝天一把籽，吃饭靠老天”，粮食产量极低。以小麦为例，冬小麦平均亩产量，关中为40千克，延安、陇东为35千克左右，绥德、三边20千克左右。其他粮食如谷子、糜子产量也很低。除农业外，手工业、商业更为落后，红军到达陕北时，发现这里“一半以上县份的人民不懂纺织；除粮食、羊毛外，其他一切日用所需，从棉布到针线，甚至吃饭用的碗均靠外来”（南汉宸，1981c）[4]。贫困、落后是陕北的主要特征。正如中国国际饥荒救济委员会领导人特德（O. J. Todd）所描述的：“在中国所有的省份中，也许陕西不利条件最多。的确，她对于任何一个国家都不是个大财富，50年前的回民起义（1862—1873）以后，她就如同其地图形状一样，像个要死的乞丐无力地躺着。”（马克·赛尔登，2002）[9]

20世纪30年代来到陕北的埃德加·斯诺也认为，“陕北是我在中国见到的最贫穷的地区之一”（埃德加·斯诺，1979）[63]。美国历史学家莱曼·范斯莱克（Lyman Van Slyke）则全面描述了20世纪陕甘宁边区的自然与社

会经济状况，认为这里：

> “是中国最贫瘠、长期落后而且人口稀少的地区之一。尽管它面积广袤（大致相当于美国俄亥俄州），但只有大约140万居民。大多数极端贫困，但估计地主和富农占人口的12%，却拥有土地的46%，农业生产不稳定，生长期短，雨量稀少且难以预测，大暴雨会倏然而至，冲走庄稼，并把解冻的黄土坡冲刷成一条条沟壑。在1928年到1933年间，饥荒席卷了中国西北部，包括陕甘宁在内；千百万人死去，大量土地荒芜。剧烈的地震会周期性地摧毁那些掘进黄土峭壁的窑洞。与严酷的自然环境一起，这一地区长期为动乱、骚动和暴力所困扰……”（莱曼·范斯莱克，1994）[723-725]

军阀政治是民国时期中国政治的重要特点之一，陕甘宁边区也概莫能外，而土匪确实是这里的“特产”。恶劣的自然条件与天灾人祸经常使本已十分贫困的农民处于饥饿的边缘，为免除饥饿，不少人加入土匪，导致陕北一带匪祸横行。如同20世纪一位英国观察家评论的那样：“在东部省份中国人的脑子里……陕北是荒野和盗匪出没的老巢。”（海特，1913）[227]美国学者马克·赛尔登（Mark Selden）对这里的土匪活动进行了科学的解释，认为陕北历史久远的土匪活动是灾难的标志而不是灾难的主要原因，它标志此地区100万农民竭力求生的一个补充方式，然而它反过来促使农村经济进一步解体（马克·赛尔登，2002）[13]。

总之，由于恶劣的自然环境与军阀、土匪之政治因素的综合作用，20世纪的陕北农村经济处于严重的危机之中。军阀混战消耗了农村的资源与储备，以至于发生一场小的天灾也会带来巨大的损失和死亡。然而，陕北地主对佃农的严酷剥削使本已困苦不堪的农民雪上加霜。如张闻天等人的《米脂县杨家沟调查》就认为“杨家沟的主要特点，是‘富者地连阡陌，贫者无立锥之地’”，“在全村137户农民中，有94户佃农，即有69%的农民，是受地主剥削的佃农”（张闻天，1994）[136]。除此之外，陕北农民还要受到多种苛捐杂税的盘剥。1933年，国民政府的一项调查列出陕西基本粮食税以外的33种税收。这些税收包括修长城和平息土匪税、汽车税（没汽车，但也收此税）、大门税……在所有的税收中，负担最重的是不定期的军事税，成为军阀时代的象征（行政院农村复兴委员会，1933）[151-156]。陕北农民在地主与军阀政府的沉重压迫下苟延残喘，挣扎在死亡线上。正如英国经济学家R. H. 托尼（R. H. Tawery）所观察到的，“有的县份，农村人的地位如同一个人永远站在齐脖子的水中，甚至一个涟漪足以淹死他”（托尼，1966）[77]。由此可见，陕甘宁边区的农村经济已经脆弱不堪，农民的生存负担已达到极限。

20世纪初期的陕甘宁边区还是一块文化荒地。红军最初到达陕北时，这里学校稀少，知识分子属凤毛麟角，识字者也极为稀少。在边区140万人口当中，99%是文盲。较偏远的盐池县1 670多人中，仅有中学生21人，包括小学生在内，识字者平均不到2%；华池、曲子等县则200人中只有一个识字的。全边区共有小学120所，中学1所，中等师范学校1所，中学生250人。文化教育落后导致这里的医药卫生条件也极为落后，疾病与死亡威胁着广大群众。在某些地区，婴儿死亡率达到60%，成人为3%，牲畜的死亡率也很惊人。由于缺医少药与群众的愚昧和迷信，陕北一带巫神称霸，有2 000多个巫神。据延安县一年的统计，全县一年消耗于巫神的招待费是3 361万元；而59个巫神一年当中就一共治死了278人。若以每个巫神每年治死5个人计算，则2 000多个巫神，每年要治死一万人左右。这是一个惊人的数字！（中央教育科学研究所，1986）[140]在这块贫困落后而且闭塞的文化荒漠上，几乎没有什么文化设施，民众也几乎没有什么文化生活，他们的生活是单调、寂寞、痛苦无望的。陕北各县县志有关民风的记载几乎都有一条“民犷悍少文”，可见，贫困且动乱的陕北社会也造就了尚武的民风，但民众受教育程度普遍很低。这里的民间文艺形式主要为融入了西北少数民族自由、粗犷色彩的信天游、秧歌等，这是当地民众理解和接受知识的主要来源。毛泽东到达陕北之后，强调知识分子要深入民众，了解并推广民众所熟悉的文艺形式，同旧秧歌戏做朋友，主张“发展与改造农民艺术”，以民众喜闻乐见的形式丰富民众的娱乐生活，反映了共产党将文化教育及文艺大众化的主张，因而得到了当地民众的拥护。

综上所述，20世纪30年代，以毛泽东为代表的中国共产党及革命队伍所面临的是陕甘宁边区恶劣的自然环境与社会环境。在这种环境下，是难以进行类似于梁漱溟等乡村建设者所推行的温和的改良工作的，只能通过改天换地的革命与大生产运动来改变广大贫苦农民的生存状态，从而获得广大农民群众的支持与拥护。在此基础上，中共推行的以政统教、群众性政治动员与扫盲运动，作为成功经验在新中国成立后继续推行，从此意义上说，延安成为新中国的摇篮。

（二）“颇合一般性”的邹平

20 世纪 30 年代初，梁漱溟之所以选择山东邹平县作为其乡村建设的实验区，其原因有五点。

> “一、在山东全省为比较适中地点，不偏于一隅；二、交通不为不便，但又非要路冲繁；三、大体为农业社会，受工商业影响较小；四、不甚瘠苦，亦非甚富庶，颇合一般性；五、小县易治。”（山东乡村建设研究院，1935）$^{2-3}$

具体而言，当时邹平县的社会生态环境表现于下述几个方面。

自然环境。邹平全县面积 650 平方千米；南北长约 40 千米，东西长约 20 千米，北狭南广。人口 166 969 人。属北温带大陆性气候，气候温和，雨量适中，光照充足，无霜期长，为农作物生长提供了有利条件。这里土质多为黑土，宜于棉花等经济作物生长。邹平的经济以农业为主，农作物主要有小麦、豆类、高粱、谷、棉花、玉蜀黍等。当地人民的食品有高粱、小麦、玉蜀黍、豆类、甘薯、白菜、豆腐等，农民的家庭副业以纺织最为普遍（山东乡村建设研究院，1935）。交通虽不甚发达，但也称得上便利，邹平县城距济南 85 千米，离胶济铁路周村站仅 15 千米，西可赴济南，东可去青岛，县内小清河还可船行直达济南。

人口构成与阶层。以农为主的邹平经济决定了邹平人口以农业人口为最多，占总人口的 99% 以上。由此可知，20 世纪 30 年代邹平自给自足的自然经济占主导地位。邹平农村居民以自耕农最多，占 86. 36%，平均每家种地 23. 24 亩，每人合 4. 84 亩；地主只有 16 家，占全体家数（此指所调查的 1 434家农户）1. 11%，平均每家占地约合 10. 31 亩；佃户 13 家，占全体家数不到 1%。自耕农兼地主 50 户，平均每户占地 41. 59 亩，人均 9. 2 亩（山东乡村建设研究院，1935）。由此可见，与同时期的延安相比，邹平的土地分配差距确实不大，地主—佃农关系并没有构成为乡村中的主要社会关系，阶级分化并不明显。但因土地分配不均所导致的阶层分化在当时还是存在的——梁漱溟无视这一现象是造成“号称乡村运动而乡村不动”的重要原因之一。邹平的工商业发展很弱，本县居民从事工商业的很少，1935 年邹平共有厂铺户 39 户，从业人员 151 人，分别占邹平总户数和总人口的 0.12% 和 0.09%（山东乡村建设研究院，1935），其从事行业多为手工作坊、油坊、药店等，且多集中在靠近周村的地区。在自然经济条件下，当时邹平经济比较落后，落后的经济决定了医疗卫生条件也很差。据当时资料记载，邹平 60 岁以上的老年人仅占总人口的 8.39%，说明邹平人的寿命短促。在邹平 32 154 本籍户中，一口之家的数目竟达1 853户，达 5.75%，鳏寡孤独者较多，从这里可以找出许多贫穷的证据（山东乡村建设研究院，1935）。

人文环境。20 世纪 30 年代的邹平教育比较落后，据已经推行乡村建设第五年即 1935 年的统计，邹平未受教育者仍占总人口的 84.2%，而受教育者（多为小学和私塾）只占总人口的 15.3%（山东乡村建设研究院，1935），说明当时邹平的人口文化素质比较低。但是，从文化传统来看，邹平素以文化县著称，历史上出现过众多文化名人。史书有秦末伏生传《尚书》，五代田敏删定《书仪》、校刊《九经》等记载，提示了邹平之文化渊源。北宋著名政治家、思想家范仲淹曾借读于城东南醴泉寺，他刻苦自律，每日“画粥断齑”，勤学苦读，还留下了见金不取之佳话，其“先天下之忧而忧，后天下之乐而乐”之精神，更为邹平后人所津津乐道，并影响了邹平士人的行为方式。邹平的名胜古迹有城东 9 千米的伏生祠、墓，城西南约 15 千米醴泉寺内的范公祠，皆为纪念上述历史文化名人而设。又据史志记载：“邹平风俗醇厚，民性憨直，重稼穑，志文学，尚情谊，崇节俭，向有救危济困，敬老爱幼，邻里救助之良习。”（山东省邹平县地方史志编纂委员会，1992）[853]可见，邹平历来就有良好的民风民俗与人文环境。

综上所述，从自然环境与社会人文环境看来，20 世纪 30 年代的邹平社会生态确实要比同时代的延安好得多。但是，处于自然经济主导下的邹平并不是人间的天堂，这里同样存在着贫困与短寿现象，上文对此已有所揭示。若从当时南方人的视角来看，这种生活贫困现象就更为明显。

> “我见过好几位南省来的人，到研究院来参观，说研究院学生吃的饭食是营养不足的。但研究院学生吃的还是白面馒头，一个星期或许还吃几个克兰姆的猪肉。可是普通的邹平乡下人吃的不过是窝窝头和咸菜，赶集的时候买几个菜包子吃，喝一碗面汤，或买一些锅饼，真是当

作上菜了。在这样生活程度里的人，面色是惨黄的，肌肉是不圆润的，面孔是不丰满的；还有什么艺术的乐趣去追求美丽的人生呢？”（山东乡村建设研究院，1935）

在当时贫困落后的中国农村社会条件下，这种要求显然是过高了，邹平农民能有食物果腹已经很不容易了，这说明当时邹平的经济与人民生活水平是比上不足、比下有余的。总之，无论是从自然环境还是人口构成与人文环境来看，这颇符合梁漱溟先生对乡村建设实验区“不甚瘠苦，亦非甚富庶，颇合一般性”的要求。

关于这两个地区与这两种教育模式之间的关系，我以为，不是延安与邹平的社会生态环境决定了两种模式之路向，而是毛泽东、梁漱溟等人有意或无意地选择了推行其既定模式即主观上要实行的模式的地点，梁漱溟是有意地选择了邹平，而毛泽东及其队伍则是别无选择地来到了延安。但这两个地区不同的社会生态环境在一定程度上影响了两种不同模式的推行方式与策略，应是不言而喻的。

前面论述了两种教育模式的不同之处，而这两种教育模式的相同之处是把散漫无力的农民组织起来，使其成为革命或改进社会的主力。但二者组织农民的目标、路向是不同的，延安教育模式志在通过革命而使广大贫苦农民翻身并唤起农民参与革命战争的政治热情，使其支持拥护中国共产党领导的陕甘宁边区政权，从而争取中共领导的民主革命的胜利，其性质为政治革命；邹平教育模式则是在维持现有政权的前提下，把全体农民结合在一个以中国固有精神为主，并吸收了西方团体组织与科学技术之长处的新社会组织中，以培养农民的伦理情谊与人生向上之精神，以农民之“理性”来“推进社会，组织乡村”，从而完成乡村自救与乡村建设，并最终实现整个中国之建设，其性质为文化革命，它是以渐进的方式来实现激进的目标。性质不同，路向不同，决定了二者完成其目标的手段、策略也有所不同。这些不同主要表现在四个方面：一是在教育方针与教育行政组织形式上之“以教统政”与“以政统教”的区别；二是在主要教育内容上之人生行谊教育与政治思想教育的区别；三是在组织群众的方式上之“政治动员”与“商量办事”的区别；四是对待知识分子的态度的区别。

二、“以政统教”与“以教统政”

延安教育模式与邹平教育模式皆以政教合一为组织形式，但需要说明的是，此政教合一之“教”，在两种教育模式中的涵义是不同的。对于延安教育模式来说，此“教”即为广义的教育；对于邹平教育模式而言，此“教”乃教化之义，特别是指“关乎人生思想行为之指点教训”而言，是指道德问题（梁漱溟，1992）[337]。

两种模式在政教合一的基础上，存在着以政统教与以教统政之区别，这表现于二者的教育方针政策与教育行政制度方面。

（一）“教育为抗战服务，教育与生产劳动相结合”与“大家齐心向上学好求进步”

中国共产党所领导的以贫苦农民为主体的民主革命决定了革命根据地教育的政治性、阶级性、工具性。早在苏区时期，中共就确定了“教育为革命战争服务”的方针，中华苏维埃共和国中央执行委员会与人民委员会对第二次全国苏维埃代表大会的报告中指出：“苏维埃文化教育的总方针……在于以共产主义的精神来教育广大劳苦民众，在于使文化教育为革命战争与阶级斗争服务，在于使教育与生产劳动联系起来，在于使广大民众都成为享受文明幸福的人。”（中央教育科学研究所，1981）[20]这里，教育为“革命战争服务与阶级斗争服务”和“与生产劳动相结合”，体现了苏区教育的政治性与工具性，而“以共产主义的精神来教育广大劳苦民众”，则体现了其代表劳苦民众利益的阶级性，其中“以共产主义的精神”为教育的最高原则，隐含着当时共产党的反资产阶级倾向，体现了崇高的教育理想。

延安时期，陕甘宁边区政府以苏区教育打下的教育之政治性、阶级性为基础，根据抗日战争的需要对原有的教育方针进行了修改补充，逐步形成了新的教育方针，这就是：提出了教育为抗日战争服务，教育与生产劳动相结合。1938 年 4 月，毛泽东在陕甘宁边区国防教育会第一次代表大会上，发表了题为《教育与战争》的演讲，重申“用教育来支持抗战。目前的抗战是规定一切的东西，我们的教育也要听抗战的命令，这就叫作抗战教育”（于述胜，2000g）[280]。为适应抗战教育的需要，首先就要“改变教育的旧制度与旧课程，实行以抗日救国为目标的新制度新课程”（顾明远，1994b）[1240]。其任务是“提高民众的民族觉悟、胜利信心和增加抗战的知识技能，以动员广大民众参加抗战，训练千百万优良的抗战干部，培养将来独立、自由、幸福的中国建设者，争取中华民族的独立、自由和解放”（中央教育科学研究所，1981）[1]。其次，还要团结、吸收知识分子，与一切抗日爱国的知识分子结成广泛的革命统一战线。毛泽东在《大量吸收知识分子》一文中，论述了吸收知识分子对于我党取得民族革命战争胜利的重要性。他说：“在长期的和残酷的民族解放战争中，在建立新中国的伟大斗争中，共产党必须善于吸收知识分子，才能组织伟大的抗战力量，组织千百万农民群众，发展革命的文化运动和发展革命的统一战线。没有知识分子的参加，革命的胜利是不可能的。”（毛泽东，1991b）[618]为使教育满足抗战的需要，陕甘宁边区还确立了“干部教育第一，国民教育第二”的方针。边区教育厅在1943年对教育工作的指示信中明确指出：“第一在职干部教育，第二学校干部教育，第三社会教育，第四国民教育。”（中央教育科学研究所，1981）[356]之所以如此，是因为边区的“一切工作，包括国民教育工作在内，都须经过干部去做。‘在政治方针决定之后，干部就是决定一切的因素’。如不把干部教育看得特别重要，把它放在全部教育工作中的第一等地位，就要犯本末倒置的错误了。”（顾明远，1994b）[1094]把干部教育，尤其是在职干部教育放在第一位以适应抗日战争的需要，充分表现了边区教育的政治性、工具性目的。

当时，党中央在以延安为中心的陕甘宁边区恢复和创办了中国中央党校、中国人民抗日军政大学（以下简称“抗大”）、陕北公学、马列学院、鲁迅艺术学院、自然科学院、新文字干部学校、中国女子大学，行政学院、民族学院、军事学院、中国医科大学、泽东干部学院、八路军军政学院、延安大学等30多所学校。为我党培养了数以万计的党、政、军方面的优秀人才。“延安处处有学校，延安遍地有歌声”生动地描述了我党大规模开办干部学校、培养革命干部的历史场景。

陕甘宁边区各干部学校把政治思想教育放在学校教育工作的突出地位。如抗大的教育方针内容之一是“坚定正确的政治方向”；陕北公学的主要任务是“培养抗日先锋队”，其中第一个条件是有政治远见；延安大学提出“以适应抗战与边区建设需要，培养与提高新民主主义即革命三民主义的政治、经济、文化建设的实际工作干部为目的”。从课程内容来看，各学校的课程设置和讲授立足于实际需要，体现了少而精、学用一致的原则，如抗大当时的主要课程是“抗日的民族统一战线”、“抗战期间的政治工作”、“抗战期间的民众运动”、“抗日的游击战术”、“射击”、“防空防毒”等，从战争实际出发，着眼于学生毕业后的工作需要。总之，强调教育的政治性与服务于抗战的实际需要是陕甘宁边区干部教育的主要特点。

边区落后的自然经济条件、长期抗战消耗了大量物资与人口剧增造成了边区日益困难的物质条件，这决定了教育为抗战服务，还必须与生产劳动相结合。为争取抗战的胜利，把生产与教育结合起来，生产与教育并重，成为陕甘宁边区的一项重要政策。只有通过生产自救，边区才能生存下去，并取得抗战的胜利。为此，以毛泽东为代表的中共中央号召全国抗日根据地开展了轰轰烈烈的大生产运动。从机关到学校，从干部到群众，皆积极地投入到大生产运动中去。正如毛泽东在1942年所作的《经济问题与财政问题》的报告中所指出的：“（生产）动员的范围也不限于军队，而是所有部队、机关、学校一律进行生产，发出了一个大规模生产运动的号召……这一动员，不仅动员了几万党、政、军、学人员，也动员了边区的老百姓，这年（1938）老百姓开荒达一百万亩之多。”（毛泽东，1993b）[461]由于边区党政机关与人民群众的生活问题，也就是边区政府的生存问题为第一位的问题，毛泽东在这篇报告中进一步指出：“中心的或第一位的工作，就目前边区条件来说，就大多数同志来说，确确实实地就是经济工作与教育工作。其他工作都是围绕着这两项工作而有其意义……两项工作中，教育（或学习）是不能孤立地去进行的，我们不是处在‘学也，禄在其中’的时代，我们不能饿着肚子去‘正谊明道’，我们必须弄饭吃，我们必须注意经济工作。离开经济工作而谈教育或学习，不过是多余的空话。”（毛泽东，1993b）[465]因此，把生产与学习、经济与教育并举，成为陕甘宁边区的重要教育方针。

抗战时期陕甘宁边区教育的政治性，还在于其明确的指导思想。延安时期，以毛泽东为代表的中国共产党人在对教条主义、主观主义进行深入批判的基础上，在对中国革命的性质与文化教育的性质进行全面反思的基础上，创造性地提出了“新民主主义”的概念，进而提出了新民主主义的文化教育方针。1940年1月，毛泽东在《新民主主义论》中指出：“现阶段上中国新的国民文化的内容，既不是资产阶级的文化专制主义，又不是单纯的无产阶级的社会主义，而是以无产阶级社会主义文化思想为领导的人民大众反帝反封建的新民主主义。”（毛泽东，1991b）[706]并明确指出：“民族的科学的大众的文化，就是人民大众反帝反封建的文化，就是新民主主义的文化，就是中华民族的新文化。”（毛泽东，1991b）[708-709]强调了新民主主义文化教育的民族性、科学性与大众性。所谓文化的“民族性”，即是在强调新文化之反对帝国主义、争取民族独立与维护民族尊严的为民族革命战争服务的性质基础上，同时强调它的民族特性、民族形式，即对中华民族优秀文化传统的继承与发扬；所谓文化的“科学性”，是指以马克思主义世界观和方法论为指导，坚持实事求是、理论与实践的统一；所谓文化的“大众性”，是指它以工农大众为服务对象因而具有明显的民主特色。新民主主义的文化教育方针确立以后，它不仅成为陕甘宁边区而且成为全国抗日根据地在整个新民主主义阶段文化教育的基本方针。

陕甘宁边区的教育方针，反映了其教育的政治性、工具性，亦即以政统教的原则；与此相反，梁漱溟之邹平实验区的教育模式则体现了新儒家的人本教育主张。以教统政，即以启发农民的生机、活力，以道德、精神的发展为本，提出了“大家齐心向上学好求进步”的目标。

梁漱溟所创立的邹平教育模式，就其本质而言是一种乡村建设模式。在他看来，中国问题的实质不是政治问题，也不是经济问题，而是文化问题，即其所谓“严重的文化失调”。而要解决文化问题须从伦理情谊尚存的乡村入手，正所谓“礼失而求诸野”。因而梁漱溟乡村建设运动的实质即是文化重建。他从四个方面对乡村建设运动作了进一步的解释。

其一，“乡村建设运动，是由于近些年来的乡村破坏而激起来的救济乡村运动”。他认为，近代以来破坏乡村的力量有三个方面：一为政治属性的破坏力——兵祸匪乱、苛捐杂税等；二为经济属性的破坏力——外国经济侵略为主，洋行买办等也为破坏乡村的助手；三为文化属性的破坏力——从礼俗、制度、学术、思想的改变而来的种种。在近百年中，帝国主义的侵略，固然直接、间接都在破坏乡村，即中国人所作所为，一切维新革命民族自救，也无非是破坏乡村。所以，中国近百年史也可以说是一部乡村破坏史（梁漱溟，1989b）[149-150]。因此，救济乡村成了各方面的要求，也成了乡村建设运动的要求。

其二，“是起于中国乡村无限止的破坏，迫得不能不自救；乡村建设运动，实是乡村自救运动”（梁漱溟，1989b）[153]。他认为，救济乡村虽然是中国社会各阶层、各方面的共同要求，但是，真正能救济乡村的力量还须从乡村内部去寻找，靠乡民自己的努力来解救自己，从此意义上讲，乡村建设运动就成了乡村自救运动。

其三，“乡村建设运动是起于中国社会积极建设之要求”（梁漱溟，

1989b)[155]。在他看来，中国的建设必须走乡村建设之路，就是“必走振兴农业以引发工业的路。换言之，必从复兴农村入手，以达于新社会建设的成功”（梁漱溟，1989b)[158]。

其四，“今日中国问题在其千年相沿袭之社会组织构造既已崩溃，而新者未立；乡村建设运动，实为吾民族社会重建一新组织构造之运动。——这最末一层，乃乡村建设真意义所在”（梁漱溟，1989b)[161]。梁漱溟认为，当时中国问题的根本所在就是中国“千年相沿袭之社会组织构造既已崩溃，而新者未立；或说是文化失调，‘人非社会则不能生活，而社会生活则非有一定秩序不能进行。任何一时一地之社会必有其所为组织构造者，形著于外而成其一种法制、礼俗，是即其社会秩序也’”（梁漱溟，1989b)[162]。中国文化一大怪谜，就是其社会构造历千余年而鲜有变化，社会虽有时失掉秩序而不久仍能恢复，根本上没有变革，其文化像是盘旋而不能进。但是，中国自从进入近代社会以来直到20世纪二三十年代，原来相沿不变的旧社会组织构造却已根本崩溃，夙昔之法制、礼俗悉被否认，固有文化失败摇坠不堪收拾；而同时呢，任何一种新秩序也未能建立，即梁漱溟所谓“旧辙已破而新轨未立”的混乱局面。这正是近代中国社会所面临的最严重的问题，这正是中国社会不向上而向下，不进步而日益沉沦的原因所在。在梁漱溟看来，当时中国的军阀混战问题，是“中国社会崩溃之果，亦是中国社会崩溃之因。不从根底上为整个社会重建一新机构的工夫，而只是想消极地消灭军阀，或片面的安设一政治制度（起草中国宪法，讨论民主抑或独裁），都是梦想”（梁漱溟，1989b)[165]。因而，不从根本上重建一新组织构造，其他任何事情都无从谈起；乡村建设运动的真意义所在，就是重建一新社会组织构造之运动。梁漱溟认为，从中国最基本的乡村入手来培植一新社会组织构造，也即乡村建设，并不仅仅是为了建设乡村，而是意在整个中国社会之建设，或可云一种建国运动（梁漱溟，1989b)[161]。

既然梁漱溟认为旧中国社会组织构造之崩溃即是文化失调问题，那么其乡村建设运动旨在重建一新社会组织构造之本质就是一种文化重建。梁漱溟之文化重建工作是通过在邹平组织乡农学校与其后的乡学、村学，通过以社会教育为主来培养乡民的新政治习惯实现的。他指出，邹平之村学、乡学的目标就在培养乡民的新政治习惯，启发大家对于团体公共事务的注意力与活动力，让多数人从被动地位转到主动地位，从散漫消极变为积极团结（梁漱溟，1992)[535]。

梁漱溟进一步指出，培养乡民的新政治习惯还必须合乎中国旧伦理精神，以中国传统的两大长处——伦理主义、人生向上为根基来吸取西方进步的团体组织精神与科学技术，以实现中西文化的沟通融合。这也正是他对新组织构造之要求。由此，他提出了村学、乡学的目标，即“大家齐心向上学好求进步”（梁漱溟，1992）[439]。这里，“大家齐心向上”是指团体组织，“向上”主要指中国传统的道德礼俗有向上之意，“求进步”是指生产技术和礼俗道德之进步。梁漱溟指出，“求进步”必须放在“向上学好”的心理之下去做，如单单说求进步，则打不动乡下人的心，最根本的是振作乡下人向上的志气，把不好的风气驱除整顿起来，才好求进步。而在他看来，中国人恰好有“向上学好”的长处，很富于向上心，一切尊师、重道、敬长、尚贤都是这种心理的表现。村学、乡学即是要唤起乡民的这种心理，在此基础上来学习西方的团体组织与科学技术，此即把解决问题包容在人生向上里面。因为以“向上求进步”为目标，而不以“自治”、“自卫”为目标，所以不用“村公所”、“乡公所”，而用“村学”、“乡学”之名，便含有教育的意义。在梁漱溟看来，用教育的方式来组织乡村，有极大的好处：如同人不想吃饭，你给他开了胃口，让他很愿意接受外面的东西一样。若以自治为题目，则不啻挡住他的胃口。因为多数乡民还不能自动自觉，许多积重难返的陋习，如散漫、自私、缺乏组织习惯等一时还难以改变，因而如以自治为题目来组织乡村，就挡住了乡村的前进。并且以求进步为题目，外面的新知识、新方法随时可以使他接受。总之，你要启发其向上之机才行（梁漱溟，1992）[441]。这里，梁漱溟把启发农民“向上之机”作为村学、乡学的根本目标，而启发农民“向上之机”的功夫，就是教育的功夫。因此，他提出的“大家齐心向上学好求进步”的目标是着重于教育，体现了其“以教统政，政教合一”的原则。这与延安教育方针之“以政统教”的原则是截然不同的。

邹平教育模式与延安教育模式之“以教统政”与“以政统教”之区别还表现于其教育行政的组织结构上。

（二）教育政治化与社会学校化

1935 年，毛泽东率领红军队伍到达陕北后，逐步建立起了以延安为首府的陕甘宁边区政权。其教育行政管理制度的组织结构如表 4－1（中央教育科学研究所，1981）[212－213]。

表4-1　陕甘宁边区教育行政管理组织结构

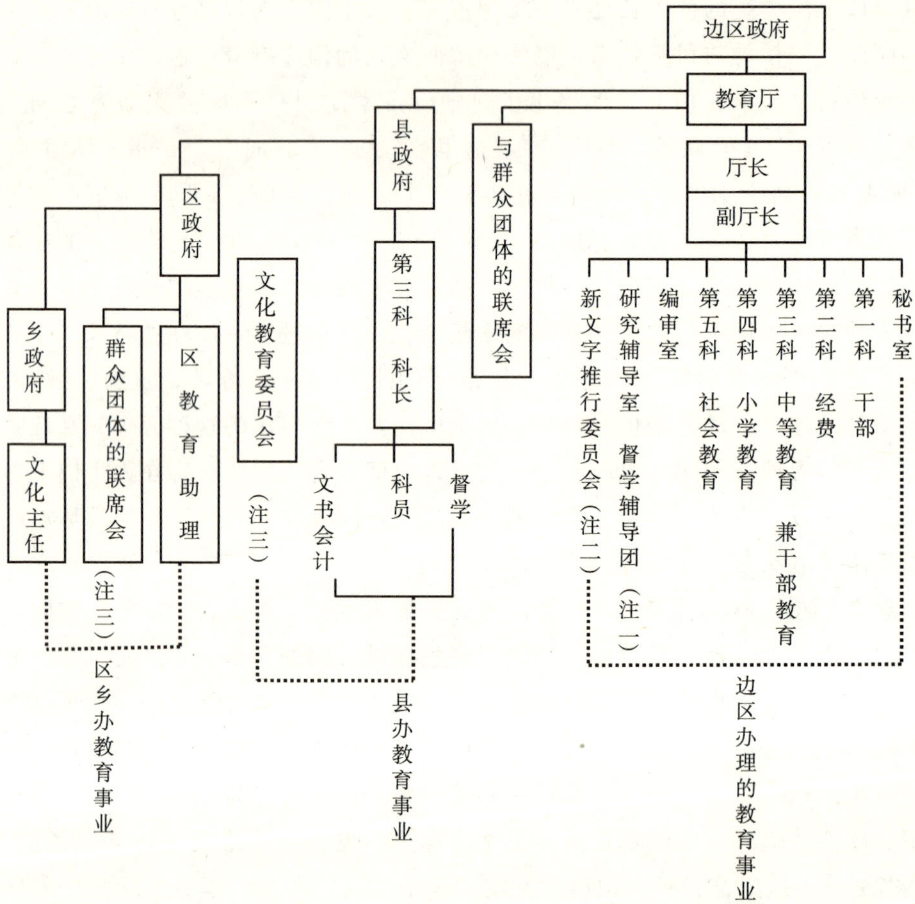

注一：这是根据边区的特殊情形——交通不便，文化落后，规定的巡视辅导制度。拟设6个督学，24个辅导员，每1个督学带领4个辅导员，组成1个巡视团，到各县去辅导工作。

注二：用拉丁化新文字消灭文盲，比汉字要快上十倍。1936—1937年在边区曾经几度推行，但后来中断了。从1940年秋季起，这一个运动又推行起来。该委员会一面推动各县新文字的推行工作，同时出版了《新文字报》（S、W、B），领导了“新文字干部学校”（S、G、X）。

注三：因为边区人民都有自己的组织，教育工作通过并协同这些群众团体来进行才更有效，这样的联席会议制度，边区县、区都有。不过县一级的为文化教育委员会所代替，参加文教委员会的，有党政军民各方面宣传教育部门的负责人。

由此可见，陕甘宁边区的行政机关为边区、县、区（乡）三级结构，教育行政领导机关在边区政府设教育厅，在分区专员公署为教育处，在县政府为第三科，在区设教育助理员，在乡为文化主任。在工作领导上，除会议、报告、指示、巡视、检查等制度外，根据边区情况，特设督学及辅导团，进行集体视导，为了发挥民众团体作用，建立教育行政机关与民众团体的联系制度（中央教育科学研究所，1981）[211]。从上述陕甘宁边区的教育行政制度结构来看，各级教育行政是直属于各级政府并对各级政府负责的，其中，教育厅直属于边区政府，第三科直属于县政府，教育助理员与文化主任分别直属于区政府与乡政府。也就是说，边区、县、区乡办理的教育事业分别直属于边区政府、县政府与区政府和乡政府。这明显反映了延安教育模式之教育行政管理的以政统教性质。

1931 年初，梁漱溟应山东省主席韩复榘之邀，来到山东邹平县，继续进行半年前被迫停止的河南“村治”实验，此时，“村治”改名为“乡村建设”。山东邹平的乡村建设实验，是从创办乡村建设研究院开始，并以此为中心进行的。山东乡村建设研究院的主要任务是“研究乡村自治及乡村建设问题，培养乡村自治和乡村服务人才，以指导本省乡村建设工作”。由此可见，山东乡村建设研究院是集研究、教育、行政于一体的机关。其组织系统如表 4 - 2（许莹涟，等，1936）[80-81]。

由其组织系统可知，研究院的主要机构有乡村建设研究部、乡村服务人员训练部、邹平实验县以及乡村服务指导处、社会调查部、总务处、农场、医院、图书馆等。其中，邹平实验县与菏泽实验县及其县长，皆统属于研究院及院长，正反映了梁漱溟把整个行政系统教育机关化、以教育力量代替行政力量的主张，亦即“以教统政”之宗旨。

邹平教育模式之“以教统政”之特色更明显地体现在其基层组织系统上。从 1931 年到 1933 年 6 月之前，梁漱溟在邹平各乡、村设立了乡农学校 90 余处，后改名为民众学校；自 1933 年 7 月之后，山东省政府遵照国民政府行政院之指示，把邹平由“乡村建设实验区”改称“县政建设实验区”。作为“县政建设实验区”，邹平县可以不受中央和省政府法规的约束，自由进行各种形式的乡村建设实验，自主权比此前扩大了，还可截留 50% 的地方收入作为实验经费。邹平的乡村建设从此进入一个新的阶段，其标志之一就是在邹平实行废区划乡之后，于乡设乡学，村设村学。村学、乡学既是邹平之基层行政机关，又是教育机关。其组织系统如表 4 - 3（萧克木，1936）[164-165]。

表 4－2　山东乡村建设研究院组织系统

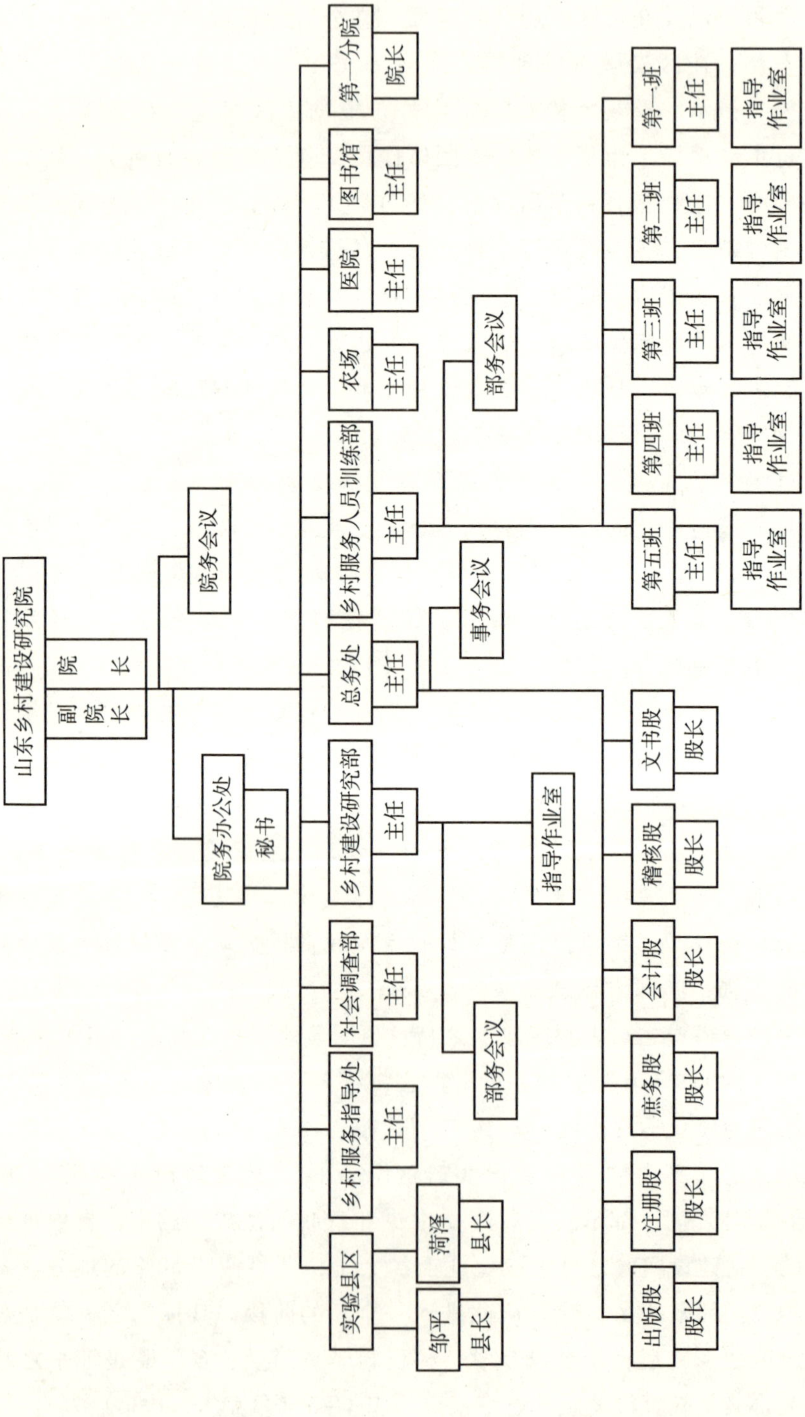

表 4－3　邹平的村学、乡学组织系统

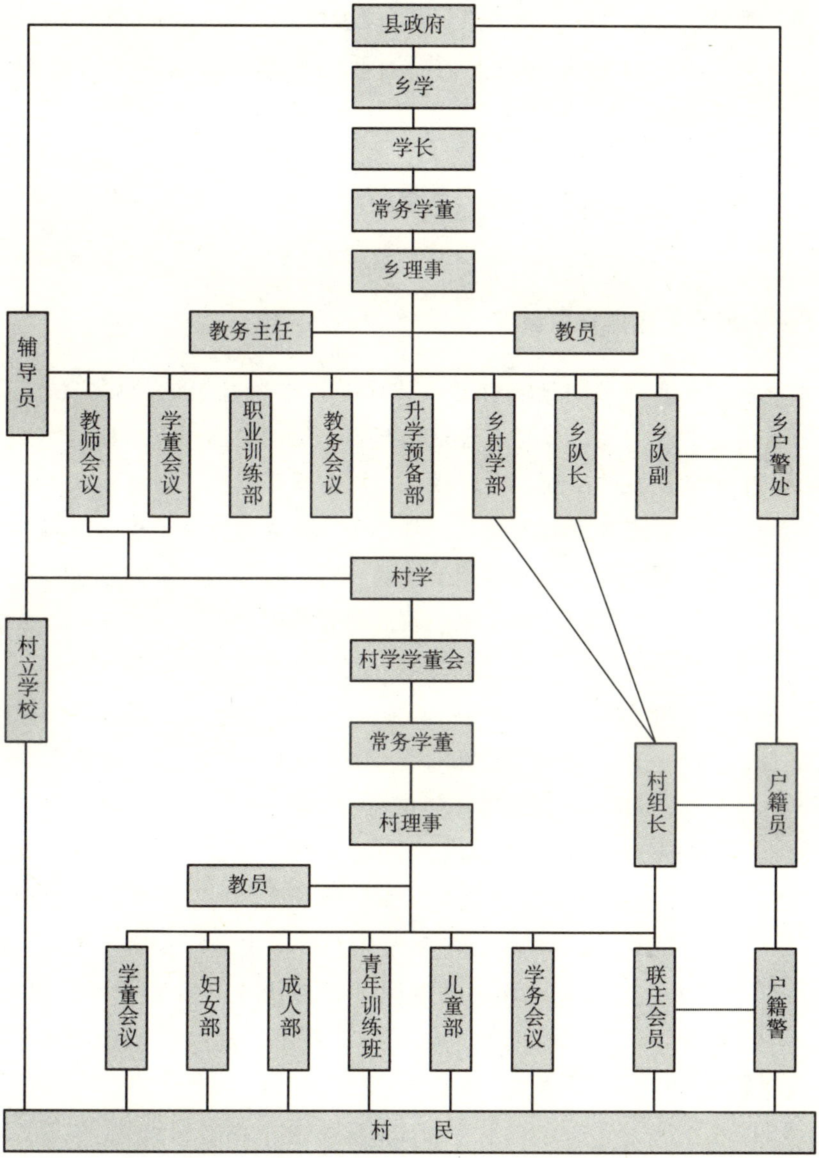

由表 4－3 可见，在邹平的村学、乡学中，学长皆居最高位置，其意即让德高望重的学长超居众人之上，好来监督众人，调和众人。也就是说，学长为一乡或一村师长，对众人负有教育或者教化之责。为使学长对众人的教导与劝告有号召力，村学、乡学让其处于超然地位，而不负责村学或乡学的具体事务，不负具体责任。其他人如学董、理事、学众等，都要受其教育或监督。这说明村学、乡学是柔性的社会改进团体，体现了“以教统政”的原则。

两种教育模式之“以政统教”与“以教统政”原则的不同，决定了二者对学生与民众进行教育的主要内容有政治思想教育与人生行谊教育的不同。

三、政治思想教育与人生行谊教育

（一）延安：政治思想教育

中国共产党所领导的延安教育模式之“以教统政”的原则，决定了其主要教育内容的政治性。我党对民众进行扫盲运动的主要目的即是使群众理解、认识中国共产党的路线、方针政策与国内国际局势，以取得民主革命战争的胜利。早在延安教育之前的苏区教育中，我党即以政治思想教育为对群众进行扫盲的主要内容。延安时期，陕甘宁边区教育的主要内容仍以政治思想教育为主，只是在不同时期，思想政治教育的侧重点也有所不同。如陕甘宁边区初级中学政治课教学的情况为：抗战初期偏重于抗日统一战线、游击战争、民运工作等实际问题；1942 年前后，偏重社会发展阶段、国家、阶级、革命、共产主义，三民主义等抽象原理；1944 年以后，则着重于边区历史、边区政策与概况、中国现状与革命、世界形势分析、新民主主义论、人生观、社会调查等课程。其目标就是建立新民主主义观点，培养学生为人民服务的思想，锻炼基本的工作方法与作风（中央教育科学研究所，1981）[324-325]。陕甘宁边区的中小学教育中，对学生进行政治思想教育的课程除了专门的政治课或公民课、时事课（在初级小学为常识课，将政治、自然、历史、地理、卫生等课程综合编为常识课）外，其他如国文、历史等课程也贯穿着政治思想教育。如陕甘宁边区教育厅编写的《中等国文课本》（1945 年 5 月）第一、二册教材中，其中第一册教材共有 30 课，其内容关于革命领袖、抗战英雄、劳动模范、说服群众、减租减息与查路条等政治教育方面的有 10 课，占所有内容的 1/3；第二册也是 30 课，其关于新民主主义、揭露国民党与反动军阀统治等方面内容的有 11 课，占总内容的1/3强（韩作黎，2003）[146-148]。由此可见，当时边区中等学校国文的教材中政治方面的内容占有很大比重。小学教育也是如此。如辛安亭编的《初小国语补充教材》，更是强调了国语教育的政治性。此教材中《编者的话》指出："这本国语补充教材是专用来补充现行初小国语课本的不足的，因为现行初小国语课本是由1946年政协会议前后编出，对最近两年来轰轰烈烈的解放战争与土改运动没有反映。这本补充教材的选材，就是专重在这两个方面的。"由此可见，这本教材是紧跟我党领导的解放战争的形势来编写的。教材内容共有43课，其中以土地改革、解放战争、歌颂毛主席与反蒋、破除迷信等为题材的课文有20多篇，如第2课《白面馍》：

"白面馍，香又香，毛主席，请你尝，今年分到地，全靠你帮忙。"

第3课《天晴了》：

"天晴了，地红了，不准地主横行了。天亮了，变样了，穷人起来算帐了。"

第11课《小三娶回大姑娘》：

"东西地，长又长，小三娶回大姑娘。在家能纺织，下地能帮忙，人人见了喜洋洋，都说小三本领强。小三摇摇头：'不是本领强不强，靠的恩人共产党，要不是分地又分粮，那有我的大姑娘？'"（辛安亭，1948）

这些课文语言简单、押韵，主题明确，表达了贫苦农民对共产党分田分粮的感激之情，充分反映了初小国语教材的政治性与时代性。

陕甘宁边区教育，也即延安教育模式的政治性更明显地体现于社会教育中。陕甘宁边区社会教育的形式是多种多样的，如设立冬学、夜校以及墙报组、读报组、俱乐部、秧歌队等。其中，冬学是最大量、最经常、最有效果的一种组织形式（董纯才，1991）[222]。通过冬学，广大农民群众受到了最基本的文化教育，增强了服务于抗战与生产的力量。正如1938年陕甘宁边区教育厅所指出的："冬学是给农民受教育的良好机会，同时也就是普及教育、消灭文盲的重要办法之一，并且是政治动员、军事动员的一种深入群众的力量。"（中央教育科学研究所，1981）[40]由此可以看出边区政府举办冬学的政治性目的。此目的决定了冬学的教育内容以政治思想教育为主，边区教育厅规定冬学的课目为：政治、识字、唱歌、军事为1938年冬学的主要课程（中央教育科学研究所，1981）[44]。其实，上述四门课程皆是以政治课为中心的，识字、唱歌、军事皆是服务于政治，以抗战为主要内容的。我党认为对民众进行政治思想教育的主要目的是“提高群众政治水平，给群众以民族意识，抗战智能，动员群众参加救国实际行动”。并且，“政治教育和文字教育是相互关系的，尤其是文化水平的提高，使能够自行研究政治问题，提高政治水平，更便利于政治教育的进行”（中央教育科学研究所，1981）[28]。因而，在我党看来，文字教育在冬学运动中处于辅助的地位，它是为政治教育服务的。1940 年编写的《边区民众读本》是抗战时期边区扫盲识字教育中使用时间最长、最受民众欢迎的课本。其中辛安亭编写的冬学识字课本《抗日三字经》部分，是为对群众进行抗日的政治宣传服务的。如其关于毛泽东的持久抗战观点的宣传：

> “毛主席，真英明，讲政治，论战争。想得到，说得通，句句话，有证明。中国大，出产丰，多人口，多士兵。我抗战，是进步，全世界，多帮助。敌侵略，是野蛮，求帮助，难上难。看事实，论道理，打到底，我胜利。”（韩作黎，2003）[113]

1941 年以后，边区教育厅鉴于以往的冬学政治内容分量太重而没有抓住识字这一中心环节，强调以后的冬学要以识字、写字为主。此后，随着冬学运动的不断发展，冬学的教学内容越来越具有实用性，越来越与群众的生产与生活实际密切结合起来，因而得到群众的欢迎与热情参与。但其政治性目的并未改变。毛泽东在《关于陕甘宁边区的文化教育问题》的报告中要求，陕甘宁边区 140 万人，10 年之内消灭全部文盲。1 天识 1 个字，1 年 365 天识 365 个字，10 年识 3 650 字。这样，边区 140 万人在 5 年之内都可以看《边区群众报》（毛泽东，1996c）[114]。而《边区群众报》正是我党创办的、主要对边区民众进行政治教育的通俗化、农村化的报纸，它是我党的机关报《解放日报》的通俗版。在毛泽东看来，扫除文盲，让边区群众识字的主要目的大概在于让群众读懂这份我党机关报的通俗版，从而理解并认真执行党的方针政策。

边区社会教育的政治性目的还可以从当时访问延安的外国记者对边区新秧歌舞会的认识窥其一斑。1942 年，毛泽东作了《在延安文艺座谈会上的讲话》（后简称为《讲话》），强调文艺服从于政治，文艺要为人民大众服务，知识分子要与群众结合，要为人民服务。《讲话》发表之后，知识分子包括文艺工作者纷纷走向民间，搜集、研究民间文艺，通过对民间文艺的改造，来宣传党的方针、政策，唤起民众的民族情感。秧歌作为极具陕北地方色彩的民间文艺，被文艺工作者进行加工改造之后，成为极具意识形态色彩的新秧歌。边区文艺工作者在旧秧歌的形式中填进了新的内容，由秧歌队到陕北各地农村演出，新秧歌成了教育群众参与政治斗争与社会活动的工具。在美国记者冈瑟·斯坦看来，新秧歌"戏里的坏蛋，不是日本兵便是汉奸、巫医、浪子，以及其他阻碍为作战而努力、阻碍增产或阻碍政治和社会发展的坏分子。男女主角是八路军战士、民兵或提倡阶级团结和互助的先进分子；与迷信、文盲、污秽和疾病作斗争的战士；或者是乡村、工厂、合作社和政府机关的模范工作者，他们个人的行为曾经激发了群众的主动积极性"。并且，新秧歌的"主题似乎是不变的。这个主题就是在争取抗日战争胜利和进一步完全实现新民主主义的道路上，如何克服物质和人力的困难"（冈瑟·斯坦，1999）[207]。新秧歌作为抗日战争后期对民众进行教育的重要形式，对培养民众的民族意识与政治意识，起到了无可替代的作用。

陕甘宁边区的社会教育，对民众民族民主意识的培养与政治觉悟的启迪取得了显著的效果。据当时外国记者在延安的访问记录，任何一个普通农民都能说出许多中国共产党所宣传的政治词汇。1940 年元旦，延安民众所创作的对联也体现了明显的政治色彩，如"自由平等除旧岁，民主政治过新年"，"过新年坚持抗战到底，除旧岁反对妥协投降"，"炮弹底下加强政治认识，炮火声中提高文化水平"，"过新年力求全国进步，除旧岁反对倒行逆施"（中央教育科学研究所，1981）[114]。由此可见，中国共产党的政治宣传日益深入民心，延安民众关于民主、抗战的政治意识已大大增强。

（二）邹平：人生行谊教育

与延安教育模式以政治思想教育为主要内容相映照的是，邹平教育模式则是以人生行谊教育为主要内容，其文化革命的最终目标与"以教统政"的原则决定了这一点。所谓人生行谊教育，就是关于人生态度、品德、道义等的教育。梁漱溟从其生命哲学观出发，认为知识技能是生活的工具，是死的；只有生命本身才是活的。必须以活泼的生命去进求、去运用，而后才能获得知识技能。生命消沉无力，则知识技能一切谈不到；而果得生命活泼，亦自然知所进求运用，正自不难著其功。因而，在梁漱溟看来，中国教育除非从此没办法则已，如其有办法，必人生行谊教育之重提，而后其他一切知识技能教育乃得著其功；抑必将始终以人生行谊教育为基点而发达其他知识技能教育焉（梁漱溟，1993b）[679-681]。梁漱溟所从事的邹平乡村建设亦即邹平教育模式，也是以此为出发点的。关于乡村建设运动与人生行谊教育之间的关系，梁氏高足黄艮庸先生亦有其真知灼见，他说：

> "人生态度之提醒，乃乡村运动之根本原动力也；此力不活，一切均为死的，政治经济上之实际问题，吾决其无解决之日矣。且吾人之乡村运动，为人类而尽责也，亦为自己性命尽责也……吾愿吾师则以人生态度重提一义为重，而将乡村运动的名称，迳称之为'新人生的运动'，使本末轻重所在，一望了然，而青年人又可从根源处着力耳。"

他进一步指出：

> "在今日之社会现象，人人穷饿，非衣食足，不能兴礼义，此何待言。然吾人以经济一言以号召天下，吾知其饿者之易易，吾知其能唤醒饿者之起而求食，非能唤起饿者以求生也。苟能唤起饿者以求生，则其道并非经济的可能为力也。其道何由？吾应之曰，厥仍首在教育。……今日之教育，应注重人生行谊，使人与人之间，各以其生命相感召，以成吾民族生机之大潮。"（山东乡村建设研究院，1933）

由此可见，乡村建设以人生行谊教育为出发点，以唤起乡民的生命活力，成为梁漱溟及其学生的共识，并且成为邹平乡建同仁的共识。曾在南京晓庄师范任教，后被梁漱溟聘任到邹平从事乡农教育的杨效春即指出，"乡农教育所指望的，对于乡农是整个的人生教育；对于乡村是整个的社会再造。"（山东乡村建设研究院，1932）在邹平县印台乡从事乡农学校工作的尹明甫告诫乡农说："不要单看重有形的洋钱，要看重无形的做人的道理。"（山东乡村建设研究院，1933）以此为指导思想，邹平的乡农学校和其后的村学、乡学教育的主要内容即是以人生行谊教育或精神陶炼为主要内容。根据梁漱溟制定的《设立乡学、村学办法》，规定村学、乡学的工作主要包括甲乙两项，甲项工作为学校式之教育工作，乙项工作为社会式之教育工作。

各村学乡学普遍设有成人部、妇女部、儿童部，也有设耆老部、幼稚部的。儿童部的课程与其他国民小学的课程差不多，有国语、算术、史地、自然、体育、音乐和公民教育等。不同之处是教材可以根据需要自己编写，如乡建活动、精神陶炼、人生向上、新闻消息等。梁漱溟认为当时中国正处于中国文化的转变时期，正是除旧布新的时候，所谓除旧，旧是在成人的身上，除旧则必对成人下工夫；所谓布新，尤须对成人而言，比如改良农业，或作农业推广，只能针对成人。所以要创造文化，就要实行成人教育，施行成人教育即所谓创造文化，即所谓乡村建设，即所谓社会教育，乡村建设与社会教育，是一而二，二而一者（梁漱溟，1992）[436]。因而，本文着重从邹平成年教育的课程看其如何以人生行谊教育也即精神陶炼为主的。邹平的成年教育形式主要有初期的乡农学校、成人夜班、联庄会训练班、青年义务教育训练班，以及后来村学、乡学中的成人部。邹平成人教育的主要课程有公民（包括民族故事、时事报告、村学、乡学学须知、精神陶炼等）、国语（包括识字、应用文、演说）、常识（社会、合作、卫生、农业常识）、音乐、军事训练（山东乡村建设研究院，1935）。为具体起见，下面把邹平联庄会课程表表列如下（山东乡村建设研究院，1935）。

表 4－4　联庄会课程表（成人教育课程表）

党义	使其正确了解本党主义及政策
乡村建设	使其了然乡学、村学之组织及如何作组织中一分子
精神讲话	（见后说明）
农村问题	（见后说明）
棉业合作	使明了合作之意义及方法
史地	使明了邹平乡土志及鸦片战后本乡土之变迁与中国之大局之变迁
法律常识	使能明了诉讼手续及调解法，并能信任法律，和睦乡邻
唱歌	激发大家团结奋斗精神
自卫要义	明了自卫之真义及方法
识字明理	务使能读、能讲、能写
联庄会须知	明了联庄会之组织及意义
附记：成人训练每日三次；一次为 1 小时，全期为 144 小时。唱歌是利用教学时间，15 分钟为一次。	

说明：

（一）“精神讲话”这一课程，做到了下列两项的大任务：一是稳定农民们动荡中的心；二是说明这个社会变迁的动向，重新振起精神，向前干去！

（二）“农村问题”——乡下人原来就能够觉得乡村中有许多问题，然而他们不明白问题之所由来。农村问题的主旨，在用事实的例子，解说乡下人的疑虑；即有一点抽象的理论，也是事实的说明，不是凭空的臆造。

邹平成人教育所用教材有乡农的书、识字明理、小学各科教科书、村学乡学须知、县公报、大公报、山东民国日报、县政府各种政令，乡村常用契约、柬帖及其他适宜读物。由于梁漱溟强调以中国固有精神为主来吸取西方文化之长处，所以，在邹平的成人教育教材中，反映传统儒家思想与精神的内容占有重要地位。如乡农学校所用教材，由乡建研究院之教材编辑委员会供给，其出版的书有这样6种。（1）中华民族故事：为普通部、高级部精神陶炼之讲话资料。（2）农民国语课本：为普通部识字教材，亦含有精神陶炼之意义。（3）农村问题教材：用浅明语言讲明乡村各种问题。（4）国语教材：多为启发民族精神的材料，如岳飞《满江红》词，十九路军抗日通电等。（5）自然科学教材。（6）史地教材：内容均系由近及远，由今往古，说明史地情形。其余尚有王平叔先生所编精神陶炼教材《孔子》《忠第一》《孝悌第二》三种，以及王湘岑所编《家庭须知》一种。（许莹涟，等，1936）[200] 还有村学对成年妇女的教育以烈女传为教材（萧克木，1936）[228]。

由上述内容可见，邹平的成人教育以教育农民了解乡村社会问题及团体组织，以激发其人生向上的精神与团结合作的态度为主要内容，也即着重于人生行谊教育或曰道德教育。受梁漱溟思想的影响，其道德教育的内容多以传统儒家的伦理道德为主。因为梁漱溟之乡村建设的目标在于文化革命，而不是政治革命，其意在使农民在保持现状的前提下，学习古人的道理，安于作为农民的本分，在此基础上振作人生向上之精神，养成团结合作的习惯，以形成新的社会组织构造，并把这种新的社会组织推向全国，在完成乡村建设的基础上完成和平建国之目标。下面以20世纪30年代邹平成年农民教育常用的教材——时任乡村建设研究院教师杨效春编的《乡农的书》为例，试作一分析。《乡农的书》为村学、乡学之成人部和妇女部之“冬学”（多在冬天农闲季节的晚上上课）所用教材，全书100课，每晚学一课，一个冬天学完。这100课中，反映中国传统家庭、家族及乡村成员之间孝悌、互爱、互助观念的有14课，例如：

第 8 课《孝悌》：

“人生天地中，孝悌最为重，孝是爱父母，悌是敬长兄。”

歌颂农民的劳动，教育农民努力生产、勤俭持家、乐观自信的内容有 19 篇，例如：

第 22 课《民与食》：

“国以民为本，民以食为天。如何能得食？耕种最为先。”

第 77 课《农人种麦》：

“农人种麦，大家才有面包；农人种棉，大家才有衣袄；农人种树，大家才有堂奥；农人泥首垢面，谁知他是劳苦功高？农人辛苦一世，谁见他有半点骄傲？”

第 81 课：《农夫歌》：

“穿的粗布衣，吃的家常饭，腰里掖着旱烟袋儿；头戴草帽圈，手拿农作具，日在田野间，受尽劳苦与风寒，神圣功高不负天。农事完毕急急学团练；将乡村建设，自在安然。士工商兵轻视咱！轻视咱？无有农夫，谁能活在天地间！”

第 49 课《男穷休做贼》：

“男穷休做贼！女穷休做妾！人生贵有志，冻死风前立。”

这是对农民做人应有的风骨的教育。还有教育农民养成新团体生活与风俗习惯的如清洁、种痘、放足、戒毒品、戒早婚、合作等方面内容有 21 篇，余皆关于山东、中国以及世界历史地理与文化等知识以激发民族意识与民族自豪感、激励农民奋发向上的内容。其中，有几篇陶行知的诗，如第 47 课《自立歌》，第 75 课《两个宝》，第 99 课《锄头舞歌》，反映了作者杨效春对陶行知的生活教育思想的继承与传播，也体现了属于乡村教育范围的梁漱溟之邹平教育与陶行知之晓庄师范在教育思想方面的共识。还需注意的是，书中还有国民党的节庆与党歌之类的内容，如第 86 课《国庆节》，第 95 课《党歌》，第 96 课《新生活运动歌》（杨效春，1935），喻示着邹平的乡村建设是在维持国民党统治现状的前提下进行的改良运动。

《乡农的书》是杨效春编写的邹平村学、乡学之成年部与妇女部的识字教材，我们从其上述内容可以看出，其根本目的是为了对农民进行人生行谊教育，是以激发乡民向上的精神为宗旨的。无独有偶，当时邹平另一位教材编写者也认为，编写民众读本之目的在于："（一）指点方向以应付这历史剧变的世界；（二）启发理性，引起人生向上精神……民众读本之目的，不言而喻是在：'启发民众，推广社会'，而识字一项是附带的事。本院杨效春先生所编造之'识字明理'教本，正依此目的来编的。我曾实地试用过，有些地方很能打动民众的心窍，引起人生向上的精神来"（山东乡村建设研究院，1933）。

综上所述，延安教育模式与邹平教育模式的主要教育内容有着政治思想教育与人生行谊教育的区别，前者意在培养农民服务战争、参与民主政治的自觉性，是一种政治自觉，后者是要激起农民的自尊与自信，振作其人生向上的精神，其实质是一种道德自觉。从现实意义上看，前者达到了目的，因为它唤起了农民支援战争、参与战争的积极性，并在一定程度上引导农民参与民主管理，从而保证了中国共产党领导的抗日战争与解放战争的胜利。而后者的结果则如梁漱溟所说"号称乡村运动而乡村不动"，"乡下人漠不关心，只是乡村以外的人瞎嚷嚷"（梁漱溟，1989b）[574－575]。因而，从当时的效果来看，它并没成功。二者成败的根源在于中国共产党以马克思主义唯物史观充分理解了中国古代经济学家管子所谓"仓廪实而知礼节"的道理与中国农民的生存伦理，给了农民看得见的经济利益与政治利益，在此基础上唤起了农民支援革命、参与战争的政治自觉，正如延安农民所说的："以前我们没有裤子穿，没有稀饭吃，现在我们常得吃肉吃面，有新衣穿了；以前我们受人压迫，现在我们可以说话和管理政府的事了，所以我们要努力学习，要进步，要提高自己的办事能力！"（中央教育科学研究所，1981）[116]而梁漱溟在邹平的乡村建设实践则没有做到这一点，在邹平农民的生活水平还普遍较低的情况下，让其产生梁漱溟所要唤起的道德自觉是很困难的。这种境界或许只有梁漱溟等少数现代"圣人"能够达到，对多数贫苦农民百姓来说，是难以达到的。但是，若把其整套方案拿到人民当家做主的新中国成立之后去实行，应该有一定的可行性，正如艾恺所指出的："并非任何事情都宜于根据我们眼见的成败去认识和估量。多次去邹平后，我觉得，本来是他对了。他提出的确实是建设中国的长期方案。"（艾恺，2003）[3]而作为导致共产党取得民主革命胜利的因素之一的政治思想教育，也只是一种战时的教育内容，在广大人民群众普遍当家做主、阶级矛盾已经不是主要矛盾的新中国社会，它就显得不合时宜，需要因时变革，与时俱进。

从两种模式之以政统教与以教统政、思想政治教育与人生行谊教育之别出发，在都强调把农民群众组织起来的基础上，二者还存在着发动、组织民众的方式、方法之不同，这就是“政治动员”与“商量办事”的不同。

四、“政治动员”与“商量办事”

（一）共性：组织民众

作为两种教育模式的缔造者，毛泽东与梁漱溟皆强调把处于散漫状态的中国民众组织起来的重要性。早在1927年，毛泽东在《湖南农民运动考察报告》一文中，就以“组织起来”为题目，介绍了北伐时期湖南农民的组织情况，认为在湘潭、湘乡等县，“差不多全体农民都集合在农会的组织中，都立在农会领导之下。农民既已有了广大的组织，便开始行动起来，于是在四个月中造成一个空前的农村大革命”（毛泽东，1991a）[13－14]。此时，毛泽东已初步认识到组织民众对于革命胜利的重要性。在其后来缔造的延安教育模式中，为了抗战的需要，陕甘宁边区的民众逐渐被组织起来，儿童参加儿童团，妇女参加妇女救国会，男子参加自卫军，还有各种社会教育组织，如冬学、识字班、夜校等，娱乐组织如俱乐部、秧歌队等，民众还积极参加合作社、变工队、支前小组等。上述各种组织纵横交错，把所有的民众都包含在内，使乡村每一个人都可以在某个组织中找到自己的位置。

如果说作为一个革命家，毛泽东主要是从革命的角度看到了组织民众的重要性，那么，作为思想家与文化学者，梁漱溟则是从文化的角度认识到了组织民众对于一个国家走向独立富强的重要性。他认为中国在近代以来的失败，“就在其社会散漫、消极、和平、无力”（梁漱溟，1989b）[191]，与西方文化相比，中国文化失在缺乏“团体组织”与“科学技术”，因而，他从事乡村建设运动的目的就在于重建一新社会组织构造。这一新组织构造要在中国固有精神的基础上吸收西方文化的上述两大长处，把散漫的、各顾自家的农民组织起来，学习过团体组织生活，养成团体生活的习惯，并学习西方的科学技术来发展农业生产，以振兴农村，并把这一开端于乡村的新组织构造推向全国，以进一步完成建国目标。因而，在梁漱溟创建的邹平教育模式中，先是通过乡农学校，后是通过村学乡学把全村、全乡以至全县的农民及儿童都统一在团体组织之中。在各村学、乡学中，又进一步具体化为儿童部、成人部、妇女部、耆老部等，还根据生产的不同形式组织了如信用、美棉运销、林业、蚕业等各种不同形式的合作社，使不同年龄、不同性别与从事不同生产的人都有自己的组织。

在延安与邹平的两种教育模式中，虽然都强调组织的重要性，但是二者组织群众的方式是截然不同的，前者以大规模的群众政治动员为主要形式，而后者则是在中国传统的伦理情谊、人生向上的基础上，以商量办事为主。

（二）毛泽东与延安之政治动员

在延安教育模式中，中国共产党进行广泛的民众政治动员的目标是争取民众对中共政权的支持，以夺取民族解放战争与国内革命战争的胜利。毛泽东在《论持久战》中指出，如此伟大的民族革命战争，没有普遍和深入的政治动员，是不能胜利的（毛泽东，1991b）[480－481]。党的领导人刘澜涛则进一步强调社会动员的重要性，他说：

> “一切工作的基础‘在群众！在乡村！’没有充分的群众的政治动员、组织动员与工作动员，没有深入刻苦切实的乡村工作，那么一切漂亮、美丽的决议和指示，将和革命博物馆的古代文献一样，徒供人们的参观游览而已。只有决议和指示，深入到下层群众中去，乡村去，且为广大群众在实践中所了解所体验，并愿坚决为其彻底实现而斗争，那么，这个决议和指示，才能发生伟大的革命效力，才能变为‘物质’的力量。”（河北省社会科学院历史研究所，1983）[293]

中国共产党极为重视民众尤其是下层民众的力量，强调全体民众对我党领导的抗战及其政治的广泛参与，这是陕甘宁边区政治动员的特点。正如美国学者赛尔登所说：“毛泽东所向往的是一种运动型的政治和民众的广泛参与。在这种运动型政治中，群众和干部集中力量来解决迫在眉睫的问题，而旗帜鲜明地反对行政精英对权力的垄断以及狭隘的专业化。”（马克·赛尔登，2002）[200]要动员陕甘宁边区的广大农民群众参与抗战及民主政治，在开始时并不是一件容易的事。陕甘宁边区的落后与偏僻最初给希望发动农民进行革命的共产党以难以想象的困难，因为这里乡村孤立分散，农民出于保守的心理对革命很冷漠，他们对自己的前途不抱任何希望。也就是说，如果不给农民以实际的生存利益，不给他们生活下去的希望，他们是不会接受任何新思想的。这也正是日本人板垣定次经过观察后所得出的认识："农民是无知的，但没有无知到认识不到他们陷入的贫困境地。共产党强调这一事实，争取群众。农民决不会因为与实际生活脱节的激动诉求而跟着共产党走，但诉求集中到有关他们生计的实际问题时，持续的集体反抗就可以出现。"（马克·赛尔登，2002）[95]所以，共产党要达到动员民众的目的，首先就要给广大农民看得见的现实利益。在抗日战争时期，中共是通过地主减租减息、农民交租交息的政策与大生产运动实现对群众的动员的。减租减息与交租交息的政策，并未触动当时的土地占有关系，只是调整了农村的分配关系，这是出于建立抗日民族统一战线的需要，兼顾与整合了各方利益，调动了包括农民、地主在内的各个阶级、阶层支援抗战的积极性。大生产运动则成功地解决了边区物质匮乏的问题，解决了政府与人民的生活问题。边区政权因此而得到了广大群众的一致拥护。对这一点，当时中共陕甘宁边区政府参议会议长高岗就直言不讳地指出："什么是民主？民主头一条就是要农民手头里多有些小米，就是老百姓可以吃得好，穿得好。"（高岗，1943）这一针见血地指出了解决农民的生活问题、对农民进行利益诱导是对广大群众进行政治动员的前提条件。

在此基础之上，对广大农民群众进行宣传鼓动与教育工作，使其认识到民族革命与民众利益的一致性，使民众把对自我利益的要求融入抗日战争的事业中去，这就是政治动员。要动员群众，就必须进行宣传教育工作。那么，如何去宣传教育民众呢？毛泽东指出，要"靠口说，靠传单布告，靠报纸书册，靠戏剧电影，靠学校，靠民众团体，靠干部人员"（毛泽东，1991b）[480－481]。广泛的政治动员主要是通过对广大民众的社会教育实现的，通过扫盲识字运动，提高农民群众的文化水平，使其理解党的抗战政策与思想，从内心里拥护中共的主张，并参与边区地方政权的民主管理，产生与边区政权融为一体的主人翁责任感。关于边区的冬学等识字教育，前文已有论述。这里着重介绍边区的娱乐团体如戏剧、秧歌队的演出对边区民众所起到的政治动员作用。抗战时期，他们的演出都与当时当地的政治动员紧密配合，随着政治动员具体内容要求的变化而变化。如边区的抗战剧团在七七事变后，重点是抗战宣传；1939 年为配合大生产运动的要求，边区第一届参议会召开，则重点宣传生产运动和宪政运动；1940 年的重点是征粮、扩兵和反磨擦斗争。而劳军、识字、放足、讲卫生、破除迷信等则是经常性的工作（李鼎铭，1988）[91]。为配合政治动员，当时边区的业余剧团、秧歌队演出的剧目有：反映抗日题材的《满天飞》《上前线》《新三娘教子》（反映母亲教育儿子重上抗日战场）《不当亡国奴》《九一八》等；反映大生产运动的《订生产计划》《合作社人员》《兄妹开荒》《夫妻开荒》《王麻子变工》等；反映减租减息的《减租》《二五减租》等；反映识字教育的《不识字害处多》《妇女识字组》《夫妻识字》等；反映军民关系的《游击队的干妈》《拥军花鼓》等；反映改造二流子的《二流子转变》《李财东》《动员起来》等；反映新婚姻法的《刘巧儿团圆》等（黄正林，2003）。这些剧目，把中共的抗日主张与减租减息、大生产运动以及其他社会政策融入到其中，寓教于乐，对于多数目不识丁的贫苦民众来说，起到了其他教育方式难以起到的教育作用与动员作用。这些活动与其他教育活动一起，全面地、深刻地改造着人们的思想观念，民众开始以全新的眼光来看待这些史无前例的新生事物。例如关于“劳动”的观念，过去，“我们的群众，习惯于把劳动叫作受苦，就是说，劳动是苦事，劳动者是没有快乐和幸福的”，而现在“劳动就不是苦事，劳动的结果，对于自己，是丰衣足食、过好光景，对于民族，对于全国人民，是争取抗战的胜利与民族的解放，劳动应该被看作是愉快的，以至于光荣的”，“现在劳动者也可以成为英雄”（《解放日报》评论员，1943）。在“劳动”观念发生变化的基础上，人们即全力投入中共号召发起的“自己动手，丰衣足食”的“大生产运动”中。在1943年，驻扎在延安的边区政府机关、部队、学校以及工作人员的家属和附近的农民，都积极投入紧张的“大生产运动”中。当时的《解放日报》第二版，每天十之八九是生产消息，像谁半夜就上山开荒，谁开荒多少，谁打破纪录，谁家的婆姨又纺纱多少，等等。“跟着看齐”、“挑战”、“热火朝天”等词汇充满鼓动力，激励着人们向劳动模范看齐。在这种鼓动宣传下，广大民众不由自主地投入到生产运动与抗日活动中去。

群众路线是中国共产党取得革命胜利的三大法宝之一，群众运动保证了中共政权的胜利。在一定程度上解决贫苦民众的生存问题的基础上，宣传教育他们使其参与边区地方民主政权，是中共对民众进行政治动员的内容之一。经过上述宣传鼓动与教育，广大农民群众对边区政权产生了高度的信赖，他们有史以来破天荒第一次自豪地谈论“我们的政府”，而不是像以往那样将政府视为与自己无关或令人恐怖的东西（马克·赛尔登，2002）[201]。

广大不识字的农民用烧香窟窿、数豆粒这样一些通俗的办法代替写选票，参与边区基层政权的选举，他们被边区政府赋予了选举权与参政议政的权利。在农村基层，日常事务由乡长、文书和自卫军连长组织政务会议讨论，重大问题则开一揽子会，劳动英雄、变工队长等一起参加。这都表现了共产党动员、组织群众的广泛性，体现了边区政权的民主性。对于这种基层民主政治，当时来延安的美国记者冈瑟·斯坦表示赞赏，他说："我见到愈多，就愈少怀疑延安的新民主主义之早期表现形式，我所见到的不仅仅是这些会议，而且还有边区的现实。在我看来，社会各阶层的老百姓似乎真正采取认真的态度，以愈来愈高的热忱，以及他们对权利与义务的惊人而明智的了解——这在以前是不了解的，对自己有新的机会参与自治政府工作，作出了反应。"（冈瑟·斯坦，1999）[122]斯坦认为，"这种群众运动的成功是无可怀疑的"，"在中国历史上，自治政府已经第一次开始在国内部分地方实行，虽然这些自治政府还处于一种原始的形式。这是敌后抗日根据地在军事上取得成就的主要原因，也是延安控制地区社会进步的主要原因"（冈瑟·斯坦，1999）[125]。

总之，在某些外界人士看来，陕甘宁边区这种广泛动员民众参与基层政权管理的民主形式，已经具备现代民主社会的雏形，是近代中国社会进步的表现，虽然它仍处于原始的阶段。但是，这种通过政治动员来发动广大民众参与民主政权管理的形式，毕竟是一种战时的，亦即一种临时的形式，这种形式能否在和平时期采用，能否长久地运用，能否发展为真正意义上的民众参与的民主形式，还是一个值得探讨的问题。从某种意义上说，边区这种对民众的广泛政治动员是为了取得抗战的胜利与反蒋斗争的胜利，具有功利性目的。对于此种政治动员的功利性目的所潜藏的问题，梁启超曾指出："在一个没有言论和集会自由、民众大部分是文盲的国度里要孕育一场政治运动将出现下列危险：这个运动会被政客和政党为自身之目的所操纵。大多数民众将不会有那么大兴趣参加，或者即使参加了，也将受一种乌合之众的情绪而不是理性的支配。"（周策纵，1996）[317]从某种程度上说，这是一种超越当时当地经济发展与民众文化水平的"政治激进主义"。有学者认为，"政治激进主义"是中国近代以来政治与社会运动的主流方式。为了获得社会声威，怀抱有各种不同政治目标和动机的政治势力与政派在行动策略上往往都很"激进"，在教育程度落后和"民智"不高的情况下，这种行动策略非常容易进行"社会动员"和获得近期"政治效果"，但从长远看，它对于它要求实现的社会目标和理想来说并不会有任何实质性的推进（胡伟希，2002）[287]。这当然只是作者的一家之言，它的正确与否有待商榷。但是，政治动员与民主政治，作为外来的文化，它要在中国本土生根，必须要与中国本土文化相适应或者相“化合”，否则，它就会成为“无根之萍”或“逾淮之枳”，或者随风飘浮、无影无踪，或者变种变质，面目全非。从这个意义上说，梁漱溟要求邹平农民通过“商量办事”，在中国固有精神基础上来运作其新社会组织构造——乡农学校与村学、乡学，确是着意于对中西方文化的沟通融合，至于其是否做到了二者之间的合理结合，这即是下文所要讨论的内容。

（三）梁漱溟与邹平之商量办事

20世纪三四十年代，是中国近代历史上民族矛盾与阶级矛盾错综复杂的年代，是动乱的年代。以毛泽东为代表的中国共产党敏锐地抓住了时代的脉搏，提出了政治革命的目标，以教育服务于政治、服务于战争为宗旨，以对民众的政治动员为主要形式，最终夺得了民主革命的胜利。而作为文化保守主义者的梁漱溟则认为当时中国问题的根本所在不是帝国主义与军阀问题，而是中国人本身的问题，也即中国文化问题，是“严重的文化失调”，因而他先后在河南辉县、山东邹平进行重建中国人新的社会组织结构，亦即新的中国文化的乡村建设实验。平心而论，梁漱溟对中国问题的认识不乏深刻，也不失正确与长远，他“提出的确实是建设中国的长期方案”（艾恺，2003）[序言]，但问题是这个长期方案只能在平常时期或者和平时期推行才会有效，而在当时战乱的情况下，这个方案是难以推行的，因而它遭到了难以避免的失败。从这个意义上说，梁漱溟作为一个学者，作为一个文化人，缺乏政治家的眼光，有些不识时务。但他提出的方案确实是有意义的，他提出了如何把西方的文化嫁接到中国本土这个问题，并在实践上进行了初步尝试。他的这种尝试对今天的中国仍有借鉴意义。

由于毛泽东所创造的延安教育模式是以政统教，因而以政治思想教育与政治动员为主要方式来组织群众，梁漱溟缔造的邹平教育模式是以教统政，因而以人生行谊教育与乡学、村学成员之间商量办事为主要形式。梁漱溟认为，缺乏纪律习惯与组织能力，不会商量着办事，是中国人的缺点。中国人在团体中支配他，也许很老实听话，要他去发号施令去做主或者也会。为主为奴都会，但就是不会做大家共同商量决定一个主意的一个人。不会做一面出主意，同时一面做听话的人（梁漱溟，1992）[748]。因而，中国人应培养组织能力，学会商量办事。所谓“商量办事”，在梁漱溟看来，就是大家对于团体的事，彼此都要用心思，出主意。在磋商讨论的时候，一方面不肯随便牺牲自己的意见；而同时也要知道尊重别人的意见。大家总是彼此迁就，彼此让步，末了自会商量出一个各方都首肯的办法来。商量着办事，与独断独行不一样；与单是听着随着做事也不一样。真正有组织能力、会商量着办事的人，他是遇事便抱着一个商量的态度。对于团体的事情，自己肯用心思，肯出主意；但同时也知道尊重别人的意见，参酌别人的意思（梁漱溟，1989a）[631]，由此可见，梁漱溟对“商量办事”的简单定义很有现代社会之平等对话与民主交流的含义，这说明他对现代民主有着基本的认识。但是，他在邹平组织的以成员之间“商量办事”为主要特征的村学、乡学，与现代意义上的民主组织又有所不同，与延安教育模式的政治动员也有区别。

由于村学、乡学的目标在于“大家齐心向上学好求进步”，也就是以人生向上为宗旨，把解决问题包容在人生向上里边（梁漱溟，1992）[439]。因而，梁漱溟主张不要以利益来诱导乡民，而要用民族精神来鼓舞乡下人。他反对当时许多人“一则曰人类求生存，再则曰人类求生存”，更不赞同共产党以利害关系解释社会问题。中国共产党是在给民众以看得见的利益、在解决广大贫苦农民的基本生存问题的基础上对广大群众进行政治动员的，并且获得了极大的成功。而梁漱溟则要以崇高的民族精神、即伦理情谊与人生向上的精神来引导、鼓舞广大农民群众，这对于多数生活困苦、面临较大生存压力、文化水平较低的邹平民众来说，要求似乎是过高了一些。在从事乡村建设运动的过程中，梁漱溟也觉察到了当时乡下人看重财与权的心理，他说：“最可怕的一点，就是现在乡下人有看重财利，羡慕权势的心理，比以前的人加重了好多。他不问此财利之如何得到，此威武之是否合理，就是很下流不讲理的势利，他也甚觉艳羡。”（梁漱溟，1992）[725]梁漱溟认为乡民这种心理的出现是“精神无主”，也即“精神破产”导致的。他认为乡下人这种眼光短浅，“只看小利，看近利”的想法是难以成就大事业，难以完成乡村建设的使命的。因而，梁漱溟主张不要以利诱导乡下人，而应当从根本上复苏农民的精神，发动其进取之心才有办法。为此，他认为乡建工作者首先要对乡下人下一种“心理建设”的功夫。

如何对乡下人进行“心理建设”呢？梁漱溟认为只有发挥中国人固有的民族精神——乡约精神，也即是中国人所看重的“人生向上”与“伦理情谊”的精神，如“德业相劝”、“过失相规”是人生向上的精神；“礼俗相交”、“患难相恤”是彼此帮忙照顾的伦理情谊精神。但是，他认为，乡约的开明、通达、现实，固为一个大的好处，不过对于稳定人的心理，维系住人的精神，见效不易，效力也不大。反之，神秘的、超现实的东西，最容易感动人、吸引人、维系住人的心理。这种神秘的、超现实的东西，只能是宗教，而多数中国人并不真的相信宗教，只是把宗教当作保佑自己的工具。怎么办呢？梁漱溟认为那就要“在现实里面多少有一点超现实化，于开明通达里面让他有一点神秘化”。这里所谓“超现实”，不是让乡下人相信迷信，而是要“扩大现实”，比如中国原来敬重祖先、纪念祖先，同时很盼望后代子孙，将眼前狭窄的世界扩大起来，这就是一种扩大现实。我们可以由此更扩大一点，将纪念一家一姓的祖先，扩大到纪念民族的祖先（梁漱溟，1992）[728-729]，这样就可以增强对乡民的感召力，维系其人心。所谓“神秘的东西”，在他看来，就是要让乡民的“感情成分重过于理智成分，具体的感觉多过了抽象的知识”。其意即让乡民参与中国传统的礼拜仪式，产生恭敬或曰谦卑的心理，从而使其精神扩大，从丹田中产生出大力量来（梁漱溟，1992）[730-731]。梁漱溟以上所说大概是从其个人静坐、练功等体验中得出来的体会，也有一定的道理。但问题是，是不是所有的乡下人都会由上述仪式中产生同样的体会？如果对此问题的回答是肯定的，那么，农民的大部分时间还是要面对日常的生产与生活的，面对贫苦、动乱甚至是贫富不均的生活，农民在上述仪式中产生的精神、力量是否能长久葆有？农民重财重利、羡慕权势的心理，是否就消失得无影无踪了？按照“仓廪实而知礼节”的古训，回答是否定的。虽然梁漱溟组织村学、乡学的主旨（即培植乡民伦理情谊、人生向上之理性）甚高，但其在现实推行中并未成功。在研究者看来，梁漱溟的乡村建设实验计划在山东的贯彻也不是依靠农民的无私，而恰恰是他们的自私。例如，邹平合作社成功的基础是使农民意识到对自己有利，而不是靠他们的理性（艾恺，2003）[278-279]。由此可见，在动员民众或与民众商量办事的前提条件上，延安教育模式与邹平教育模式是不同的。前者在一定程度上满足了农民求利的生存要求，而后者则反对农民的求利之心，但在其模式的推行过程中却无意中利用了农民的求利之心。义利之辩一直是中国传统儒家思想中占有主导地位的价值观念，重义轻利是儒家的价值追求，但进入近代社会以后，这种观念受到西学与市场经济的挑战。中国共产党从苏区教育到延安教育皆以满足农民的利益要求为前提，因而其发动农民支援革命战争取得了胜利，而梁漱溟仍坚持传统的价值观念，似乎显得有些迂腐。但从另一角度来说，梁漱溟此种价值追求是对近代以来中国人盲目学习西方，盲目追求工具理性而忽视价值理性的一种反动。作为坚持中国儒家传统价值的文化保守主义者，梁漱溟的主张对文化激进主义起到了一定的制衡作用。

由村学、乡学之培养乡民人生向上之“理性”的目标出发，梁漱溟认为代表中国传统之理性与道德的是贤智之士，因而，他在强调村学、乡学成员之间商量办事、民主平等的同时，还强调要尊尚贤智。他认为少数贤智之士的领导与让多数乡民参与村学、乡学之管理并不冲突，他称这种组织为“人治的多数政治”或“多数政治的人治”。在他看来，政治上的分别，不外多数政治与少数政治。邹平这种尊尚贤智，多数人受其领导的政治，自一方面看，的的确确是多数政治，因多数是主动，而非被动；但同时又是人治①而非法治，因不以死板的法为最高，而以活的高明的人为最高（梁漱溟，1989b）[292]。这与延安教育模式之强调群众路线、群众动员之主张是不同的。毛泽东从战争、政治的角度，指出“战争的伟力之最深厚的根源，存在于民众之中”（毛泽东，1991b）[511]。强调干部要向群众学习，把自己融入群众之中，成为其中的一员。若从精英政治与大众政治的角度言之，邹平教育模式倾向于精英政治，延安教育模式则倾向于大众政治。但二者的界限又不是非常明确。就邹平教育模式的精英政治言之，其村学、乡学之“学”字，极为重要。它表征着“向上求进步”，同时，表征大家“为了一个共同的目标，为有秩序地进行”（梁漱溟，1989a）[668]。具体而言，其意有三：第一，不识字的乡民，要向满腹经纶的人如乡长或教员聆教。第二，聆教并不意味着所有的事都要“自上而下”，有时要相互取经，甚至相互妥协。因为问题的解决，固然要靠有学问有眼光有新知识方法的人；可是新的知识新的方法，不经过一番切磋陶炼是没有用的。虽然乡下人头脑简单，没有办法，自己解决不了自己的问题；而单有我们的新知识新方法，也同样的不能解决问题。我们所有的新知识新方法都是从外边学来的，拿到乡村去很多用不上。所以必须两相磋商研究，如此得来的知识方法，才真有用，才真能解决问题（梁漱溟，1989a）[684]。第三，如果出了问题，学长不管是对理事、教员，还是学众，都要耐心说服，诲人不倦。概言之，这是一种“交往对话中的说教”（刘星，2005）。此种方式，不失平等与民主，又不伤村学、乡

① 此处之“人治”在梁漱溟看来是有人情味的政治，而非现在意义上的人治。

学成员之间的和气。村学、乡学成员之间“商量着办事”，进行“交往对话”，使其组织关系形成于柔性的习惯之上，而非硬性的法令制度上。“商量着办事”，意味着在自觉原则和节减原则中磨合孕育“行动中的制度安排”。行动中这样做了，过时的旧规矩秩序油然而灭，有益的新规矩秩序油然而生。而且，被挤压的话语、利益、需求，也有宣泄的机会和出口了（刘星，2005）。或许，这是中国走向现代民主社会的一种较为合适的过渡形式。因为它符合梁漱溟所要求的村学、乡学作为一种新的社会组织构造要以中国固有精神为主，以中国的老道理为根的根本思想，它是在中国文化老根的基础上发出的“新芽”。一种制度是需要文化老根为基础的，否则，这种移植来的制度就难以存活下来。而在近代中国，人们往往是一厢情愿地把西方所谓“现代性的方案”移入中国，结果中国近百年史被梁漱溟称为“一部乡村破坏史”，即是因为没有顾及到中国文化的老根。

综上所述，延安教育模式与邹平教育模式皆强调组织民众的重要性，“政治动员”与“商量办事”作为二者之不同的组织民众方式，分别反映了战时与平时的组织方式。前者主张在给农民群众一定的物质利益的基础上来动员他们，然后通过宣传教育使其认识到中国共产党的政治利益与民众利益的一致性，并支持我党领导的民族解放战争与反蒋战争，从而取得民主革命的胜利；后者则反对以利益来诱导乡民，主张以利于民族发展的立意甚高的民族精神来鼓舞乡民，以恢复中华民族之“理性”，以达中华民族与中国儒家文化的复兴。从某种意义上说，前者属于大众政治的范畴，后者则偏向于精英政治，但这并不能否认二者仍有相似之处：二者皆强调其组织成员之间的平等性，即民主性，因而皆具有一定的现代性；二者皆强调文化教育的民族性，这表现于延安教育模式强调以民众喜闻乐见的文化艺术方式来宣传、教育民众，邹平教育模式则强调以中华民族精神，也即中华民族之“理性”来启迪民众，以焕发中华民族的生机与活力。总之，二者都给后人留下了值得深思与回味的东西。

二者之“以政统教”与“以教统政”之不同，除了导致上述政治思想教育与人生行谊教育、政治动员与商量办事之区别外，还决定了二者对待知识分子的态度、政策的区别。

五、知识分子是“主”，还是“宾”？

关于“知识分子”，不少学者从不同的角度对其下过多种定义，我认为美国学者爱德华·W. 萨义德的（Edward. W. Said）观点有一定的普遍性：知识分子为民喉舌，作为公理正义及弱势者/受迫害者的代表，即使面对艰难险阻也要向大众表明立场及见解；知识分子的言行举止也代表/再现自己的人格、学识与见地（爱德华·W. 萨义德，2002）[11]。真正的知识分子是要为其坚守的正义付出代价的，有时甚至是生命的代价，如西方的苏格拉底，中国的李贽。此种定义或许过于严格了，若以此定义，中国进入近代社会以来真正意义上的知识分子恐怕很少。因而，本文采取比较宽泛的定义，所谓知识分子，就是接受过一定程度的文化教育，从事文化教育工作或者脑力劳动，在一定程度上代表社会和人类良知及社会公正的人。

（一）共识：知识分子与民众相结合

强调知识分子与民众相结合，是毛泽东与梁漱溟的共识。毛泽东在1939年写的纪念五四运动的文章中指出：“知识分子如果不和工农民众相结合，则将一事无成。革命的或不革命的或反革命的知识分子的最后分界，看其是否愿意并且实行和工农民众相结合……真正的革命者必定是愿意并且实行和工农民众相结合的。”（毛泽东，1991b）[559-560]此后，从反帝反封建的民主革命的角度出发，毛泽东曾多次强调知识分子与工农民众相结合的重要性。而梁漱溟则出于进行乡村建设、重构中国文化的目的，也多次提出类似的命题。如在1930年，梁漱溟就指出：“中国问题之解决，其发动主动以至于完成全在其社会中知识分子与乡村居民打并一起，所构成之一力量。”（梁漱溟，1992）[210]后来，梁漱溟在其《乡村建设理论》中又指出：“知识分子今后要想解决中国问题上表见力量，非与农民联起来，为农民而说话，以农民作后盾不可。”（梁漱溟，1989b）[460]但在二者相似见解的表述背后，我们仔细体味，会发现二者是存在区别的，这就是把知识分子当作“主”还是“宾”的不同：梁漱溟及其邹平教育模式把知识分子当作“主”，而毛泽东与其延安教育模式则把其当作“宾”。

之所以有此不同，根本原因还在于二者之文化路向的不同。毛泽东所缔造的延安教育模式，是反帝反封建的民主革命，必须依靠广大工农群众的积极支持与热情参加才能取得胜利，因而它把工农群众作为主力，就像毛泽东在对延安青年的演讲中所指出的，反帝反封建的主力军是工农大众，“没有工农这个主力军，单靠知识青年和学生青年这支军队，要达到反帝反封建的胜利，是做不到的”（毛泽东，1991b）[565-566]。因而，知识分子要向工农大众学习，把自己融入大众之中。而梁漱溟的邹平教育模式，则是通过恢复中华民族之“理性”而致力于“民族自救，文化改造”，这是一场和平的文化革命。在梁漱溟看来，代表中国“理性”的是知识分子，所以，他把知识分子当作“主”，而不是“宾”，把知识分子当作农民群众的“头脑”、“耳目”与“喉舌”，指出知识分子对农民群众的指导、帮助作用。在这里，二者之不同，是大众政治与精英政治的不同表现。

（二）吸收、利用与教育改造

由于国民党的腐败、独裁与违背民心，许多知识分子纷纷奔向延安，在他们的心目中，延安是理想的圣洁之地。比起北京、上海这些大都市来，延安是单纯和明快的，但延安又是高度一体化的，这里的一切都只能服务于政治和军事。出于现实的需要，毛泽东认为落后却可靠的陕北农民大众对战争的作用要比从城市来的知识分子重要得多，因而他强调对陕甘宁边区广大农民群众的政治动员，强调群众路线是中共获得民主革命胜利的三大法宝之一。而对于知识分子，毛泽东也是重视的。他在1939年为中共中央起草了《大量吸收知识分子》的决定中指出：“共产党必须善于吸收知识分子，才能组织伟大的抗战力量，组织千百万农民群众，发展革命的文化运动和发展革命的统一战线。没有知识分子的参加，革命的胜利是不可能的。”（毛泽东，1991b）[618]同时，他还指出：

> “我们党在土地革命时期，许多地方许多军队对于知识分子的不正确态度，今后决不应重复；而无产阶级自己知识分子的造成，也决不能离开利用社会原有知识分子的帮助。中央盼望各级党委和全党同志，严重地注意这个问题。”（毛泽东，1991b）[620]

毛泽东重视知识分子，强调要善于吸收知识分子，采取正确的知识分子政策，但他只不过是把知识分子作为无产阶级应该团结、联合的一支力量，而未把它当作民主革命取得胜利的主要力量。毛泽东还从实用理性与实践理性的角度，分析了知识分子的缺点。他从构成知识的两个阶段——感性知识与理性知识出发，认为许多知识分子只有书本知识，而没有实践经验，因而其知识是片面的，并明确指出知识分子应该明白自己的缺点，要把自己的态度放谦虚一些。他说：

> "有许多知识分子，他们自以为很有知识，大摆其知识架子，而不知道这种架子是不好的，是有害的，是阻碍他们前进的。他们应该知道一个真理，就是许多所谓知识分子，其实是比较地最无知识的，工农分子的知识有时倒比他们多一点。"（毛泽东，1991c）[815]

毛泽东还从思想的角度通过现身说法来说明知识分子与工农群众思想的干净与否问题，他说："那时，我觉得世界上干净的人只有知识分子，工人农民总是比较脏的。"但是，与工农群众长期接触后，就感觉不同了：

> "这时，拿未曾改造的知识分子和工人农民比较，就觉得知识分子不干净了，最干净的还是工人农民，尽管他们手是黑的，脚上有牛屎，还是比资产阶级和小资产阶级知识分子都干净。这就叫作感情起了变化，由一个阶级变到另一个阶级。"（毛泽东，1991c）[851]

由于知识分子在知识方面存在片面性，实践经验不足，在思想上又时常有小资产阶级思想作怪，又容易摆架子，瞧不起工农群众，在毛泽东看来，这些毛病是不利于革命队伍的团结及其与工农群众建立融洽关系的，从而不利于民主革命的胜利。

毛泽东认为，要改掉上述毛病，知识分子必须自觉主动地融入工农大众的生活与劳动之中，在劳动中向工农民众学习，学习各种生产知识，与工农民众打成一片，在此过程中改造自己的思想与世界观。这样，知识分子就由五四时期的"启蒙者"角色变成了"被改造"的对象。在延安共产党的干部中，有一部分是本地工农出身的，另一部分是知识分子出身的干部，多数来自外省市。对于这一部分知识干部，共产党给了他们一个严厉的训令，就是"向群众学习"。这"学习"包括多方面的意思，不仅要接近群众，和群众一起生活学得群众之言语与行动，并且要熟习群众的思想情感，从群众中取得经验，使得群众接受你的一切。所学内容也不限于农村的知识，就连

“小资产阶级”的品性也得在学习中克服。边区文协的柯仲平曾经对一班自渝入陕的考察团记者说起过他下乡学习的经验：

> “‘在乡农家里吃馍馍，即使给苍蝇叮过了的也不剥皮；和乡农一起睡觉，即使有了虫子也不可埋怨。’苍蝇和虫子，是乡农的‘好朋友’，每一个学习的人也就要有勇气和它们成为朋友。”（谢克，1946）[91-92]

由此可见，知识分子向工农群众学习，不仅在生活水平上要向他们看齐，还要改掉自己身上爱清洁、喜欢独立等所谓小资产阶级习气，如此才能被广大群众所认同与接受，真正成为广大群众中的一员，这样改造才算成功。

经过生产改造与思想改造，延安知识分子的思想被高度统一起来了。根据《民国丛书》第5编第79卷，赵超构著《延安一月》的记载：20世纪40年代“除了生活标准化，延安人的思想也是标准化的……在有些问题上，他们的思想，不仅标准化，而且定型了。说主义，一定是新民主主义第一，这不算奇；可怪的是，他们对于国内外人物的评判，也几乎一模一样，有如化学公式那么准确。也不仅限于公众问题，就是他们的私生活态度，也免不了定型的观念，甚至如恋爱问题，也似乎有一种开会议决过的恋爱观，作为青年男女的指导标准”。对于这种标准化生活，作者的评价是“这种标准化的精神生活，依我们想象，是乏味的。但在另一方面，也给予他们的工作人员以精神上之安定，而发生了意志集中行动统一的力量”。这就是统一思想的“双刃剑”表现，一方面，这种标准化的精神生活有利于使延安上下各阶层产生凝聚力，从而有利于中国共产党在民族革命战争中的胜利；另一方面，人之所以为人，特别是知识分子，他们之所以为知识分子，即是因为他们有自由的思想与独立的精神，若取消这一点，他们感受到的不仅是“乏味”，而且是痛苦，刻骨铭心的痛苦。对于知识分子来说，还有什么比禁止他们自由思想更痛苦的事呢？中国共产党的创始人李大钊曾在1918年撰写的《危险思想与言论自由》一文中指出，“禁止思想是顶危险的行为”，并断言：“思想是绝对的自由，是不能禁止的自由，禁止思想自由的，断然没有一点的效果。”（李大钊，1999b）[328]国际共产主义运动的先驱者马克思同样是思想自由的捍卫者，他在《评普鲁士最近的书报检查令》一文中有一段精彩的语言：

> “每一滴露水在太阳的照耀下都闪耀着无穷无尽的色彩，但是精神的太阳，无论它照耀着多少个体，无论它照耀着什么事物，却只准产生一种色彩，就是官方的色彩！”（马克思，1956a）[7]

在此，马克思指出了“精神的太阳”与知识分子之思想自由的对立，隐含着他对“一种色彩”，即官方的色彩的反对与对思想自由的捍卫。不容否认，作为一个特殊的阶层，知识分子有其难以避免的缺陷与弱点，如毛泽东所指出的上述方面，要求他们向工农民众学习，对其进行教育与改造，以适应革命战争与政治形势的需要，以获得民主革命的胜利，这也是必需的。知识分子在下乡过程中加深了对中国农民、农村，以及整个中国国情的了解，思想感情也发生了变化；同时也推动了农村建设事业的发展。如果没有20世纪三四十年代中国共产党所领导的延安农村政治、经济与文化教育的成功，从而获得了广大农民的支持，就不可能有新中国。但是，用统一的标准来改造、衡量知识分子以至整个中国思想、文化与社会，这就为新中国成立后的文化教育发展埋下了隐患。

（三）“耳目”、“喉舌”与“头脑”

如果说，毛泽东及其延安教育模式是在战争时期的特殊条件下出于政治革命的目标与实际斗争的需要，把知识分子当作“宾”，也就是争取、利用和教育改造的对象，那么，梁漱溟与邹平教育模式则是出于社会改造时期重建中华民族之“理性”与复兴中华民族的目的，也即“文化改造，民族自救”之目的，把知识分子当作“主”，当作“众人之师”。他说：“文化改造之任，不在一社会文化中心之知识分子，而又在谁？于此际也，先知先觉知识分子明明是主而不是宾矣。”（梁漱溟，1992）[213]梁漱溟对中国传统社会的德治主义向往已久。在他的著作中，经常引用孔子“道之以政，齐之以刑，民免而无耻；道之以德，齐之以礼，有耻且格”等摒刑法、尚教化的句子。那么，“教化”靠谁去实行呢？在他看来，在古代是靠为圣为贤的“士”，在现代就要依靠知识分子。他说：“今之所谓知识分子，便是从前所谓读书人。如我们所讲，他是代表理性，维持社会的。其在社会中的地位是众人之师，负着领导教化之责，很能超然照顾大局，不落一边。在辟建理想新社会的工作上说，他是最合条件不过的。因新社会的辟建，一定要能先知先觉，一定要用教育工夫。”（梁漱溟，1989b）[482]由此可见，梁漱溟不仅把知识分子当作文化的代表，而且当作道德、“理性”的代表，把知识分子当作解决中国社会问题的动力。但是，梁漱溟进一步指出，知识分子虽然是解决中国问题的动力，但它却不能单独解决中国问题。他认为中国社会改造的主要力量在乡村，如果占人口80%的乡村居民不起来改变自己的处境，解决乡村问题，中国问题就永无解决之望。而要解决乡村问题，自然要以乡村人为主力。不过，单靠乡下人本身还不行，因为他们只能直觉地感受到问题的痛苦与严重，但却由于自身的知识与眼光的局限，他们对产生乡村问题的原因并不了解，他们有解决问题的愿望，却没有根本上解决问题的能力。这就需要知识分子来指点、帮助他们，指出解决问题的方向。因而，他指出：“乡村问题的解决，第一固然要靠乡村人为主力；第二亦必须靠有知识、有眼光、有新的方法、新的技术的人与他合起来，方能解决问题。”（梁漱溟，1989b）[351]其意即，只有二者结合起来，也就是上层动力与下层主力的“接气”，中国问题才会解决：“革命的知识分子下到乡间去，与乡间人由接近而浑融……我们自始至终，不过是要求乡间人磨砺变化革命知识分子，使革命知识分子转移变化乡间人；最后二者没有分别了，中国问题就算解决。”（梁漱溟，1992）[218]这里，我们看到，梁漱溟要求知识分子作为解决中国问题的上层动力要主动与下层动力即乡村人联系，接受乡下人的“磨砺变化”，类似于毛泽东要求知识分子主动接近并融入工农群众的生产生活，接受工农大众的改造。但是，需注意的是，这里，梁漱溟对知识分子与乡间人的要求是双向的，不仅“乡间人磨砺变化革命知识分子”，还要“使革命知识分子转移变化乡间人”，也就是说，二者之间互相改造、互相转变，不仅只有知识分子单方面接受工农群众的改造，同时知识分子作为中国“理性”的代表，还有教化民众之责任。

与毛泽东批评知识分子的缺点类似，梁漱溟同样指出了知识分子的毛病：“其一为虚见：只有良好的理想，缺乏真实的认识，搔不到痒处，握不着关键”，只会高谈阔论，而无助于国计民生问题的实际解决；“其二为背叛民众”，“使民众离开乡村，抛下锄头而去打倒帝国主义”（梁漱溟，1992）[485]。这里，他所指出的知识分子的第一个毛病与毛泽东的看法有一定的共识；而他所指出的第二个毛病则直指毛泽东所领导的农民革命了，这里，表现出梁漱溟的偏见，也体现了两种教育文化路向的难以融合之处。

在其乡村建设的理论设想中，梁漱溟认为知识分子一旦走入乡村，便会发挥自己的聪明才智，尽到其“为人之师”的社会职责，并改掉上述毛病。

他认为，知识分子到乡村，与农民打并在一起，至少能在三个方面起到其“为人之师”的作用，这就是做乡村居民的“耳目”、“喉舌”与“头脑”。他说：

> “第一，乡村最大病症是愚蔽，从他的一知半解，总可替乡下人开一点知识，最低程度亦能教乡下人认识几个字。第二，乡村最大缺憾是受到祸害没有理会，自家亦不能呼唤人注意；而他则容易感觉问题，不似乡间人疲顿忍默，亦有呼喊的工具—即文字。第一种作用，好比为乡村扩增了耳目；第二种作用，好比为乡村添了喉舌。”“若是较有能力的知识分子，其在乡间将见出第三种更进一步的作用，那便是替乡间谋划一切建设事宜，好比为乡村添了脑筋一样。”（梁漱溟，1992）[227]

受儒家道德理想主义思想的支配，梁漱溟认为，知识分子要真正成为“众人之师”，作乡村的“耳目”、“喉舌”和“头脑”，不仅需要有科学技术知识和技能，更需要有高尚的情操。因为知识分子内在道德与人格的感染力，在感化、教育、组织农民，引发农民内蕴的改造社会的巨大力量上，比起他们的专业知识，所起作用更为巨大，在此意义上说，“德”重于“才”。故此，把知识分子培养成为具备儒家德能的乡建干部，是梁漱溟领导的山东乡村建设研究院的主要职能之一。山东乡村建设研究院给学员开设的一门课程是“乡村服务人员之精神陶炼”，其目的“是要启发大家的深心大愿”，即发扬儒家“民胞物与”的精神，超越个体生命，以全民族乃至全人类的整体生命为念，立大志，树立修身齐家治国平天下的理想。他认为，一个人只有具备了“深心大愿”，亦即发现了“真问题，大问题”，而不是“假问题，小问题”，才可以没有“比如看见利财浮名都心热，无关轻重的成败毁誉都顾虑”的所谓“俗见俗肠”，才能担负起乡村建设这一“很大很远的工程”（梁漱溟，1992）[492-493]。

具体到乡村建设实践中知识分子的作用，梁漱溟在其颁布的《村学乡学须知》中指出，解决问题的主力之发动即在村学（或乡学）教员利用村学（或乡学）为村众及领袖聚会之所，而继续作下列工夫：一是提引问题，二是商讨办法，三是鼓舞实行。这三项实为意义深远、关系极大之教育，不是寻常所说公民教育、生计教育所能比的。其所教育的对象不仅是一般农民，兼及乡村领袖。如果有成效，整个乡村社会就可以活起来，是即解决问题的主力之发动，为村学（或乡学）教员最大最后之成功（梁漱溟，1992）[460-462]。

综上所述，出于政治革命与文化革命的不同路向与“以政统教”与“以教统政”的不同框架，二位伟人及其所缔造的教育模式对待知识分子的态度与政策是有区别的，这就是把知识分子当作“主”或“宾”之别，尽管二者皆强调知识分子要与下层民众相结合。他们在相似的历史条件下基于不同的奋斗目标而作出了各自不同的历史选择。从某种程度上看，他们各自的观点与政策当然都有其历史的合理性。

毛泽东从中国革命的实质即是农民革命的角度出发，强调工农群众是中国革命的主力，他主张实行争取、吸收、利用、改造知识分子的策略，使其在向广大群众学习的基础上，不仅改造自己的世界观与人生观，而且改造边区文艺，使边区文艺取材于民众的生活，做到大众化、通俗化、本土化，成为民众（即工农兵）喜闻乐见的革命文艺。这些努力确实调动了广大群众支援革命战争的积极性，保证了我党领导的民主革命的胜利。而梁漱溟则出于“民族自救，文化改造”之目的，把知识分子当作“众人之师”，当作乡村民众的“耳目”、“喉舌”与“大脑”，当作“主”而不是“宾”。他强调的是知识分子与乡村民众的双向融合、互相改造，而非单方面的农民改造知识分子。以此理论为指导的邹平乡村建设实践，在经过了轰轰烈烈的七年努力之后，由于日本帝国主义的侵略而被迫停止，也即宣告了它的失败。但它毕竟在当时产生了巨大的影响，当时来邹平参观的人员络绎不绝，其中既有政府各界官员，也有学界精英，还有外国学者。梁漱溟因此多次得到蒋介石的接待，成为其座上客。如果说，梁漱溟于1921年发表的《东西文化及其哲学》奠定了他在学术界的地位，那么，他所从事的七年邹平乡村建设则树立了他在中国政治界的影响，尽管他并没有直接从政。因而，梁漱溟的乡村建设理论与实践在中国近代历史上留下了不可磨灭的痕迹，其中许多内容值得后人研究与借鉴，其中包括他对知识分子的态度与政策。

知识分子问题，向来是中国学术界一个很大、很敏感、很复杂的问题，非我力所能胜。我只想就两种教育模式中的知识分子问题进行探讨。中国知识分子的前身是中国古代的“士”，他们是传统儒家道德、“理性”的代表，以传“道”为业，其理想人格是“达则兼济天下，穷则独善其身”：“达”时即“作之君，作之师”，参与政治；“穷”时则蛰居偏僻山野，以传播文化、教化民众为职责。进入近代社会以来，中国产生了现代意义上的知识分子。中华民族接连遭受的苦难与民众的贫困和愚昧，使近代知识分子把救亡与启蒙当作自己的双重责任。无奈，鱼与熊掌难以兼得，如李泽厚所说，“救亡压倒了启蒙”。这在毛泽东及其延安教育模式对待知识分子的政策中也体现出来。但“救亡压倒启蒙”，并不是可以跳过启蒙，在完成“救亡”之后，启蒙民众的任务依然存在并且非常严峻。这样，知识分子在一个国家、民族中的角色、地位即突出起来，有学者这样看待知识分子对一个民族的作用：“知识分子对于一个民族来说，不是一个可有可无的部分，不是依附于什么什么的成员，而是整个民族的智慧，整个民族的良心，整个民族文化的自觉创造者，整个民族历史的首席推动者。”（李劼，1999）[332]当然，这里的知识分子是指知识分子群体的应然状态，或者说是知识分子经过努力所应该达到的理想状态。

知识分子要由实然状态达到应然状态，要真正成为民族的智慧与良心，还需要付出相当大的努力，这个努力的主要方向就是要深入到下层民众之中，与民众打成一片，这正是毛泽东与梁漱溟二位伟人的共识。在与民众融为一体的过程中，知识分子会了解到民众的痛苦与欢乐，了解到民众的现实需要，并向主流社会进行宣传，使民众获得政府与社会的帮助。正像梁漱溟所说的，知识分子做民众的“耳目”、“喉舌”与“头脑”，使民众得到知识分子的教育与社会的帮助，这是问题的一个方面；另一方面，知识分子在此过程中还会受到教育，产生对下层民众的关怀与热爱，乃至对整个民族、整个人类、整个宇宙生命的关怀与热爱，使自己的生命多一层底色，并由此而形成一个观念：世界上还有一个人不幸福，我就是不幸福的；还有一个人不自由，我就是不自由的；还有一个人没有从被奴役的状态下解放出来，也就谈不上我个人的解放，至少说我的个性解放是不完整的（钱理群，2005）。也就是说，知识分子在教育、帮助民众的同时，自己的思想也得到了真正的、发自内心的改造，而不再是被动的改造。要真正能达到这个目的，知识分子与民众的关系就应该是平等的、朋友式的关系，而不是以救世主的姿态，把农民当作“施恩”、“救济”的对象，这是一种贵族主义态度；也不是将农民理想化，过分美化农村的小生产方式与生活方式，把自己置于被改造的地位，这是民粹主义倾向。前者在梁漱溟的邹平教育模式中有一定表现，虽然梁漱溟强调知识分子与农民的关系是一种相互改造、相互转化的关系，但知识分子与农民在价值观、人生态度与生活习惯等各方面的差异是天然存在的，因而，并不是所有下乡的知识分子都能达到梁氏的要求，其优越感、贵族气难以在短时间内改掉，这也许是导致梁漱溟之乡建运动“号称乡村建设运动，而乡村不动”的原因之一。梁漱溟在若干年后曾对其乡建运动进行反思，他说：“群众运动的入门诀窍，似要在变自己为群众。”(梁漱溟，1993a)[873]这可从反面证明当年在邹平从事乡建的知识分子与农民群众的关系不够密切，没有把自己变为群众。这二者是知识分子与农民关系的极端表现，是对二者真实关系的扭曲。只有在强调知识分子与农民都有各自独立的价值的基础上，认识到二者应该相互补充，相互支持，二者才有可能建立起一种平等、健康的朋友式的关系。从而使知识分子在造福于乡村社会的同时，真正实现对自己的改造。

作为两种不同的教育文化路向，二者存在着教育哲学思想与实际操作层面的重大差别。二者所处的地域不同，因而其政治、经济、人文环境也有所不同，但二者毕竟都处于近代中国三四十年代的农村社会条件下，都面临着类似的中国国情与贫困落后的乡村社会面貌，这决定了这两种路向不同的教育模式必然会存在某些共性或者相似之处。

第五章

异中之同：两种教育模式的相似之处

延安与邹平，同处近代中国社会落后的北方农村，两地在存在不同社会生态的同时，还存在相似之处，这就是贫困、落后且愚昧的农村社会，只是其程度稍有差别而已。这种相似的背景必然会使两种路向不同的教育模式也存在相似或相近之处。

一、生活教育理论之异地开花

生活教育理论为中国近现代历史上著名的人民教育家陶行知所创立，其主要内容是生活即教育、社会即学校、教学做合一。陶行知是从教育救国、普及平民教育，其中主要是从农民教育的角度提出生活教育理论的。他主张以乡村学校为中心，乡村教师为灵魂，通过小先生、传递先生等制度把知识向外辐射，通过建立100万个乡村学校使全国绝大多数的农民都受到教育。因为普及教育的对象是处于最下层、生活贫困的农民及其子女，陶行知认识到原来仅注重书本知识、脱离民众生活的传统学校教育是不适合普及教育的实际的，因而主张生活即教育，乡村教育应与农民群众的生活紧密相连："它与装饰品之传统教育根本不同。它不是摩登女郎之金刚钻戒指，而是冰天雪地下的穷人窝窝头和破棉袄。"（陶行知，2001）[589]陶行知的生活教育理论是一种适合于大众、服务于大众的教育理论。

既然生活教育理论是为平民大众，特别是广大的乡村民众受教育而服务的理论，强调基于乡下民众的生活、结合乡下民众的生活并在民众的生活中对乡民进行教育，这说明生活教育理论是适合于近代中国贫困落后的乡村教育的，它具有一定的普适性，不仅适用于陶行知所实验的南方，也适用于北方。加上陶行知在20世纪二三十年代就逐步提出并在实践的基础上逐渐完善其生活教育理论，其影响不断扩大，扩及中国华北地区两个不同教育文化路向之实验区和根据地——邹平和延安。二者皆在不同程度上推行生活教育的理论，成为二者的共性之一。

（一）延安：提倡、研究与施行

早在1939年8月，毛泽东在对延安地区小学教师暑期训练班结业典礼上所作的《抗战教育与小学教员》的讲演中，就提倡在抗战教育中实行生活教育。他说："在抗战教育中，知行合一是一件大事。陶行知主张知行合一，提倡生活教育，把教的、学的、做的统一起来，这在马克思主义说来，就是理论与实践的统一。现在我们的教科书中还缺少一部分，就是生活教育。"（毛泽东，2002b）[135]为研究并实施生活教育，生活教育社延安分社于1940年9月15日在延安成立。1942年2月，延安中央研究院教育研究室召开陶行知教育思想讨论会，李维汉作了题为《陶行知教育思想讨论的结论稿》的总结发言，对陶行知及其生活教育理论作了总结性评价。他指出，陶行知的生活教育理论与方法，"是从普及教育和大众教育的经验中提炼出来，把它用在大众教育和普及教育，基本上完全适用"。从总体上讲，尽管生活教育理论还存在一些缺陷，但从总体上说，生活教育理论属于新民主主义的教育理论，陶行知的作风是反对主观主义、宗派主义与洋八股的，与当时共产党整风运动的宗旨是一致的，因而主张教育工作者向他学习。（陶行知，2005）[681-682]我党著名的教育家徐特立也多次撰文介绍陶行知及其学说，并对其进行了高度评价。1942年3月15日生活教育社成立15周年之际，延安新教育学会编辑出版了《行知教育论文选辑》。作为陕甘宁边区教育部长的徐特立，在《解放日报》发表了《生活教育社十五周年》一文，认为"生活教育社所提倡的生活教育与小先生制，是实际的，同时又是革命的……特别值得我们尊重该社的实际精神和革命精神"。他希望在边区"发挥晓庄师范的精神、山海工学团的精神，而不是只读陶行知的著作"，在边区"实现生活教育"（徐特立，1986）[104,106]。徐特立特别推崇陶行知创立的小先生制，他说："陶先生的小先生制，我在江西所行的与小先生制密合，但我只有行动没有理论。他发明了理论，他实际上比我高明，我不是他的学生，但我常尊敬他为师，我与故旧通信，署名常署‘师陶’。”（徐特立，1942）徐特立比陶行知年长14岁，却向真理敞开胸怀，谦虚地以陶氏私淑弟子自称，正说明了徐老对陶行知及其理论与实践的赞赏与虚心向学的精神。

在陕甘宁边区，陶行知的生活教育理论不仅受到共产党的领袖及教育研究人员的提倡、宣传与研究，并且在一定程度上被作为教育法规颁发下去而被中小学校贯彻执行，如小先生制、教学做合一等。1938年，边区制定了边区《国防教育的方针与实施办法》，在“小学教育”和“教员”两条中均规定“采用小先生办法”（中央教育科学研究所，1981）[7-10]。1942年，《边区政府关于整顿边区各直属学校的决定》第七项规定：“教学要理论联系实际，要适合边区的实际需要，要教学做合一，所教所学都应是要用要做的。”（中央教育科学研究所，1981）[319]当时陕甘宁边区的机关报《解放日报》的社论也不断有文章提及并提倡生活教育理论，如1942年4月17日的社论《反对教育工作中的急性病》一文指出：“什么是正确的学习方法？那就是从做中学，学中做，那就是懂得实际生活、参加实际生活并改造实际生活。”（中央教育科学研究所，1981）[314]

中共领导人对陶行知及其生活教育理论的推崇、提倡与推行，使陶行知及其生活教育理论逐渐融入陕甘宁边区教育之中。如在陕甘宁边区的小学教育中，小先生制、教学做合一等曾颇为盛行；社会教育的教学方式更是经常采用民教民、小先生等方式。

综上所述，陶行知的生活教育理论与中国共产党理论联系实际的原则和整风运动的宗旨有不谋而合之处，因而其理论受到了中共领导人的重视与青睐；并且由于陶行知在政治上主张民主，反对专制与独裁，是国统区中的“左”派势力，因而成为我党团结、争取的对象，生活教育理论受到延安中共领导人重视的更重要的原因在于生活教育理论的具体做法如小先生制、教学做合一等本身就是在乡村普及义务教育与民众教育的实践过程中总结出来的，因其非常适合于贫困落后的乡村普及教育的需要，而被陕甘宁边区教育普遍采纳。

（二）邹平：生活教育理论与乡村建设理论的融合

如果说，陶行知的生活教育理论之所以得到中央陕甘宁边区领导与研究人员的提倡、研究与推行，主要原因在于陶行知学说与实践的革命性、大众性与民主性，从而与中国共产党的政治、教育主张颇为相近；那么，生活教育理论在邹平教育模式中同样受到推崇，甚至比延安有过之而无不及，则是由于有梁漱溟参观陶行知的晓庄师范并表示赞赏在先，向其借兵调将在后。

早在1928年，梁漱溟就参观了陶行知创办的南京晓庄师范学校，对其生活教育赞叹不已，认为晓庄师范的办学思想很合自己的意思，其主要之点有三，即合于教育的道理，合于人生道理和注重农村问题（梁漱溟，1991）[845]。梁漱溟对陶行知的事业极为钦佩，提出向他借兵调将，陶行知欣然同意，当时就介绍杨效春、张宗麟、潘一尘三人给梁漱溟认识，他们都是陶行知的学生，这几人后来都成为梁漱溟在山东邹平乡村建设的得力助手。

山东乡村建设研究院成立后，三人先后来到邹平，杨效春任研究院教师，1933年7月邹平实验县政府正式成立后，杨效春又任实验县教育科长，他将乡农学校改名为村学、乡学（许莹涟，等，1936）[204]。1935年，张宗麟来邹平主持县立简易乡师并策动全县教育（山东乡村建设研究院，1935），任邹平师范学校校长。遗憾的是，我没有找到有关潘一尘的资料。其中，张宗麟与梁漱溟因彼此意见不合而离去（山东省政协文史资料委员会，等，1991）[86]。1943年，张宗麟又到了延安。

邹平乡建时期，在三位陶氏学生，尤其是杨效春的宣传鼓动下，生活教育理论在邹平学校教育与社会教育中皆得到了广泛传播与推行。如《邹平县立简易乡村师范改进计划》之“改进原则”为：

> “一、师范，小学，及幼稚园打成一片：将师范小学及幼稚园的全部生活统一地计划而综错地安排之。二、学校与社会打成一片：全部师生应积极地参加实际社会生活并谋改进之。三、教学做合一：每件事，会者在做上教，不会者在做上学。”（山东乡村建设研究院，1935）

张宗麟、张立民在其关于邹平简易乡村师范之分组情况的《我们的分组》一文中，得出如下结论：

> “一、手脑并用，一个人才有用处，社会才有希望。二、社会即学校，办不到这一步，学校便是害人的。三、任何一种方式的教育，都是

为大众而创设的；如果一种教育已离开了大众，那便是反教育。四、凡一种教育，就应该分担一部分改正社会生活的责任。中学也好，大学也好，专门也好，都应该是农民的助手、乡村的技师。在这里我们只承认出发点不同，目标还都是一致的。”（张宗麟，等，1935）

由上述资料可见，当时邹平之基础教育，包括师范、小学、幼稚园教育的理论中皆是以生活教育理论为主要宗旨的。

生活教育理论不仅影响了20世纪30年代邹平的基础教育，还扩展到研究院之学生训练与乡农学校的教育理念中。如《山东乡村建设研究院第四届训练部学生生活指导计划纲要（邹平本院之部）》之（甲）“原则”为：

“一、学生生活指导，应以学生全生活为对象。于日常生活中，务期启发其自觉之精神，使之能用心于身；运用其心思、耳、目、手、足，以处理其个人的及团体的生活。使心理与生理均得一适宜之发展。二、注意团体生活，于师友相与之际，务须谦和亲爱，舍己从人，勇于服善。三、公共生活，凡起居作息，饮食睡眠，应有规律；以养成其严整、朴实、守礼乐群之风。四、培养尊师重道，爱众亲仁之美德，以引发民族固有精神为旨归。”（山东乡村建设研究院，1935）

这里，我们看到，其“原则”已经是生活教育理论与乡村建设理论的合而为一，反映了这两种理论的相通之处。

杨效春在任山东乡村建设研究院教师和邹平实验县教育科长时走乡串村，辅导邹平各地的乡农学校工作，为邹平乡农教育付出了大量心血，并编著了《识字明理》《乡农的书》等大量乡农教育教材，写了许多辅导乡农教育的文章，如《乡农教育释义》《谁是学生》《乡农教育服务指导大纲》《乡农学校的学团编制》《乡农学校的活动》《乡农学校的课程编造》《邹平县乡村教育普及方案》，还有写给在乡工作同学的十几封信。在著述中，杨效春结合自己多年从事基础教育与中、高等教育的经验，把陶行知的生活教育理论与梁漱溟的哲学思想及乡村建设理论融会贯通，为邹平的乡农教育提出了科学的指导思想与许多切实可行的实施方案。如他在《乡农学校的课程编造》一文中指出：“乡农学校的课程就是引导一乡农友圆满生活的历程。它以当地农友生活的资料为资料，问题为问题。它也即以当地农友生活的方法为入手的方法。它是乡农生活的经验继续扩张、继续改造的历程。它的机能是在‘推动社会，组织乡村’。它的目的就在‘培养乡农生活的力’!”（杨效春，1933）又如，他在《乡农教育服务指导大纲》一文中指出：“教育所以教人不是教书。故乡农学校教材之选择，组织与运用，一面须以乡农生活之经验与需要为基础；一面则以乡农生活所在之环境实况为背景”，并提出了许多“注意要项”，如：

> “莫轻视乡农；你教乡农要从乡农的实际生活出发，不要从书本文字出发；你要教乡农做‘人中人’，而不是人上人，或人下人；你要引发乡农自学，自强，自治，自助，自己往上长的能力；‘教学做合一’是最好的教育法；生活就是教育，人的教育是在生活中进行；社会即学校，人生处处都是教育的场所，教育的场所不是囿于学校围墙以内；学校是社会所有，社会所办，也为社会而办。乡农学校办在乡村社会之中，同时，它就做乡村社会改造之中心；劳作与教育合一的生活才是吾人合理的生活；孝悌勤俭是中华民族固有的精神，也就是乡村建设应有的精神。孝悌则人与人能和气，勤俭则人与货能宰御。孝悌是要社会生活人本化，勤俭是要使生计事业科学化；化民成俗，救国救世，都要从乡村建设干起!”（杨效春，1933）

综上所述，杨效春是从生活教育理论出发来理解邹平的乡农教育的，他认为乡农教育的目的一方面来说是为乡农的人生教育服务的，即在于乡农生活的圆满，增强其自助、自强、向上生长的能力与乡农之间的和睦相处；另一方面来说是化民成俗、救国救世，亦即从乡村建设的角度而言的，也就是恢复中华民族孝悌勤俭的固有精神，以振兴中华民族。由此我们看到了生活教育理论与乡村建设理论的融合。而要达到这两个方面的目的，均须根据乡民的生活，在乡民的生活中对乡民进行教育，也就是生活即教育，社会即学校，教学做合一，此即通过生活教育来达到乡村建设的目标。为推广生活教育理论，当时邹平所有的教师人手一册陶行知所著的《古庙敲钟录》和另一种书（忘了书名——原文即是如此，笔者著），在教法上主张“教学做合一”（山东省政协文史资料委员会、邹平县政协文史资料委员会，1991）126。由此可见，当时生活教育理论在邹平的影响之大。

还需注意的是，关于生活教育理论与乡村建设理论之间的关系，除了将二者的融合观点之外，邹平还有从事乡农教育的研究者认识到单纯地把生活当作教育有不足之处。此种观点认为："人类生活不单是征服自然，改变自然，利用自然，满足生理上物质欲求而已，此外还有更高的心理欲求，是即生活的合理，生命的向上开展创造。关于前者不能不求之于科学的运用与经济的安排……纳散漫的中国于组织之中；舍此末由。惟对于人类要求合理向上之一义，则不能不求之于中国古人所特别讲求的人生大道……是即人生价值的评判，是即认识了人类之所以为人类者，使人类明白自己，使用自己，是非也，义利也，理欲也，无非要求合理之一念也。"（公竹川，1933）此论的作者公竹川是山东乡村建设研究院研究部的学生，这是他经过乡农学校实习之后的总结报告，也是其结业论文的主要内容之一。上述文字反映了作者深受梁漱溟生命化儒学思想与乡村建设理论的影响，表达了作者对人类生存的终极价值的深入思考与深刻关怀，同时指出了生活教育理论的不足。生活包括合理的生活与不合理的生活，人类满足生活需要的思想、手段也各式各样；人们应以合理的、符合生命向上的本质的生活为最高追求，也应该是教育追求的目标。陶行知急于解决当时落后的中国民众的教育问题，对此似乎有所忽视。但生活教育理论确为适合当时中国国情，尤其是农村情况的教育理论，尤其适合于在落后的乡村社会条件下因陋就简办教育，因而，它在延安、邹平两种不同的教育模式中皆得到广泛推行。

既然两种教育模式皆提倡并施行生活教育理论，强调从当地农民大众的实际生活出发对其进行教育，这就决定了二者的教育内容与教育方式皆需适应于当地民众的生活条件与周围环境。这就决定了二者在办学形式的多样性、教学内容的实用性与教学方式的平民化和灵活性方面存在着共性。

二、办学形式的多样性

陕甘宁边区与邹平皆处于当时华北地区比较贫穷落后的农村社会环境，为适应当时当地农村社会条件下儿童与成人受教育的需要，受生活教育理论影响，二者在办学形式方面皆依据当地教育资源与环境，以多种多样为主要特点。

（一）延安："民办公助"

所谓"民办公助"，就是基层群众集资办学，村政府发动与管理，政府给予或多或少资助。群众集资办学并不要求回报，实际上是捐资办学，亦可称其为群众公办，是“小公办”；而“公办”，是民选政府办，是“大民办”。因而“公办”、“民办”是统一的，二者不应相互脱离。以“民办”的方式实行群众教育，是在边区百姓需要和自愿的基础上进行的，目的在于发挥边区百姓办学的积极性、创造性和体会“主人翁”的感觉，提高他们的发言权。因此，经费并不是“民办”最主要的标志；如果将“民办”简单理解为是老百姓出钱的问题，是不正确的。同时，“民办”离不开“公助”。“公助”有两个方面：一是表现在对学校的具体帮助上，主要是帮助干部和课本、经费等；二是表现在对学校教育方针的领导上（中央教育科学研究所，1981）[446]。

边区民办公助小学的形式很多，各有特色，主要分为四种类型，即米脂高家沟式、延市杨家湾式、米脂杨家沟式、新式的巡回学校。米脂高家沟式学校的特点是群众自己办、自己管、自己教；学校的学制、教育内容与教学方法，完全按群众的需要而定，没有一定的年限，会写会算就可毕业；学校成为本村文化政治活动中心。延市杨家湾式学校的特点是学校是在积极分子的倡议和发动下，经过政府积极领导并得到公家机关帮助而成立的。而教员都是杨家岭机关派去的知识分子干部，他们都能为群众埋头苦干，与群众密切结合，表现了卓异的创造才能。米脂杨家沟式学校则完全是贫雇农自己的学校，其最大的特点是全体学生都不脱离生产，教学分早班、午班、夜班进行，并按群众需要规定教学内容。新式的巡回学校是由一个教员轮流到各村教课，学生不离本村，各村选举有威望的热心教育的学董一人，负责学校经常管理。教学上无固定形式，教员在山沟、路上、村庄遇到学生，随时进行教学，以适合于分散的农村环境（《解放日报》评论员，1944）。

民办学校的办学主体是“民”，指变工队、合作社、村乡干部、劳动英雄、文教英雄、开明士绅、县参议员、教员、热心地方教育的积极分子与农民、学生等。如延安县劳动英雄吴满有办的农民学校等。上述办学主体，多数是乡村地方社会的精英，当然他们中的大部分是中央边区政府树立的新的精英群体，如变工队、合作社、劳动英雄等，他们仍生活于普通民众之中，与普通群众有着密切的关系，了解民众的需要与愿望，因而由他们办学基本上能反映群众的真实需求，这是民办公助学校得到迅速发展的原因之一。

就陕甘宁边区来说，这里村庄稀少、贫困落后的农村环境对办学提出了以下要求。第一，应当适应居住分散的情况办学校。第二，应当适应劳动力不足的情况办学校。第三，由于适应居住分散的情况办学校，学校的规模就会小，学生的人数就会少，教员就有余力进行半脱产或不脱产的青年、成人的教育。这使学校的形式就更加具有多样性（陕西省教育厅，1959）[28-29]。延安时期，陕甘宁边区的教育形式从最简陋的教育形式如家庭识字，到较正规的教育形式如设施完善的小学，都兼容并包，体现了办学从边区实际情况出发，不求整齐划一的特点。

陕甘宁边区办学形式的多样性充分体现于1944年文教大会前后，在办学形式方面有多种多样的创造，这主要表现于下述几方面。

第一，完小和中普小。在陕甘宁边区，初级小学有两种：一种是年级完全，教师、设备都较好的中心小学；一种是普通小学。中心小学有帮助普通小学提高的任务。大都建立了读报组、识字组，办了黑板报，还有的学校发动学生当小先生教家中人和校外儿童。有的添设了早班、半日班或夜班。识字组的形式有：一是在学校内附设，随到随教；二是在校外设立，学生当小先生；三是由当地识字的人当组长，教员负责帮助督促检查。

第二，民办学校。一、有的办全日班，并附设早班、夜班或随到随教。二、有的只分早班、午班、夜班，分别上课。三、有的采用轮学。轮学的办法：一是轮教员，就是几个学校，由一个教师轮流去教；二是教员学生一起轮，就是学生集中以后，不固定在一个地点进行教学，按照学生家长或学生的要求，教师和学生轮流到几个地点进行教学。

第三，冬学。有七种。一、轮学。二、按业务分组的分散学校。三、按地区分组的分散学校，有下列三种形式：按地区远近分（由当地的识字人当组长，或由学生当小先生）；家庭冬学；送上门去教（教员或小先生去）。四、一揽子学校（是综合性的村学组织形式，适于较大的村庄，教育对象是男女老少，各行各业的人无所不包），以分时教学为主，内有整日班、半日班、夜班、识字组和个别教。五、有的只办夜班或半日班。六、更复杂的是分散办学而又分时办学，其办法有：教员每天分三个时候到三个组教学；有的组由组长教（集中或者送上门去教）；由家中识字的人教；一家有两个人以上的，一个人学后当小先生教其余的人。七、集中的形式。

第四，识字组。从分组上说，有四种分组方式，即一是按生产分组，二是按接受能力分组，三是按男女分组，四是按女子婆姨（媳妇）分组。从领导方式上说，有三种：一是由教员直接领导；二是教员指导，学生当先生；三是由当地识字人当组长，教员给以指导、督促和检查。

上述办学形式的特点为：第一，适应了农村居住分散的特点，也适应了农民进行生产劳动的需要，真正做到了把教育深入到群众中去；第二，打破了专教儿童的限制，把教育发展到青年、成人和妇女；第三，打破了学校教育和社会教育的界限，学校和社会，教员和群众密切结合起来；第四，读报组、识字组，常常是按生产单位组织的，由集体生产进行集体学习，集体学习也转来推动集体生产，使教育和生产结合起来（陕西省教育厅，1959）[29-31]。

综合上述办学形式，我们看到，陕甘宁边区的教育是以方便易行、因陋就简的民办教育为主要形式的，进一步言之，就是在毛泽东提出的群众需要和群众自愿原则、在民办公助方针的号召下创造出来的。

（二）邹平：较强的公办与“公助”色彩

虽然邹平与延安皆处于我国北方地区，但由于邹平是山东省一个小县城，因而相对于延安来说，邹平教育模式的实验范围较小，经费与师资力量都要强一些，其办学多是在研究院或实验县的指令下由村学或乡学的教员、学董、理事等组织起来的。

邹平最大、最主要的教育组织就是乡农学校及其后的乡学、村学，其教育对象包括邹平全社会的民众。根据《邹平县县政建设实验区设立村学乡学办法》，“乡学、村学由各该学董会于县政府之监督指导下主持办理之”，“乡学、村学之经费以由地方自筹为原则；但县政府得酌量补助之”，“乡学、村学之设立，以政府办法，地方乐于接受，地方自动，政府善为接引为原则；无取强迫推行”（萧克木，1936）[147,151]。由此可见，邹平之村学、乡学的办理方针与陕甘宁边区之民办教育在群众的需要与自愿基础上“民办公助”的办学原则有一致之处。但从经费政策上来看，二者还是有区别的。陕甘宁边区关于冬学经费问题的政策依各地区的收成情况而各不相同：

> “三边分区地广人稀，群众生活落后，靖边县曾遭天灾，收成低微，两地经费，由本厅负责。但亦须尽可能地争取群众负担。安定县也遭天灾，全面积的一半全无收成，经费由本厅负责五分之三。甘泉、志丹（县）素来穷苦，由本厅负责一半。至于各县教员粮食、菜钱支费，完全发动当地群众负担，万勿仰给本厅……属于群众负担者，要经过深入动员、宣传与说服，绝对避免摊派现象。”（中央教育科学研究所，1981）[47]

此政策充分反映了边区经济的困难状况，政府不得不把部分冬学经费，特别是教员的生活费由群众来负担，并指示对群众进行“深入的动员、宣传与说服”工作，以免引起群众的抵触情绪。而邹平的村学、乡学经费虽“以地方自筹为原则”，但政府的补助数目还是相当可观的。根据 1934 年 7 月的报告，邹平县政府补助村学经费，以班为标准，每年成人部一班 30 元，妇女部一班 40 元，儿童部一班 30 元，另派教员 1 名，全年补助薪金 200 元。县政府补助乡学经费，根据 1934 年 7 月的报告，首善乡每月补助洋 53 元 8 角 1 分，其余第一乡至第十三乡，每月补助洋 100 元 8 角 4 分，县政府所派到各乡学教员，其薪金即在补助费内开支。可见邹平县政府对村学乡学的经费补助是较高的，因此邹平百姓的经费负担较少，邹平百姓每人摊派村学乡学之经费，据 1934 年 7 月报告，最少者为首善乡（城区），每两银子摊洋 3 角，最多者为第九乡，每两银子摊洋 7 角 6 分（许莹涟，等，1936）[234－235]。从经费来源情况看，陕甘宁边区教育尤其是社会教育的“民办”色彩更浓一些，而邹平教育则更多地显示出了“公助”的特点。

在 1933 年之前，邹平的民众组织为乡农学校；1933 年成立了乡学、村学代替了乡农学校，全体村民皆成为乡学或村学的一分子，因而邹平的教育是以乡农学校及其后的村学、乡学为中心展开的。邹平全县有 14 个乡，每乡都有乡学 1 处，学生数不同，小乡 1 个班，大乡 2 个班，每班 40—50，都是小学五、六年级，为高级部。各村学教师 2—3 人，学生人数不等，至少有 1 个复式班；自然村小学有教师 1 人，都是复式班。村学的学生都为一至四年级的，为初级部（山东省政协文史资料委员会，等，1991）[125]。

为适合不同年龄、不同性别以及其他不同情况的人受教育，当时邹平的教育研究者主张根据生活教育的原则从以下不同的角度办学。从性别来说，分男子教育股与妇女教育股；从年龄来说，分为儿童部、少年部、成年部、耆老部；从学生的程度来说，分为高级部、普通部，各部各级的教育活动有时还是可以打并在一起，不必一一尽是分别或隔开进行的；从学生的不同来历来说，基本教育股是为完全失学的人设立的，补习教育股是为曾经入学而智能低浅的人给以补充学识及技能的机会而设的，改正教育股是为曾受畸形教育的私塾生徒而设的，高等教育股是为农村好学而不厌有志深造的人士设立的；从学生的不同家境来说，全日制如农间学级，自卫班初期训练。半日制如少年补习班。钟点制如早会，夜班。不定时间制，随到随教。如问事处，问字处，代笔处等。从农家生活的季节性来说，有春季学组，夏季学组，秋季学组，冬季学组。从分别适宜白天、夜间的学习、活动来看，有宜在白天的活动组合，如儿童班、妇女班、运动会等，也有宜在夜间的活动组合，如成年夜班、电影、幻灯、音乐会、明月会等（杨效春，1933）。

关于邹平的实际办学情况，可从儿童与成人两个方面来看。首先看儿童教育的办学情况：有完全小学（邹平县实验小学）1 处；高级小学部（乡学高小部）13 处；初级小学（包括村学儿童部、女子部等）271 处；各村学办的共学处 466 处（超然，等，1937）。其中，完全小学为公办学校，其他皆为各村学、乡学所办，即地方办学。上述办学形式中，共学处为邹平教育的一大特色。共学处是给无机会入学的贫苦孩子提供一个受教育的场所。由于失学儿童多，办学经费有限，邹平就用共学处的方法来推行短期义务教育。这的确是普及教育最方便、最经济的办法，也是让民众了解村学、乡学，对村学、乡学产生理解与信任的好机会。

其次，关于邹平的成人教育。成人教育的主要形式有乡农学校、成人夜班、联庄会训练班、青年义务教育训练班、成年部等。其中乡农学校即是乡学、村学的前身，从 1931 年冬季开始创办，至 1933 年 7 月止。据 1932 年 2 月的统计，邹平共办乡农学校 91 个，其中高级部 16 个，普通部 75 个，共有学生 3 996 人（宋乐颜，1937）。乡农学校由山东乡村建设研究院倡办，经费主要由研究院提供。

关于成人夜班，即冬学，1933 年邹平正式划为山东乡村建设研究院县政建设实验区后，邹平县政府通令各村小学每于春冬农暇之际，一律附设成人夜班，给以相当教育，所需费用，县政府酌予补助。到 1934 年冬，已设有成人夜班 214 个，学生 7 566 人（宋乐颜，1937）。

关于联庄会训练班，这是邹平县政府办理自卫训练的办法，每年办理一次，以成年农民为主体，皆为 18 岁以上 30 岁以下之男子，用征调的办法，先施于富农之子弟，严杜以游民雇替。计全县有 1 172 间，每年每间抽调 1 人，于冬季农暇施以两个月的训练。第一届在 1933 年冬季，训练 1 130 名；第二届在 1934 年冬季，训练 573 名；第三届在 1935 年冬季，训练 578 名；三届共训练 2 281 名（宋乐颜，1937）。

另有青年义务教育训练班，据《邹平实验县青年义务教育实施大纲》，从 1935 年开始施行，令本县年龄在 16 岁以上及已达 30 岁之男子，无论曾否受过教育，均须受青年义务教育，在校学生及现任教职员和公务员不在此限。青年义务教育实施时间定为 6 个月，以 1935 年 3 月 1 日至 5 月 31 日为第一期，1935 年 10 月 20 日至 1936 年 1 月 20 日为第二期。青年义务教育之实施以村为单位，并为村学或村立学校内容之一部，定名为某乡某村青年义务教育训练班。以村学教员、村立学校教员为教员，村组长副（即副村组长）及联庄会训练员为军训教员及助教，乡理事、辅导员、乡队长为指导员，各村理事、村庄长对于该村青年训练班负有事务及领导之责，并以村组长副及较优秀之联庄会训练员为该班班长，负责指挥教导之责。参与青年义务教育训练班的人数总计有 8 603 人（宋乐颜，1937）。

最后，为成年部。即规定在成年部实行成年教育，从 1936 年始。其实施办法与《邹平实验县青年义务教育实施大纲》相似，只是受教育者的年龄范围在 16—40 岁之间的男子，每年分两期进行，每期十周，于春冬两季进行。邹平实验县还详细规定了奖惩办法，并令各村理事为成年部主任，各村联庄会村组长副为成年部队长，各村学、村立学校教员为成年部教员，并规定了其职责。以成年部实施的成年教育共办了两期，第一期人数为 8 353 人，第二期为 12 019 人（宋乐颜，1937）。

综上所述，邹平成人教育之多种办学形式主要是以县政府的力量推动的，各村学、乡学理事，联庄会村组长，教员等为领导和主持成人教育的骨干，体现了邹平教育的“公助”特点与精英政治，这与陕甘宁边区教育明显的“民办”特点和群众路线存在着显著区别。

三、教学内容的实用性

面对贫困落后的农村社会，两种教育模式皆强调从当时当地农村社会的生活实际出发，来对儿童与成人进行教育，具体到教育内容方面，都强调教育内容的实用性，如此，才能满足广大农民群众对生产、生活方面实际知识的需要，从而增强其学习的兴趣，提高生产、生活的能力与水平。

作为党中央所在地、全国抗日战争的领导中心，陕甘宁边区政府强调以政治思想教育与军事教育作为当时各类教育的中心内容是为理所当然的。但与此同时，强调教育适应边区人民群众的生活需要，以引起他们及其子女主动向学的积极性，也为必需。边区教育对教育内容实用性的提出，是经历了一个过程的。抗战初期，边区政府提出“国防教育”，规定国防教育的课程应以政治、军事和战时知识为中心，一切课程内容都应与抗战联系（中央教育科学研究所，1981）[2]。国防教育以政治、军事为中心，有忽视文化教育之倾向。1940 年之后，边区政府又提出“国民教育”，提倡文化课与政治课并重，但犯了旧型正规化与教条主义的错误，教学内容虽注重文化知识，但所谓文化知识是与边区群众的生活实际脱节的。例如，在自然科学知识方面讲火车、轮船、电气、机械等，而不把边区群众生产、生活中所需要的知识教给学生。有的课本上画一个高高的太阳和一个刚从梦中醒来准备起床的娃娃。课文写道：“太阳出来了，妈妈起来了，爸爸起来了，小娃娃起来了，大家都起来了。”（《人民教育》社，1979）[269]这反映的完全是都市生活的情况。边区农民的生活习惯是早睡早起，当太阳出来时，他们早已吃过早饭，在田野里劳动了。又如：“爱干净的娃娃，天天都洗澡。”这种卫生教育，对当时贫困落后的边区学生来说，实际上是一种讽刺。因为教学内容与群众的实际生活需要脱节，就造成了学校与群众的对立，也不利于边区教育为战争服务和与生产劳动相结合方针的贯彻执行。1942 年全党整风运动开始后，边区教育干部在思想上明确了教育工作必须从边区的具体情况出发，使教育与群众需要和生产劳动结合进来。从 1943 年起，边区便开始了教育改革，到 1944 年达到了高潮。1944 年 1 月 6 日，边区政府主席林伯渠在边区政府委员会第四次会议上作《关于边区政府一年工作总结的报告》中，严厉批评了边区教育存在的教条主义及旧型正规化的倾向，并提出具体改革的方针。主要有：“各学校学制，应照顾学校任务及地方具体情况，作适当的规定，不必强求一致”；“教学内容，以文化教育为主，同时须从思想上确定学生的革命观点、劳动观点与群众观点；并须进行以边区政治、经济为中心的政治教育与生产教育，辅之以时事教育。文化教育亦须从边区需要及学生的现有程度出发，逐渐提高，去其暂时过高者和不急要者。”（中央教育科学研究所，1981）[395]毛泽东在报告中也指出：“要编一些书，搞一些关于生产知识等方面的书，作为教材。学生要学会打算盘，学会写信，学会记账，学会写路条。”（毛泽东，1996c）[115]

在上述方针指导下，边区各种学校根据群众的要求，从群众的实际生活出发注意教育内容的实用性。在公立中小学校的各科教学中，添加了许多实用的知识。在国语教学中，有的按课本教，也有的按季节和当前的运动去教。在教材之外，添加应用文和日用杂字，以及二十四节令、父母名、附近地名等；在算术教学中，大都添了珠算、斤秤歌、炭码、度量衡等；在自然课的教学中，教授农民群众需要的生产知识、自然科学常识与卫生常识等；地理课的教学大都从边区地理教起，配合时事，讲世界战争形势与敌后抗日根据地等；历史课的教学基本上按着由近及远的顺序讲授，使学生了解当前的历史状况（陕西省教育厅，1959）[42-43]。

冬学，作为陕甘宁边区最广泛、最活跃的社会教育形式，在1944年文教大会前后，其教学内容更能体现实用的特点。

> "第一，从群众的具体需要出发，群众要学啥就教啥，如认钞票，学珠算，学一首农歌，教群众自己编的歌子。第二，和群众的业务直接联系。如运盐队、拦羊娃、卖面粉的、卖零食的等，各教他们和其业务有关的字。比如给村主任教记账，算盘，便条，花名册，村、乡、区、县名等。给治安组长教写报告条，看报告条。给优抗主任写收条。第三，和群众的生活直接联系，如把丈夫来的信教婆姨。第四，把群众说的东西，写出来教。第五，使用课本，先了解对象，再确定课本。第六，补充教材，由单字教起，到联句，个人和家庭的简单情况等。第七，给妇女教反迷信、妇婴卫生等。"（陕西省教育厅，1959）[44-45]

这样，教学内容与群众的日常生活密切联系起来，提高了群众学习文化知识的兴趣，从而有利于边区民众教育的推广，并增强了教育的实效。

需要注意的是，边区知识分子对乡村妇女的教育策略尤其体现了从农民的生活实际出发的原则。延安的知识分子新女性是独立、向上且充满活力的，然而，乡村妇女却依然停留在旧日的生活形象里。根据《延安一月》的记载："共产党人是尊重实际的，他们知道在陕北的农业环境，家庭依然是生产的堡垒，破坏到家庭，也就妨碍到生产，还破坏了与农民的关系。从前有些女同志下乡工作，将经济独立、男女平等一套理论搬到农村去，所得的报酬是夫妻反目，姑媳失和，深深地引起民间的仇恨。后来，就决不再提这一切。尊重民间的传统感情，家庭仍是神圣的。妇运的同志，决不再把那些农村少妇拖出来……而只是教她们纺线、赚钱、养胖娃娃。一句话，是新型的良妻贤母主义。"（赵超构，1996）[171]经济独立、男女平等，是现代女性的主要标志，但在当时贫困落后的陕甘宁边区与民族战争的条件下，提倡这一点还为时太早，不利于维护农民家庭的和睦与生产活动，也不利于党群之间的团结，因而共产党实行了"新型的良妻贤母主义"，这正反映了共产党教育政策的务实性、实用性。

1944年文教大会前后广泛兴起的民办学校与民办公助学校在其教学中

更能反映群众对教学内容实用性的要求。如当时著名的民办公助学校杨家湾小学，教师陶端予在教学之前先搜集了群众关于教学的一些意见，如“要学手头字，学应门户的东西，像打条条，写写信，记记账，刷对联，打算盘等等”，“要学了顶事，学一个顶一个”，“多识字，少唱游，不要学了只会吵唱”，“不光识字，还要教的娃娃懂道理，敬老人，爱劳动。”（陕西省教育厅，1959）[85]。她从所教学生的个人、家庭与周围社会出发，在什么季节就讲什么季节的事；把政府工作的设施也当作教材；把学生个人的行为当作活动的教材，对学生进行不同形式的教育，收到了显著成效，受到了学生家长的欢迎。她还根据杨家湾村民与学生的实际生活编了许多歌谣，作为教材。举例如下：

> “山青水绿好庄稼，杨家湾是我的家，男耕女织勤生产，书房还有小娃娃”；“杨家湾，好平川，前流水，后有山，一年打粮百余石；男上山，女纺线，自家织布做衣穿；牛成群，猪满圈，日月太平勤生产”；“四月里来枣发芽，家家户户种棉花；温水泡籽柴灰拌，向阳川地把种下”；“桃花满树开，办起学校来，你出窑洞我出钱，乡长把校长代！”（陕西省教育厅，1959）[85-93]

上述歌谣反映了杨家湾的风土人情与劳动群众响应边区政府号召努力生产与自动办学的情况，真正做到了教育来源于人民生活，体现了人民生活的大众教育观，也体现了生活教育理论的真谛。这是对学生进行自然常识与社会知识教育的好教材、活教材。

陕甘宁边区上述各类教学内容的实用性，反映了其教育的大众性与服务于革命战争的需要，从而在一定程度上得到了广大群众的认可，也有利于共产党在战争中取得胜利。但是，仅仅强调教育的实用性与大众性，往往会忽视教育的长远目标，所谓教育为“百年大计”，仅强调短期效应是不够的，而农民对子女也包括对自己受教育的要求往往存在着“短视”问题，如他们所说“娃娃们能识字、写信、算账就好了”。另外，在共产党最为重视的干部教育中，由于强调教育服务于战争与生产的需要，在其教学内容中，排除了一切为升学考试而存在的课程。根据《民国丛书》第5编第79卷记载，外国语在当时被认为是“消耗精力不切实际”，已经被正式废止；数学课着重在四则、分数、比例等，代数几何则选择极少的、有应用价值的部分来教授，因而添加了“边区建设”、“政治常识”、“生产知识”、“医药卫生”等政治性、实用性强的课程（赵超构，1996）[162]。其实，这里的政治性即是实用性的一种表现，强调政治性正是为了服务于战争的实际需要。边区教育顾及战争与群众的实际需要是必要的，也是必需的，但同时应兼顾教育的长远目标。若在战争时期不为教育的长远目标打下基础，等和平建设时期来临之时，教育的长效性就成为急需，纯粹政治性、革命性、实用性的教育就成为经济与社会发展的瓶颈，从而阻碍社会的进步。

与延安教育模式强调教学内容的实用性相类似，邹平教育模式作为在贫困落后的乡村社会环境下从事社会改进事业的一种政教合一、以教统政的教育模式，也不能不从实际出发，在以人生行谊教育为主要内容的同时，注重教育与当地农村社会环境与农民的实际生活需要相联系。

由于邹平乡村建设的最主要内容就是把全体村民组织参加乡农学校及此后的村学、乡学，因此，本部分即对乡农学校与村学、乡学的教学内容进行分析。邹平的乡农学校的课程分为恒常的及特殊的两类。恒常的课程启发精神，补充常智常能，如精神陶炼，国语，史地，党义，乐歌，国术等。特殊的课程按照当地的问题而谋其适当解决，如凿井，造林，养蚕，自卫，合作等。总之，教育所以教人不是教书。故乡农学校教材之选择，组织与运用，一面须以乡农生活之经验与需要为基础；一面则以乡农生活所在之环境实况为背景（杨效春，1933）。这体现了生活教育理论以农民生活为教育内容的原则。

邹平的乡农学校包括儿童部、妇女部、成人部等。其中，儿童部又分为高级部与初级部。一般在乡学设高级部，在村学设初级部。高级部的课程主要有国语、算术、史地、自然、劳作、体育、唱歌等，各乡可随时增设课程，如山区增加林业知识，棉区增加棉花种植等。初级部主要是国语、算术、常识、体育、唱歌（也叫唱游）（山东省政协文史资料委员会、邹平县政协文史资料委员会，1991）[125-126]。上述科目的教材是当时全国通用的，但不同的是教材可以根据当时当地的需要编写，如新闻消息、乡建活动、精神陶炼以及乡土教材等。唱歌是邹平村学、乡学之儿童部教学内容的一大特色，所教唱的歌有《农夫歌》《吃饭歌》《早会歌》《种树歌》《爱惜光阴歌》《缠足苦》《苏武牧羊歌》等。这些歌曲或者反映了儿童的学习生活，或者反映了乡村建设的主要内容以及中国历史与伦理道德之精华。

如《吃饭歌》:

> "一粥一饭，来处当思；粒粒辛苦，吾民膏脂！嗷嗷待哺，遍地皆是；不劳而食，吾辈羞耻。"（杨效春，1935）[36]

如《早会歌》:

> "初出的阳光，照着空气清且新。英伟的少年，振起壮志定乾坤。好兄弟，好姐妹，大家有精神。一堂欢聚，来过这美好的清晨。"（杨效春，1935）[41]

课外活动时间，经常由教师带领高年级学生，通过讲演、办黑板报、喊口号、演活报剧等形式，宣传男子剪发、女子放足，禁止早婚，破除迷信，新法接生等（山东省政协文史资料委员会、邹平县政协文史资料委员会，1991）[214]。这种通过课外活动对学生进行教育的内容及形式，皆反映了乡村建设及农民生活的需要，不仅使学生巩固并运用了课堂所学内容，而且对乡民起到了宣传教育作用。

妇女部的课程一般以"识字明理"为主，有的村学教员采集描写乡村生活的歌谣童话，加上自己的创造，编成教材，并添设家事科，授给妇女以实际生活的各项智能。还有采用《烈女传》及《家庭周刊》上之各种家庭常识等（萧克木，1936）[226-228]。由此可见，邹平乡村建设中对妇女的教育主要还是以传统妇女的角色为目标定位的。

成人部的课程无统一规定。贺家村村学成年部的课程为时事、农家副业、常识与识字。教员为引起学生兴趣，除用各种忠孝节义的历史故事，如岳武穆传等之外，梁漱溟编的《乡学、村学须知》，也是主要的教材（萧克木，1936）[227]。

多数村学、乡学在冬季的晚上开设冬学（也叫成人夜班）。这里以第十二乡学为例。每年冬季的晚饭后，辉里村的男女老幼均可参加冬学。绝大多数是男性成年人，妇女很少。课本以《乡农的书》为主，全书100课，每晚一课，一冬学完。关于《乡农的书》，本文第四章已对其进行介绍，该书除了注意对乡农进行人生行谊教育，树立作为乡村农民的自尊、自信与人生向上等做人的道理之外，还有关于农村生产生活中所常用的字、词的介绍，如《马牛羊》《一亩园》《三间屋》《土布衣》等，教育农民养成新团体生活与风俗习惯，如清洁、种痘、放足、戒毒品、戒早婚、合作等方面内容，具体课程有《储蓄》《清洁》《习拳》《毒品》《放足》《种牛痘》《戒早婚》等，还有关于山东、中国以及世界的历史地理与文化等知识以激发农民的民族意识与民族自豪感，激励农民奋发向上。除此之外，还有教师教授合作、武术、织棉袜等（山东省政协文史资料委员会、邹平县政协文史资料委员会，1991）[214]。上述内容，主要反映了邹平农民的日常生活与乡村建设的需要，有利于激发农民主动向学的兴趣，也体现了生活教育的原则。

邹平的村学、乡学每年还办有对成年男子的培训，如联庄会训练班、青年义务教育训练班、成年部等。其主要课程有军训及唱歌、精神讲话、乡农的书、时事报告、自卫要义、合作等（宋乐颜，1937）。其训练经常以唱歌来陶冶士气，如训练联庄会会员所唱的歌有：《党歌》《国旗歌》《武装老百姓歌》《救国歌》《乡村自卫歌》《服从团体命令歌》《吃饭歌》《责任歌》《训练队队歌》《奋发精神歌》《民族道德歌》《守本分歌》《精神陶炼歌》《认真训练歌》《早起歌》《朝会歌》《轮流当会员歌》《劝办联庄会歌》《邹平风景歌》《爱惜光阴歌》《出操歌》《团结歌》22首（山东邹平实验县政府，1936）[156－162]。随着日本帝国主义侵略铁蹄的日益逼近，为抗敌自卫、防范土匪、保卫村民安全的需要，邹平村学、乡学在乡建后期普遍对成年男子进行这些培训，课程内容与所唱歌曲皆以联庄自卫、训练、合作、振奋士气为主要内容，具有较强的实用性，同时也体现了梁漱溟培养乡民的民族精神的乡村建设宗旨。

村学、乡学教员在从事上述教育的过程中，经常遇到教材缺乏或者不适用的问题。例如《乡农的书》，初学的乡农用它是适合的，而对于程度稍高，已经在小学或私塾读过两三年书的人便不适合；对于年龄小、经历浅的儿童亦不适合。研究院教师杨效春根据生活教育理论提出了“活”教育观，他指出：

“一、我们要引导乡农活用书，用活书，用书活，不要训练他们死读书，读死书，读书死！

二、我们要为人教人，不要为书教书！

三、我们要以人教‘人’，不要以人教‘书’！

四、我们要以‘人’教人，不要单单以‘话’教人，更不要单单以‘书’教人!”（杨效春，1934）

他认为，凡儿童眼所见，耳所听，口所尝，鼻所嗅，身所触，意所想的，莫不可加以搜集选择编次，作为教导他们的教材。如邹平乡间常见的树木，农家常种的作物，农家常养的家畜，农家常备的家具，乡间常见的野兽和鸟，农人常穿的衣服，邹平人常食的食品，邹平人士居住的房屋，等等。他还提出根据所教对象的不同职业自编不同的教材，如教“推石人”，就教给他们《给推石人》：“北风呼呼叫，我在路上跑；一步一步往前推，汗珠往下掉。没有推石人，房屋不能造”；教“摘棉人”，就教给他们《给摘棉人》：“棉花开，白朵朵！先暖爹娘后暖哥。一家人家暖个遍，不种棉的穿什么”；教“拾粪人”，就教给他们《给拾粪人》：“手拿铁粪钗，背负柳条筐；早起拾狗屎，秋季多打粮!”杨效春还列举了研究院教师周文山在邹平第十二乡学指导同学实习期间，自编的“莲花落”式的课文来指导各村学的小学生做小先生，办共学处，教导当地失学的儿童。如“第一课：棉花白，真正好；摘下来，做棉袄。第二课：棉花老，拾完了；大家来，进学校。第三课：学校里，朋友多，大家来认字，大家来唱歌；大家欢喜笑哈哈。第四课：共学处真方便，不费工夫不耗钱；大家快来把书念!”（杨效春，1934）杨效春所说的上述教学内容，都不是“死”的教材，而是教师随时随地随看随想随感悟而编出来的“活”教材，真正反映了农村儿童生活的实际，使学生感到熟悉、亲切，句子又朗朗上口，从而提高了学习兴趣，有利于普及教育的开展。这种“活”教育观与依据不同教育对象编出来的“活”教材，与当今中国基础教育改革提出的“用教材教”而非“教教材”的理念何其相似!

综上所述，限于陕甘宁边区与邹平两地贫困落后的乡村社会环境，两种教育模式皆强调因陋就简，从当时当地乡村民众的生活实际出发，强调教学内容取材于当地农民的生活，体现了实用性的特点，二者的教学内容具有许多相同或相似之处，如都强调勤劳、卫生、清洁，反对迷信以及缠足等乡间陋俗，并都收到了一定的成效。但二者的文化路向不同，决定了二者在教学内容上皆具有实用性与相似之处的同时，其精神导向还是有区别的。邹平教育模式对乡农的教育强调发扬民族道德、做人的志气、守本分与服从团体的观念，而延安教育模式则注重教育的阶级观念与革命观念、斗争观点。

四、教学方式的平民化与灵活性

既然两种教育模式皆以生活教育理论来指导当时落后的乡村教育，从乡村民众的需要出发来教育儿童及成人，这就决定它们在强调教育内容实用性的同时，必然根据不同的教育对象与不同的时间、地点，强调教学方式、方法的平民化与灵活性。

（一）延安："与学生打成一片"与"民教民"、"小先生制"

陕甘宁边区政府从教育服从于革命战争与边区群众生活实际的原则出发，规定了边区的教学"要理论与实际一致……教的要多用启发、辅导、实验；学的要自动、虚心、实事求是。教员要随时作在职学习，提高自己的政治认识、学术水平，改进教学方法；并多采集实际材料，丰富教学内容。学生要团结互助，养成正确的集体生活与集中的民主作风"（中央教育科学研究所，1981）[319]。具体到对教师的要求是"教员与学生应打成一片，共同生活，共同甘苦。教师要'以身作则'，对学生起模范作用"（中央教育科学研究所，1981）[138]。上述决定与原则体现了对教员教学方法的多样化、平民化与灵活性要求，以利于学生的健康发展，并符合民主社会的需要。

在政府的积极引导下，陕甘宁边区的教师逐步创造出许多新的教学方法，如拆字教学法、实物教学法、现场教学法等。延市杨家湾小学教师陶端予，根据学生及其家庭的实际需要，在自编实用教材的基础上，创造了联系实际与讨论启发的教学方式。她教学生识字，先从实际事物着手，然后再教认、写、用。教算术科的度量衡时，先实地学丈布、量粮、过秤，以后再学记法；学九九歌，学算盘，都是先明道理，后学口诀。再如出题先让学生讨论，予以启发，最后引出结论，以增强学生的记忆。她利用各种游戏进行教学，像"联句"、"锄草问答"、"识字积木"、"吹粉笔"、"过关"等。陶老师的最大特点是，能放下教员的"架子"，与学生建立了亲如姐妹的关系，学生们都亲切地称她为"陶姐姐"。她以耐心地说服教育工作使儿童明白道理并心悦诚服地接受道理，而不是服从自己。她还帮助学生根据家庭的情况，结合家长的意见，制定个人努力的计划，组织各种竞赛，以培养学生的主动性与上进心，并与家庭教育配合，鼓励好学生，耐心细致地教育调皮学生（陕西省教育厅，1959）[97-102]。通过努力，她赢得了学生及其家长的信赖和热爱，并获得了荣誉，在陕甘宁边区第一次文教大会上荣获特等奖，成为边区教师的模范。类似于陶端予的边区教师还有延市西区的民办裴庄小学教师王云、莫家湾小学教师田心等，他们皆得到了学生的热爱与家长的称赞。他们之所以成为备受学生喜爱的教师，关键在于他们热爱学生，与学生建立了平等而亲密的关系，与学生打成一片，并通过多种教学方式与方法教育学生，使学生不仅获得了知识，并在集体生活中学会了民主自治与管理，明白了做人的道理，感受到了健康、团结的集体生活的欢乐。

在陕甘宁边区，最能反映教学方式的平民化与灵活性的是普遍推广的“民教民”与小先生制。针对边区落后的经济条件与师资缺乏问题，毛泽东在《关于陕甘宁边区的文化教育问题》的报告中也提出了“民教民”的观点，他说：

> “什么人教呢？就是老百姓教老百姓。现在我们的部队是官教兵，兵教兵，兵教官……识字组也可以民教民，认识十个字的就可以当组长，认识一百个字的就可以当委员长。”（毛泽东，1996c）[115]

所谓“民教民”，就是会的教不会的，可以父教子，子教父，夫教妻等。“小先生制”，是著名教育家陶行知提倡的一种教学方法，即不受正规的课堂、教师制约，提倡能者为师，先学教后学，大的教小的，会的教不会的，小孩也可教大人，即知即传，是普及教育中“攻破先生关”的重要手段。针对师资缺乏问题，陕甘宁边区政府教育厅在其发布的指导边区教育，特别是社会教育的文件中多次强调实施“小先生制”，以补师资之不足。如1940年的《边区教育宗旨和实施原则（草案）》关于“小学教育实施原则”之“教学法”指出，“应该采取‘即知即传’的办法，使儿童一面教，一面学，在教人上教自己”；“关于社会教育实施原则”指出，“应采用‘即知即传’的原则，实行小先生制，进行消灭文盲，推广社会教育”，该草案还进一步指出了关于社会教育的实施办法：

> “1. 应采取‘会的教人，不会的跟人学’的原则，粗识字的人可教不识字的人，程度高的可以教程度低的，前进的帮助落后的。2. 应采取‘以教人者教己’的原则，凡粗识字的人即可教同组不识字的人，自己一面教，一面学。3. 应采取‘即知即传人’的精神，凡识字小组

组员识字后，就可以去组织新的小组，教别的文盲。4. 应尽量利用小先生来教识字小组。”（中央教育科学研究所，1981）[137,142-143]

上述有关教育的原则与观点皆体现了先学教后学、即知即传的普及教育观。

关于让小先生教识字组的问题，边区政府教育厅在通令中指出，各县三科要分区召开校长教员联席会议，专门讨论此问题。需讨论的问题有：一、小先生要以个人家庭文盲为消灭的对象，然后再推广到邻居亲戚；二、小先生怎样学习，怎样去教人；三、怎样训练与考察小先生领导及教学识字组组员的能力；四、怎样测验小先生领导识字组组员的成绩；五、怎样奖励小先生等。（中央教育科学研究所，1981）[83]

在陕甘宁边区政府及教育厅的积极引导下，边区的社会教育热火朝天地兴办起来。根据教育对象，社会教育的教学方式灵活多样，经常采用的有“民教民”、“小先生”、个别教学、分散与集体教学相结合等方式，有的采取“啥时来，啥时教，早来早教”，以及“轮回教育”、“家庭教育”、“挨户教育”等办法。还有的根据当地情况和群众需要创立激励教学、实物教学、妇女识字牌、作坊教学等。在家庭教育中，识字的教不识字的，识字多的教识字少的，夫教妻，子教母，孙教祖，弟教兄，妹教姊，媳教姑，嫂教姑，关中有 9 岁的儿子捉着父亲的手，教父亲写字的事例。在村庄范围内，则以各村普遍出现的“庄户先生”、“百字师”、“千字师”为教员，创造了“民教民”的多种形式。为调动教员与学生教学、学习的积极性，形成积极进取的风尚，边区还组织了各种竞赛，使各教育组织间相互促进，使教员和学生对教与学更加努力。竞赛内容包括：举行识字竞赛；举行讲演和讲故事竞赛；定期测验，识字组之间进行成绩比较；冬学与冬学、冬学与小学相互参观等。其中，在家庭范围内进行的夫妻识字比赛，更容易调动年轻夫妻的学习积极性，使他们兴趣更高，进步更快。

“小先生”也在陕甘宁边区的民众识字教育中起到了重要的作用。一般是小学生做小先生，先教自己的家人或失学的儿童，并经过这些儿童再教他们的家人。在这方面做得最好的，是绥德实小学生刘佩珍的识字组，她是实小五年级学生，15 岁，她首先从家庭做起，然后走到街头，利用儿童好玩的心理，团结他们进行教学。刘佩珍组织的识字组有大小男女娃娃 30 余人。另外，米脂东小刘安信领导的儿童团识字组，新正南庄中小王拴牢领导的拦羊娃识字组等，都有很好的成绩（《人民教育》社，1979）[156]。全身心投入乡村小学教育、成绩卓著的陶端予老师也通过“小先生”来教育、管理其他孩子与实施社会教育。开始时，大娃娃怕误课，小娃娃不服气，陶老师就对小先生进行教育，奖励互助精神，以大家的学校大家办的道理团结了一部分好学生，从中选出了竞赛委员、组长、卫生委员、娱乐委员等。渐渐地，他们对学校有了主人翁的责任感，成为学校的中坚，既能帮助管理学校，替教员上课，又能照顾小娃娃等。除此之外，陶老师还选了4个可靠的小先生教居住分散的村民识字。在他们的影响下，杨家湾掀起了普遍的群众识字热潮，就连全村最落后的婆姨都加入了识字组。其中一个叫刘锁的小先生，他教了一个婆姨组，教字耐心，并且注意讲求方法，深得村民的喜爱。在他家到上课地点的路上，晚上经常有狼群出没，于是刘锁以敲铜盆壮胆，村民们常在深夜时听到一阵敲铜盆的声音，那就是刘锁的婆姨组下夜学了。婆姨们说：“识不下字，对不起我们刘锁！”（陕西省教育厅，1959）[109-110]由此可见小先生在群众心目中的地位，小先生在陕甘宁边区的社会教育中起到了重要作用。

上述“民教民”与“小先生制”作为边区社会教育的主要教育方式，体现了教育者与被教育者之间的平等关系，以及教学方式的平民化与灵活多样的特点，从而进一步体现了陕甘宁边区政权的民主性质，以及群众路线的办学形式与教学方式，为边区的基础教育与民众教育作出了重大贡献。

（二）邹平：理论指导、榜样示范与共学处、导友制

邹平教育模式在乡村建设理论与生活教育理论的指导下，也以平民化与灵活多样的教学方式为特点。这一点首先体现于时任邹平实验县教育科长的杨效春的教育理论与行动中。在其制订的《邹平县乡村教育普及方案》中，杨效春提出以下15个“认定”。

> “一、我们认定人生必需教育。
>
> 二、我们认定教育必须普及。
>
> 三、我们认定生活即是教育。
>
> 四、我们认定社会就是学校。
>
> 五、我们认定一乡便是一个乡学，一村便是一个村学。
>
> 六、我们认定人与人相处，言语行动互相影响便是互相教育。

七、我们认定大人能教小孩，小孩能教大人。

八、我们认定老师能教学生，学生亦能教学生。

九、我们认定人活到老、做到老、学到老。

十、我们认定知者有教人的义务，能者有传人的义务，善者有诲人的义务……自立立人，自达达人，自觉觉人，是人生最高尚的道德，也就是吾民族最伟大的精神。

十一、我们认定邹平人民，对县、对乡、对村，在教育上负担已不为轻……要想普及教育，必需全县全学校的校董、教师和学生共同发愿，采用'即知即传人'的办法，为全县大众结成生活教育之网。

十二、我们认定教学做合一是最有意义的生活法，亦即是最有意义的教育法。

十三、我们认定乡村建设与乡村教育必须联合进行。

十四、我们认定人生须共生，即须共学……彼此相学，彼此相长，进步无穷，乐亦无穷。

十五、我们认定人皆好学。人人皆知学是好事。人之所以不学，必有其困难或障碍，如把他的困难障碍除去或减少，他亦能与常人一样是好学的。"（杨效春，1934）

在上述"认定"即原则的基础上，杨效春制订了普及教育的具体办法。其主要内容是各乡学、村学教师鼓励并指导所有学生担任"教生"（后在《邹平实验县教育辅导方针》中称为"导友"——笔者著），每人每日课后须教导家中或邻居学众二人读书唱歌半小时以上，学董、教师负有辅助、指导、考核之责。学校的日常功课中加入"怎样做教生"一项，训练学生教导大众，并鼓舞大众的兴趣，解决他们的困难。教学方法有个别教学与集体教学两种，教学地点可以是家中、店里、街头、监狱或者是野外林间，无不相宜。学众可以进行如下编制：三人为一学组，设学组长；三学组为一学群，设学群长；三学群为一学联，设学联长；三学联为一学团，设学团长。团以上直属于各村学或村立学校。上述学组长、学群长、学联长、学团长分别担负本组、本群、本联、本团学员共同向上、继续学好之责。另有各种补助与奖励措施（杨效春，1934）。由"教生"担任普及民众教育的任务，与延安普遍推行的"小先生制"颇为相似。从其教学方法与教学地点的多样规定来看，是颇为灵活多样的。

作为教育科长的杨效春先生，在其指导各村学、乡学教员，即山东乡村建设研究院学生的教学过程中，也体现了其教学方式的平民化与灵活性。他每到一处都请小学生出来站队，开步，唱歌，晒晒阳光，呼吸新鲜空气，同时与小朋友们谈话。有小学生称他“杨科长”，他说：“我是你们老师的朋友，你们可以叫我杨老师，不要叫我杨科长。谁会写‘杨’字的，请举手……你们就在地上用手指头写写看。”然后他又让小学生自己想法来问与他同行的四位同学的名字，说：“你们之中，谁能向他们，有礼貌的一一问个明白呢?”甲学生向于同学行礼，礼毕问：“先生！贵姓?”于答：“敝姓于，干钩于。”杨效春就让小学生在地上写“于”字。以此方法，杨效春先生让学生一一有礼貌地问了其他三个随行同学的姓与籍贯，在短短的几分钟时间内，小学生认识或复习了五个有关“姓”的字：杨、于、许、段、李，并了解到他们的籍贯分别是浙江、山东、湖北、云南，还知道了湖北的武昌起义与云南起义（杨效春，1934）。这样，小学生不仅识了字，还学习到了地理与历史知识，并复习运用了平时所学的文明礼貌习惯。作为教育科长的杨效春先生通过类似的参观、指导，教育了所到村学、乡学的学生，体现了其教学方法的平民化与灵活性，同时，对教员的教学也起到了指导、示范作用。

为普及邹平教育，邹平实验县政府颁布了《邹平实验县教育辅导方针》与《邹平实验县设立共学处注意事项》，前者规定对16—30岁之间失学青年的教育采用导友制，分为识字导友与专科导友（萧克木，1936）[173]；后者规定，在经过调查与召集村老谈话取得其同情理解后，各村学、乡学把各所在村镇6—14岁的失学儿童，编入共学处，由各乡学学生及村学三、四年级学生担任导友，学生称为学友，由导友对学友进行教育。共学处学生以3—10人为准。教学时间与地点由各导师（即教员）与导友斟酌当地情形自行决定。导师每日至少须对所办之共学处巡视一周，并随时予以指导（萧克木，1936）[294-296]。截止到1937年1月，全县设有共学处466处，学生达5 468人。学生由导友自由招生，小孩邀小孩，亲切又自然。每天利用他们吃过午饭后的一点钟，乡学、村学儿童部的导友（即学友）把教育送到他们门上去。课程主要有：识字、唱歌、卫生讲话、礼节练习与游戏。每一个导友有学生在3个以上，便成立一处，钉上第几共学处的牌子。各村共学处在各村成立全村共学处联合大会，每星期日举行一次，地点在各乡村学。由导友表演，讲故事，讲公民常识、公民道德等。学友联合唱歌，做团体游戏等

（祝超然，1935）。共学处还组织导友教学研究会，对在教学中遇到的问题共同研究对策。邹平县郭庄乡共学处导师还组织导友讨论对学友的这些要求：一、注重礼节；二、守秩序；三、讲卫生。还规定了细目要求，如对父母、兄弟姐妹、邻居长辈、客人、同学、老师等应有的礼节，上课要遵守的纪律及养成具体的卫生习惯等（萧克木，1936）[303-305]。导师还对导友提出了要求，如要有真心、有毅力、有牺牲精神，要守时间，行计划，不推诿，不畏难，才能作出不朽的事业来。邹平各村各乡共学处的导友在教员的鼓励与指导下，不管是在炎炎的烈日下，还是在凛冽的寒风中，都坚持去教学友识字、唱歌等，为普及儿童教育作出了贡献。

综上所述，受陶行知先生之生活教育理论影响，两种教育模式在教学方式的平民化与灵活性方面进行了各种成功探索。延安教育模式的“民教民”、“小先生制”，邹平教育模式的“共学处”、“导友制”，即为其探索的成功案例。“民教民”、“共学处”、“导友制”与“小先生制”皆为贫困的乡村地区普及教育的重要方式，其主要作用在于普及识字教育，扫除儿童文盲和成年文盲，它们在对乡村工作与联络民众感情上还具有媒介作用与沟通调和的功能，有利于共产党和研究院各项教育方针政策的宣传与推广实行。

五、以社会教育为重

延安与邹平这两种教育模式还有一个相同之处，即皆强调对民众的社会教育的重要性，认为社会教育重于学校教育。如陕甘宁边区教育厅在1943年制定的边区教育总方针规定：“第一在职干部教育，第二学校干部教育，第三社会教育，第四国民教育。”亦即在陕甘宁边区，社会教育的地位仅次于干部教育。而梁漱溟也认为中国处此非常时期，“应以全力办民众教育，办社会教育”（梁漱溟，1992）[436]。但是，二者强调其重要性的原因却有所不同。

在梁漱溟看来，“在平常的时候可以重在儿童教育，加速使社会中未成熟的分子使之成熟，好让他们来绵续文化而求其进步。在中国的此刻已非平常的时期，应着重成人教育，应以全力办民众教育，办社会教育，因为我们着意在改造文化，创造文化，而不是绵续文化。我们的此刻正是中国文化的一个转变期，正是除旧布新的时候。所谓除旧，旧是在成人的身上，除旧则必对成人下工夫；所谓布新，尤须对成人而言，比如改良农业，或作农业推广，你不对成年的农人作教育的工夫，又能如何呢？所以要创造文化，故施行成人教育，施行成人教育即所谓创造文化，即所谓乡村建设，即所谓社会教育。乡村建设与社会教育，是一而二，二而一者”（梁漱溟，1992）[435-436]。梁漱溟是从“改造文化，民族自救”之乡村建设的角度来强调成人教育即社会教育的重要性的。他认为，当时中国问题的根本所在不是对谁革命，而是“改造文化，民族自救”，并且，这个重大的问题早就掩盖了其他问题，纵有革命也是在民族自救意义的范围之内的。而要完成这个重大任务，就需要“革命的知识分子下乡间去，与乡间居民打并一起而拖引他上来”（梁漱溟，1992）[216]。这个过程就是成人教育，也就是社会教育的过程。“文化改造，民族自救”的任务决定了邹平之社会教育的内容不仅是识字，更要“明理”，即“明理第一，识字第二”。民众所要明之“理”，主要有团体意识之养成、合作能力之训练、早婚缠足等陋俗之戒除，亦即养成新的团体生活习惯；更重要的是，培养伦理主义、人生向上之中国人的“理性”。

与梁漱溟从“文化改造，民族自救”的角度强调社会教育的重要性不同，毛泽东与陕甘宁边区政府则从革命与战争的角度强调其重要性。从边区经济、政治与军事的角度出发，毛泽东认为，“如果不发展文化，我们的经济、政治、军事都要受到阻碍。现在我们是被拖住了脚，落后的东西拖住了好的东西，比如不识字、不会算账，妨碍了我们的经济、政治、军事的发展。假如我们都能识字，文化高一点，那我们就会更快地前进……我们来一个五年计划，去年算一年，今年是第二年，在这五年中间，使陕甘宁边区一百四十万老百姓，加上党政军十万人，一共一百五十万人，统统把文盲消灭掉，把边区人民的文化提高到一个必要的程度”（毛泽东，1996c）[110-111]。这反映了毛泽东对边区社会教育的殷切期望。在此基础上，毛泽东还进一步提出了消灭文盲之目的，他说：“我们提出一百四十万人在五年之内都可以看《边区群众报》。即使再推延五年，十年之内人人都可以看《边区群众报》，也可以。我们共产党是以有雄心著名的，在十年之内，我们要使老百姓人人都可以看《边区群众报》，有三分之一的人能看《解放日报》。”（毛泽东，1996c）[114-115]毛泽东上述讲话明确反映了边区社会教育的政治、军事目的。《解放日报》是陕甘宁边区政府的机关报，而《边区群众报》则是《解放日报》的通俗版。让群众能读懂这两份报纸，就可领会共产党关于政治、经济、军事的方针政策，从而更有利于边区革命事业的顺利进行与民族解放战争的胜利。

邹平、延安两种教育模式皆强调以社会教育为重，但是二者的出发点是不同的。前者从文化改造、民族自救的角度，而后者则是从政治革命与民族解放战争的视角提出社会教育的重要性的。

综上所述，邹平、延安这两种不同路向的乡村教育模式皆把陶行知的生活教育理论当作其教育的指导思想，具体表现于办学形式的多样性、教育内容的实用性、教学方式的平民化与灵活性、以社会教育为重等方面。这一方面反映了生活教育理论的普适性，同时也说明了这两种模式的教育皆是因地制宜，从当时当地的实际情况出发的。尊重现实，面向现实，实事求是，是教育的重要规律之一。它们都做到了这一点，因而其教育也在不同程度上获得了成功。对两种教育模式之总结比较还将对当代中国农村基础教育改革产生重要启示。

第六章

当代我国农村基础教育：问题与建议

如今，历史的车轮在辗过七八十圈之后，中国农村教育与“三农”（农村、农民、农业）问题一样，仍然面临着许多问题，如农村教育的资源、结构、内容与价值取向等问题。农村基础教育、职业教育与成人教育，构成了我国农村教育结构的基本组成部分。上述问题更多地体现于农村基础教育中，因此，本章的研究范围主要在农村基础教育上。从狭义上讲，农村基础教育的主体是普通中、小学教育，即普通高中、初中与小学教育三个部分。但从广义上讲，“其范围还要向两头延伸，一头延至基础的学前教育，另一头延至成人扫盲教育和成人的文化补偿教育，如历史上的工农速成小学、工农速成中学和现行的业余初等教育和业余中学”，它们“是在没有完成基础教育人群中的一种补偿性的基础教育”（李少元，1996）[123]。

70多年前的两种教育模式对于解决当代我国农村基础教育所面临的上述问题，仍有一定的启示与借鉴作用。

一、当前我国农村基础教育面临的主要问题

有不少学者认为，当前我国农村基础教育面临的主要问题，是农村学生“升学无望、就业无路、致富无术”。这些问题揭示了我国农村基础教育的根本问题，是价值取向、内容与结构以及功能问题。同时，教育资源问题，尤其是教育财政投入不足与管理不当是制约我国农村教育发展的首当其冲的问题。

（一）教育资源问题

我国农村基础教育的资源可分为财力、物力与人力资源三个方面。试就此三个方面做简要分析。

1. 财力、物力资源配置不足，管理不当

我国农村基础教育的财力与物力资源曾经非常匮乏，财政投入严重不足，物力资源奇缺；并且对现有资源的经营管理不善，造成严重浪费。教育资源的配置存在明显的地区差异与城乡差异。近几年来，中央政府进一步明确了农村教育“重中之重”的战略地位，制定并实施了新的《中华人民共和国义务教育法》。新的《义务教育法》规定，“义务教育实行国务院领导，省、自治区、直辖市人民政府统筹规划实施，县级人民政府为主管理的体制”，“国务院和县级以上地方人民政府应当合理配置教育资源，促进义务教育均衡发展，改善薄弱学校的办学条件，并采取措施，保障农村地区、民族地区实施义务教育”。义务教育的责任上升到县级、市级、省级一直到国务院，有利于农村义务教育资源的合理配置。2006 年开始实施免费义务教育与“两免一补”（免杂费、免教科书费、补助寄宿生生活费）政策，全国共有 1.5 亿农村（含县镇）义务教育学生（占全国 85%）不仅全部免交学杂费，而且享受政府提供的免费教科书，上千万名农村贫困寄宿生的生活补助标准也提高了。这就初步解决了我国农村义务教育的经费问题，我国农村基础教育的财力、物力资源短缺状况在一定程度上得到缓解。许多农村学校新建了教学楼、办公楼、图书馆、学生宿舍等，但在教学仪器、实验设备、图书资料、现代化的教学手段等方面，农村中小学与城市学校相比仍有较大差距，尤其是教育信息化和教育技术水平更低。而且，由于某些农村中小学校领导学历层次较低，缺乏基本的管理理论素养，管理效率低下，造成对学校教育资源的严重浪费。新课程改革以来，农村学校教师在用新教材授课时，除了极少数经济条件较好的地区，基本上仍然停留在一支粉笔、一张嘴、一块黑板、一本书的教学条件上，很多学校没有能力购买与新教材配套的实验仪器、音像设备、音像资料等。即使个别学校有实验室、多媒体教室，大多只是摆设，作为学校评级的工具，或者只是在举行“优质课评比”、“公开课观摩”时使用，大多数教师平时不用，甚至根本不会用（王世光，2007；顾予恒，2007）。因此，在加大对农村基础教育的财力、物力资源的投入的同时，更重要的、亟待解决的问题是如何对农村基础教育的财力与物力资源进行合理配置与管理，使其发挥最大的效用。

2. 人力资源素质偏低

除财力、物力资源外，农村基础教育的人力资源主要指教师资源，教师资源的配置、培训得当与否，将决定着我国农村基础教育的质量。因为师资力量的好坏，直接影响到学校的教育教学质量。但由于农村教师待遇低，生活条件差，很多人不愿意到农村任教。一些刚毕业的大学生，宁愿在家待业，也不愿意做乡村教师；教学水平稍高的农村教师则想方设法挤入城市。师资的流失，导致一些贫困农村的中小学校里一个教师跨年级、包班上课的现象司空见惯。在许多农村学校，英语、音乐、体育、美术、计算机等学科的教师严重缺乏，无法适应新课改与学生全面发展的需要。目前，农村中小学校教师学历普遍偏低，学历达标与能力达标存在较大落差，教师素质参差不齐。以湖南省为例，农村小学专任教师中本科以上学历占的比例不到城镇的 20%，初中也只相当于城镇的一半，如衡阳市农村学校教师第一学历合格率为 22.7%。尽管通过大规模的学历补偿教育和在职培训，农村教师学历达标率得到极大提高，但教师素质仍然不能满足基础教育发展的需要。农村一些学校的大部分教师是本镇（县）未考上大学的高中毕业生，甚至一些初中毕业生也当起了教师，很多贫困县还有一部分教师小学毕业（胡春丽，2007）。另外，相当一部分农村教师教育观念陈旧，知识老化，教学方法落后，固守陈规，不思进取，难以适应基础教育课程改革的需要。尤其是在信息化迅速发展的今天，他们无法赶上时代前进的步伐。教师的低素质直接影响、限制了学生素质的提高。由于教学质量不高，一些农村中学的生源逐渐流失。2002 年，对全国 6 省 14 县 17 所农村初中的一项调查表明，农村初中学生辍学情况目前依然十分严重。被调查的 17 所农村初中，辍学率最高的达 74.37%，平均辍学率为 44.71%。调查证明，农村学生流失的主因不是贫困，而是学而无用，是教学质量差导致学生厌学，求学无望（史宁中，等，2005）。可见，改善我国农村基础教育的师资力量，以提高农村中小学校的教育质量，已迫在眉睫。

综上所述，人力、财力、物力等资源的进一步合理配置，是我国农村基础教育所应解决的主要问题，尤其是人力资源即教师资源的合理配置、流动与培训，是提高我国农村基础教育质量的当务之急。除此之外，农村基础教育的价值取向问题，也是制约我国农村教育发展的关键问题。

（二）价值取向问题

受城乡生活、机会差别大，教育资源的城乡分配不均以及应试教育的影响，目前中国农村基础教育的价值取向或目标主要集中于一点：让学生考上大学，离开农村。调查数据显示，绝大多数农村学生家长的最大期望是“子女毕业后升学”（占被调查的 3 484 名家长的 92.3%），绝大多数农村学生初中毕业后的愿望也是升学（占被调查的 3 584 名学生的 89.2%）（洪俊，2006）。甘肃会宁的“学生苦学、老师苦教、家长苦供”的“三苦精神”（张宝石，2008）[272]，即是这种现状的典型代表。无独有偶，一位丹麦学者在 20 世纪 90 年代对山东邹平一位女中学生的访谈也说明了这一点。这个女孩说：“我在中学所学的对我毫无用处，像物理、化学和英语。但我始终知道我为什么学习：为了考大学，离开农村”（曹诗弟，2005）[270]。而实际上，农村学生升入大学的比率还是比较低的。就全国整体水平而言，2005 年高校入学率已达到 22%，大中城市达到 30%—40%，北京、上海达到 60% 以上，而广袤的农村只有 10% 左右。从根本上说，农村教育是围绕 10% 的孩子设计的，是精英教育，90% 的人在陪 10% 的人读书（解飞厚，2006）。

事实证明，这种以升学为唯一目标、以城市为取向、以与农村生活无关的知识灌输为主要方式的单一的农村基础教育模式，已经严重地扭曲了农村少年儿童的人性，影响了农村青少年的全面发展与农村社会经济的发展。近年来，有些来自农村的大学毕业生在城市找不到工作，又回到农村，却不能融入农村社会，成为农村的“游民”。他们“承受着巨大的社会舆论压力和自我心理压力，过着受刑一般的日子。他们苦着一张脸，不知道如何逃离这种困境……他们因为受过更多教育，所以必须守住自己的衣冠楚楚的怀才不遇”（韩少功，2003）。而那些绝大多数无法考上高中或大学的落榜者，由于在学校所接受的多是与农村生活无关的教育，从而没有掌握相应的农村生活与生产技术，他们回到家乡后也成为不能尽快适应农村生产生活、在农村找不到自己位置的游民。他们即使有机会以打工者的身份来到城市，也会由于自身文化素质不高而在市场竞争中处于被动、不利的地位。这种以升学为取向的、单一的教育模式还导致许多学生由于厌恶学习或升学无望而辍学。

这种以升学为唯一价值取向的农村基础教育定位，早在 80 年前就受到了陶行知先生的批判："中国乡村教育走错了路！它教人离开乡下向城里跑……它教农夫子弟变成书呆子。"

这种单一的价值取向，决定了农村基础教育的问题还在于其教学内容以远离农村生活的城市化为主要取向，即非生活化、非农村化。

（三）教学内容问题

与城市基础教育相比，我国农村基础教育具有特殊性、差异性和不平衡性，这就决定了其教学内容也应有其特殊性与多样性。但目前农村基础教育价值取向的单一性决定了教学内容也具有单一性，即以远离农村生活的城市化倾向为主要教学内容，以应试教育为主要特点。农村基础教育的课程设计、教材编写与农村生产生活、经济社会发展实际需要相脱节，学生学到的基础文化课，甚至劳动技能课难以解决许多农村生产技术与经营管理问题。例如，有学者认为，中小学的课程无论在插图还是课文内容，都反映了一种城市生活的价值取向，城市代表着现代生活，代表着现代化，成功人物也是城市特色。现行小学课程的一个重要内容就是培养对工业、城市与现代生活的向往与羡慕，这种内容面对乡村小学及其学生时愈发显得突出（余秀兰，2005）。而且，多数农村中小学校为应付考试，只教授学生书本知识，甚至只教授语、数、外、物理、化学等需要考试的基础学科，至于体育、美术、音乐与劳动技术等非考试科目，许多农村学校根本没有专科教师，对这些学科的教学也只是流于应付。城市取向与以应试为目的的教学内容导致本来出自农村、多数可能还将回到农村的中小学毕业生"种地不如老子、养鸡不如嫂子"，不能尽快融入当地的生产与生活，造成农村劳动力的巨大浪费和盲目流动。

（四）结构问题

以升学为主导价值取向和以应试教育为主要内容的基础教育导致了我国农村教育结构单一，形成普通教育为主体和以升学为主线的金字塔型结构体系（李水山，2003）。在这种单一的体系中，我国农村职业教育、继续教育与成人教育基本各自为政，相互之间缺乏联系，农村"三教"——三驾马车各行其道，难以在为农村社会经济发展服务这个总目标下进行分工合作。特别是以升学为主要目标的基础教育，与职业教育和成人教育的目标南辕北辙，极大影响了农村教育整体功能的发挥，造成教育资源的结构性浪费。有的农村地区的职业教育与成人教育机构日渐萎缩，形同虚设。在农村自然就业状态与农村城市化潮流下，农业收入锐减，农村毕业生就业无路，劳动力过剩，导致农村职业教育与继续教育难以为继，“有校无生”的现象极为普遍。我国广大农村中小学生被困在应试教育的藩篱之中，被迫拥挤在千军万马行进的高考之路上。而农村考生的升学率较低与来自农村的大学毕业生的就业难问题，又影响着农村基础教育的发展与农村经济的发展，影响了农村学生的生存与自信，也影响了农村的职业教育与成人教育的发展。因此，我国农村教育的结构改革刻不容缓，教育结构改革，即基础教育与职业教育、继续教育相结合是我国农村教育发展的生命线。

在某种意义上说，我国农村基础教育存在的上述问题是相互关联，互为因果的。我国七八十年前的延安教育和邹平教育这两种教育模式对于解决上述问题，仍有一定的借鉴意义。

二、树立大教育观：两种教育模式对当今我国农村基础教育的启示

在当时的社会条件下，延安教育模式与邹平教育模式都反对单纯的知识灌输与应试教育，主张教育与人民生活、与社会发展相适应，陶行知的生活教育理论在这两种教育模式中的广泛、深入实施即为例证。不仅如此，邹平教育模式的开创者梁漱溟先生在其草拟的《社会本位的教育系统草案》中指出了草案制定的三个“根本见地”：一是学校教育社会教育不可分；二是教育宜放长及于成年乃至终身；三是教育应尽其推进文化改造社会之功（梁漱溟，2005）[394－397]。他指出了学校教育与社会教育、终身教育的密切关联，明确了教育之推进文化、改造社会功能，在一定程度上体现了当今社会流行的“大教育观”。

来自《价值中国网》的“大教育观”认为，教育是一个多样的、开放的、综合的大系统，其特点是：时间长（终身教育）、空间广（各类教育）、效率高（智能教育）、质量好（未来教育）、内容多（博才教育）。在这种观点指导下，要培养出大批的、各类杰出的人才。

以“大教育观”为指导，当代农村基础教育的理念、目标需要重新思考与定位。

（一）农村基础教育的目标定位

联合国教科文组织于1970年提出了基础教育的目标，即“人们为能生存下去、为充分发展自己的能力、有尊严地生活和工作、充分参与发展、改善自己的生活质量、作出有见识的决策并能继续学习所需要”的“基本的学习手段（如读、写、口头表达、演算和问题解决）和基本的学习内容（如知识、技能、价值观念和态度）”（赵中建，1996）[15-16]。学生掌握了这些基本的学习手段与学习内容，也就具备了一个健全国民所应有的基本素养。

我国农村基础教育主要指以农村儿童与青少年为教育对象的中小学学校教育。作为我国国民教育体系的重要组成部分，农村基础教育也应以培养学生将来作为一个健全国民、能有尊严地生活与工作所应具备的基本能力与素养为重要目标。农村基础教育要面向全体学生而不是少部分能考上学的所谓“精英”，应该与学生的生活环境紧密相连，着眼于学生自身生命的健康成长，让他们掌握基本的生存与生活能力，为他们以后多方面的发展打下坚实的基础，使他们将来无论是走向城市还是留在农村，都能过上有尊严的生活。

这就意味着农村基础教育应该有三重使命，有三个培养目标：一是向高等学校输送人才，这既是发展高等教育的需要，也是农村青少年的权利；第二是向城市输送建设人才；第三，由于中国地域广大，地理情况复杂，人口众多，因此，即使中国城市化程度得到极大的提高，仍然会有广大的农村，仍有为数不少的人口留在农村，于是有“建设社会主义新农村”的任务的提出。农村教育理所当然地要担负起培养农村建设和改造人才的重任（钱理群，2008）[289]。杨东平教授也认为，“即便到2040年左右实现‘全面小康’，我国的城市化程度达到50%或者更高，仍然有8亿人口生活在农村，他们是不能被忽略的。因而，从事乡村建设、促进民生改善的‘为农村的教育’，仍然是一种十分现实的需要”（杨东平，2005）。由此可见，培养建设社会主义新农村的新农民也是农村基础教育的重要目标。

要完成培养新农民、建设新农村的任务，在大教育观的视野下，不仅需要对农村基础教育的目标进行重新定位，还需要把面向儿童与青少年的农村基础教育与主要面向成人的职业教育、成人教育统筹兼顾，亦即把农村学校教育与社会教育结合并融合起来。这也是梁漱溟先生的观点：“学校教育社会教育不可分。”

（二）学校教育与社会教育不可分

七八十年前的延安教育模式与邹平教育模式把学校教育与社会教育密切结合，二者相互关联、相互补充，为当今我国农村教育提供了典范。具体到当今中国农村教育的环境而言，要完成培育社会主义新农民的任务，就要借鉴前辈的经验，把农村学校教育与社会教育连接起来。农村学校教育除了中小学校教育外，还包括职业教育；农村社会教育主要指成人教育。其中，职业教育是立足于为当地经济建设培养专业技术人才的教育，成人教育则是面向当地普及基本文化知识与实用技术的教育，是农村基础教育与职业教育的延伸和补充。这两种教育皆主要面向留在农村的青少年与成年人，使其成为建设社会主义新农村的新农民。

综上言之，农村基础教育以培养儿童与青少年将来作为一个合格国民所应具备的基本素养为主要内容，培养新农民是其重要目标之一；农村职业教育与成人教育则以培养服务于当地农村经济建设的人才为基本目标。其中，基础教育是职业教育与成人教育的基础，基础教育的培养目标、教育内容与教育质量对职业教育和成人教育都有重要影响。以上三种教育皆以培养新农民为主要任务，要完成此任务，必须使三种教育在各司其职的基础上，统筹结合、相互沟通。

作为国民教育体系的农村中小学校，应该把国民教育与社会教育统一起来，同时担负起村民教育的任务，通过办夜校等方式，使学校成为农村文化、教育的一个中心，成为乡村社会“家园”的象征与载体（钱理群，2008）[302]。这在70年前的邹平教育与延安教育中不乏成功的经验。前文所述邹平的乡农学校、成人部、妇女部，延安的夜校、半日学校、巡回制，以及二者都有的冬学等，其教师多数为普通小学的教师或乡间知识分子，教育场所多为普通小学的教室，还有的在农民的家里或田间地头。它们是把学校教育与社会教育统一起来的典范。二者不仅使乡村学校成为乡村社会的议事中心与文化教育中心，而且以陶行知先生创立的小先生制、传递先生制为纽带，在向村民传递了文化知识的同时，加强了乡村学校学生、教师与村民的联系，从而把学校教育与社会教育沟通、结合起来。

中国当代农村教育在借鉴前人经验、结合当地实际的基础上，在促进学校教育与社会教育的结合即农村基础教育、职业教育与成人教育三教统筹方面，已积累了许多经验，形成了各种模式。如三位一体型、有机衔接型、联手结合型、主体延伸型、外分内统型等。其中三位一体型模式，多发生在经济发展水平较低的乡村，此模式的典型代表是山西省吕梁地区柳林县前元庄的乡村教育实验。前元庄是历史上有名的贫困村，该村自 1987 年开始了“村校一体”、“三教一体”的改革实验。所谓“村校一体”，是指村、校干部互兼副职，统一制订规划；教师既是学生的老师，又是农民的老师，具有双重身份；学校实验室与村的果园和大田、学校图书馆阅览室等，都对全村学生和村民开放，以此理顺教育的外部关系。“三教一体”，是指在校内设学前教育部、小学部、初中部和成职教育部，实行三教一体化的分部管理，以此理顺教育内部的关系。他们还把教学、生产劳动、科技活动作为实验学校的三项基本活动，实行“教、劳、科一体”的教学体制，来理顺教学领域的深层关系。这有利于理论与实践联系，教学相长和手脑并用，活跃了学校生活。这种模式使学生素质明显提高，对农村社区的经济发展发挥了较强的辐射作用。外分内统模式，是在三类教育分工的基础上实行统筹，是三教统筹的较高层次，是在保持各类教育个性前提下实现统筹协调发展，其实质是将农村各类教育纳入与当地经济和社会同步发展的轨道。如经济发展水平较好的上海市嘉定县、山东省平度县皆以此种模式进行农村教育改革（李少元，1996）[227-229,233-235]。

大教育观不仅体现在农村基础教育、职业教育与成人教育三教统筹，即学校教育与社会教育相结合上，还体现在以生活为中心的多方面的教育内容上。

（三）生活即教育

生活教育理论是陶行知先生创立的适合近现代中国国情尤其是农村情况的教育理论，是一种适合于大众、服务于大众的教育理论。生活教育理论的核心内容是“生活即教育”。所谓生活，在陶行知看来，“有生命的东西，在一个环境里生生不已的就是生活”（江苏省陶行知研究会，2001）[354]。生活有前进的生活与落后的生活之分，因而陶先生进一步指出，“要用前进的生活来引导落后的生活，要大家一起来过前进的生活，受前进的教育”（江苏省陶行知研究会，2001）[664]。陶行知根据当时中国社会需要明确提出农村学生应该过“康健的生活”、“劳动的生活”、“科学的生活”、“艺术的生活”与“改造社会的生活”，同时接受相应的教育。

此理论曾对 70 年前的邹平教育模式与延安教育模式产生了重大影响。

受其影响，两种教育模式皆强调教学内容要取材于当时当地农民的生活，如要教给农民文化知识、生产知识、讲究卫生与反对迷信的知识，以及反对缠足等知识，体现了教学内容的实用性。以实用的教学内容为基础，二者以“民教民”、“小先生制”以及“导友制”等兼具灵活性与平民化的教学方式，提高了当地农村学生与民众的生活能力与受教育水平，收到了一定成效。二者在教学内容上体现生活性、实用性的同时，还分别以“人生行谊教育”与“政治思想教育”为主要教育内容，振奋了农民的士气，启迪了他们积极向上的斗志。

历史的车轮转过70圈之后，生活教育的理念、精神与价值仍未过时，经过进一步的诠释之后，仍对当今中国农村教育有重要的指导意义。我认为，所谓生活，不仅指实然状态的生活，还包括应然状态的生活。就农村教育的对象——农村儿童、青少年与成年农民来说，他们所应受教育的内容不仅包括与当时当地的生活状态与周围环境相关的知识与能力，还包括与其将来理想的生活状态与生活环境相关的基本知识、基本素养与基本能力。

当今中国农村教育的迫切需要是培养建设社会主义新农村的新型农民，即在新农村建设中能真正发挥主体作用，能真正掌握自己的命运，具有现代知识、现代意识与觉悟的现代农民，这也是农民自身的发展需求。要达此目的，我们仍需借鉴前人的经验与生活教育理论的指导，农村教育的内容除了对农民进行科学文化教育、健康教育、社会生活教育、技能培训与职业教育等与农民生活紧密联系的实用性的教育外，还要对其进行公民教育、道德教育、法律教育、网络教育、环境保护教育与地方文化传统教育等教育。这是社会主义新农民，也就是未来农民的理想生产生活状态所应具备的知识、素养与能力，也就是应以农民的理想生活为教育内容。正像今天的农业已不是传统的种植业、养殖业的概念，而是农、工、贸结合，一、二、三产业并举协调的“大农业”概念一样，今天的农村教育也应该是以生活为中心的、包罗万象的大教育。

要实现大教育的目标，却非短期内可以达到。虽然改革开放后，中国农村经济得到了较快发展，但是沿海与内地、城市与农村之间的经济水平仍然存在着很大差距。这就使得农民在选择教育内容时，仍不得不优先考虑与个人生活密切相关及与家庭生计直接相连的知识与技能。人们在追逐物质生活的同时，疏远了对精神生活的追求。因此，我国农村教育在教育内容上体现出功利、实用的特点。过分注重功利使价值教育、理想教育付诸阙如，部分农民在得到实利、实惠的同时，随着农村公共生活的瓦解，人们之间的血缘亲情逐渐淡薄，曾以忠孝、仁义为主要内容的民风民俗也渐渐远离日益开化的农村，有些农民开始用“钱”“权”作为衡量人情世故的标准。更为严重的是，在农村某些区域，封建迷信活动猖獗，黄、赌、毒、黑泛滥，各种宗教以不同的方式粉墨登场，前几年“法轮功”与近几年“六合彩”现象的风行，是其突出表现。当代中国农村社会正面临着日益严重的文化荒漠化危机。因而，随着中国农村经济的发展，农民生活水平与农民素质的提高，有关提高农民文明素养、道德习惯以及培育民族精神等方面的内容应该成为中国农村教育的主要内容。

生活教育理论强调生活即教育，生活是教育的本源，而生活贯穿于每个人的一生，因此教育应该是终身的，应该贯穿于每个人的一生。因而大教育观还认为，教育应当是一个终身的过程。

（四）终身教育与学习型农村社会的形成

“终身教育”自从20世纪60年代由保罗·朗格朗提出，继而被国际组织大力提倡并于80年代传入中国之后，这一主张逐渐得到中国社会各界的广泛认同。终身教育的基本理念是全社会所有人终生都应接受综合性的教养、教育和训练。具体而言，它指“纵向的从婴幼儿期起历经青少年期、成年期直至老年期的人的一生各个阶段的教育”，以及“横向的包括家庭教育、学校教育、社会教育在内的各种正规的、非正规的和不正规的教育形态”（吴遵民，2003）[220]。

其实，早在20世纪二三十年代，我们的乡村革命与教育的领袖、前辈就不同程度地提出过终身教育的观点与设想。毛泽东、陶行知即多次提到过“活到老，学到老”。陶行知先生在阐述生活教育理论时反复强调，“生活教育与生俱来，与生同去。出世便是破蒙，进棺材才算毕业”，“教育最重要之成就在使众人养成一种继续不断的共同求进的决心。我们要对众人养成的态度是：活到老；做到老；学到老”（江苏省陶行知研究会，2001）[617]。本节开头部分提到，早在70多年前，梁漱溟先生已经提出“学校教育社会教育不可分”、“教育宜放长及于成年乃至终身”。在他主笔的《社会本位的教育系统草案》中，他以地区行政区划为轴线，从低到高设计了乡学、区学、县学、省学、国学等一整套基于社会本位的教育系统，并规定了相应的教育内容与目标。有学者认为，梁漱溟这一思想与现代终身教育的理念非常接近，因为现代终身教育论所主张的三个重要概念“统合”（学校教育与学校外各种教育的统合）、“终身”（教育应贯穿人一生的整个生活及发展阶段）、“社会”（教育将不限于家庭与学校的范畴，教育应面向整个社会）均与梁漱溟的观点十分相似（吴遵民，2003）[114-115]。

70年前的中国乡村教育界不仅在理论上已具备了现代终身教育理念的雏形，而且具有丰富的终身教育实践。邹平教育模式与延安教育模式中都有大量的成人教育与社会教育，如前者的乡农学校、儿童部、成人部、妇女部、耆老部，后者的冬学、夜校、半天学校等，它们力图将教育贯穿于所有乡村成员的整个生命过程，力图使教育权利大众化、大众生活教育化。其教育内容涉及文化知识教育、卫生教育、生产技术教育、合作教育、政治思想教育及道德教育等。不管是从教育形式上还是教育内容上看，这些基本特征无疑与现代终身教育的内涵相吻合，因而可以说是我国初期的乡村终身教育实践。

进入21世纪的今天，人类社会正在步入知识经济时代，知识经济是“以高新技术产业为支柱、以智力为主要资源、以知识为基础的经济”，它的发展直接依赖于知识和信息的生产、应用和传播，其首要特征是重视教育、学习与创新。经济合作与发展组织（OECD）在《以知识为基础的经济》中深刻指出：“教育将是知识经济的中心，而学习将成为个人或组织发展的有效工具”；“在知识经济中，学习是极为重要的，可以决定个人、企业乃至国家命运”（经济合作与发展组织，1997）[12,22]。由此，以学习型社会为核心的终身教育思潮广泛流行于世界。学习型社会，就是全员学习和终身学习，即人人都要学习，人人都可以学习，人人都要活到老、学到老。它使教育从过去仅对人生早期的职前负责进步到对人们的职后乃至整个人生都要负责。教育不仅是为个人求职作准备，而且是为提高生存水平、建构“可能生活”作准备。在学习型社会，一个不善于学习的民族，将会成为落伍的民族；一个不善于学习的集体，将会是一个毫无竞争能力的集体；一个不愿意学习和不会学习的人，将是一个毫无发展前途甚至没有生存能力的人。以学习型社会为核心的终身教育体系将是一个纵横贯通的大教育体系。从纵向上说，教育要贯穿于人的一生；从横向言之，则要扩展到全社会，追求教育的全员化。

具体到学习型的农村社会而言，就是在农村的地域范围内，以学习型组织建设为核心，营造崇尚知识、科学与学习的环境氛围，把农村社区建设成人人学习、人人会学习、人人重视学习的新型农村，使农村人人成为学习之人，时时成为学习之机，处处成为学习之所，培养有文化、懂技术、善经营、会管理的现代新型农民，全面提高农业劳动者素质，把农村沉重的人口负担转化为强大的人力资源优势，促进农村社会和人的全面发展。学习型农村社会的建设是实现农村全面小康的重要载体，是发展农村先进生产力的迫切要求，也是建设社会主义新农村的有效途径。

面对知识经济与建设社会主义新农村的要求，当今中国农村教育应借鉴乡村教育前辈的经验，把农村基础教育、职业教育与成人教育进行协调、互动与融合，从而使教育贯穿于农村社会所有成员的终生，最终建立学习型农村社会。实施终身教育有两个主要的前提条件：一是个体有不断学习的愿望，二是社会能提供教育的机会。但是，由于我国多数农村地区的经济、文化相对落后，在农村推行终身教育的理念将会举步维艰。困难主要来自两个方面：一是由于经济、文化落后，农村缺少终身教育的经费、资料、制度和法律保障等；二是绝大多数农民缺乏终身教育的意识。

要解决上述困难，在大力发展农村经济、文化的基础上，应主要从以下两个方面入手：一是针对农村缺少终身教育的经费、资料、制度和法律保障等问题，在各级政府部门中设有专门负责终身教育的机构，构建农村终身教育管理体系，分三级管理，重点在县，基础在乡，有条件的村庄可以设立村终身教育委员会；同时制定相关的终身教育的法律法规，使农村终身教育受到法律法规的支持与保障；加大各级财政对农村教育的扶持力度，增设一定比例的农村终身教育专项投入，征收农村终身教育税，建立农村终身教育基金制度，接受企事业单位、社会团体和公民个人以及港澳台同胞、海外侨胞、外籍团体和友好人士对农村教育提供的专项资助和捐赠，专款专用于农村终身教育；开发农村终身教育资源，充分利用农村学校的图书、设备等资源，开发、整合农村社区资源，大力加强农村教育信息化建设尤其是教育网络技术的建设。

二是针对多数农民缺乏终身教育的意识与愿望问题，我们应借鉴前文所述杨效春之“人之所以不学，必有其困难或障碍，如把他的困难或障碍除去或减少，他亦能与常人一样是好学的”来分析农民缺乏终身教育意识的原因。为此，我认为，主要有物质与精神两个方面。就物质方面而言，对不少农民，特别是贫困地区的农民来说，家庭物质生活的贫困是其学习的主要障碍，仓廪不足何以知礼节？对此，国家政府应建立对贫困农民的最低生活保障制度，保障其最低生活水平，使其在生活温饱的前提下乐于接受终身教育。就精神方面言之，多数农民由于还没有体验到不断学习的精神享受与快乐，因而缺乏进行终身教育的动力。我们在对农民进行终身教育观念的教育，使其认识到终身教育的重大意义的同时，对农民非常关心的就业制度要进行改革，改革当前的农村劳动就业制度。例如，实施绿色证书工程，推行农村劳动就业准入制度，务农凭证书，进入其他行业同样要凭各行业的证书，以刺激农民学习的欲望。

除此之外，还可以通过引导农民读书来楔入终身教育。读书数量的多少与质量的高低往往决定一个民族的素质。有调查数据显示，我国国民的阅读率近年来呈下降趋势。中国国民每人每年平均阅读量只有 4.5 本，而犹太人为 64 本，苏联人为 55 本，美国人 50 本。我国农民的阅读率可能会更少。中国农民自古以来就有崇尚读书的传统，形成了耕读文化，“忠厚传家远，诗书继世长”至今仍是广大农民喜爱的楹联。然而由于种种原因，这种文化传统在乡间逐渐消失。在许多地区，供农民看的书很少，并且书贵，成为农民阅读的主要障碍。因此，要让农民养成读书的习惯，首先就要想办法为农民提供适合他们阅读的书籍，农村学校的图书馆向农民开放，开展送书下乡和建设“农村书屋”等活动，皆可在一定程度上满足农民的读书需求。当农民在读书的基础上养成了阅读的习惯并且尝到了甜头，他们就会逐渐把读书学习当作一种生活方式，当作一种自我发展的内在需求，从而愿意终生阅读，终身受教育，即活到老，学到老，学习型的农村社会也将会随之而形成。当然，这将需要一个漫长的过程，需要农村经济、文化与生态环境的协调发展，需要农民生活水平与综合素质的全面提升，更需要全社会都意识到终身教育这一理念对于每个人的意义、对于整个中国社会的意义。

综上所述，树立大教育观，是延安教育模式和邹平教育模式这两种教育模式给我国农村教育提供的历史启示与有益借鉴。“农村教育”是与“城市教育”相对而言的，我国农村教育的发展离不开城市的支持与帮助，离不开各级政府对农村教育与城市教育的统筹与协调。因此，大教育观的范围不仅仅限于农村教育的各个领域，进而言之，它还应该包括城市教育与农村教育在内的整个范畴，换言之，就是城乡教育的一体化发展。

三、“城乡教育一体化”：我国城乡教育发展的理想选择

（一）从“城乡一体化”到“城乡教育一体化”

关于“城乡教育一体化”的问题，我国不少学者已经作了一些有益的探索，其中，褚宏启先生的研究站位较高，而且较为全面、理性。他认为，“城乡教育一体化”是指“统筹城乡教育发展，整合城乡教育资源，打破城乡二元经济结构和社会结构的束缚，构建动态平衡、双向沟通、良性互动的教育体系和机制，促进城乡教育资源共享、优势互补，推动城乡教育相互支持、相互促进，缩小城乡之间的教育差距……实现城乡教育均衡发展、协调发展、共同发展”（褚宏启，2009）。在此，“城乡一体化”是“城乡教育一体化”的前提，理解“城乡一体化”是理解“城乡教育一体化”的关键。

“城乡一体化”是针对我国城乡二元结构提出的解决城乡差别的战略决策。城乡二元结构是发展中国家从农业文明向工业文明过渡时期出现的普遍现象。我国的城乡二元结构，肇始于中国进入现代化的开端，也就是19世纪60年代，当时的二元结构主要表现在城乡经济发展的不平衡方面；而直接强化于新中国成立以后政府实行的统购统销政策与城乡分割的户籍制度，则主要表现在制度的不公平上。“这种二元社会结构以二元户籍制度为核心，包括二元就业制度、二元福利保障制度、二元教育制度、二元公共事业投入制度在内的一系列社会制度体系，这是由身份壁垒、不平等交换、城市化滞后乃至包括户口、粮食供应、住宅等制度组成的不平等现象”（褚宏启，2009）。随着社会经济的发展，二元社会结构导致我国城乡在政治、经济、文化、教育等方面的差距越来越大，使农业、农村、农民等“三农”问题日益凸显。随着致力于解决“三农”问题的城乡统筹思路的拓展，“城乡一体化”思维越来越成为一种解决“三农”问题的理论视角。“城乡一体化”反对割裂城市与农村的关系，反对脱离城市而孤立地规划、改革、发展农村经济与文化。在“城乡一体化”的框架中，城市与农村是支撑中国社会改革的两个同等重要的支点。如果说，离开“城乡一体化”思维就不能彻底解决“三农”问题，那么，离开“教育的城乡一体化”思维也不能彻底解决农村教育的发展问题。

“城乡教育一体化”是我国工业化与城市化发展到一定程度的产物。它

不仅仅是工业反哺农业、城市反哺农村政策在教育领域的反映，而是一种全新的教育理念，它代表了人民群众的根本利益，其核心是教育的公平化、人本化，符合公民生存权、发展权、受教育权平等的基本法律原则，具有人道的意义，体现了以人为本与社会公正的现代价值理念。

以此为理论基础，基于前述我国农村教育面临的问题，“城乡教育一体化”可形成以下分析框架。

（二）“城乡教育一体化”的主要内容

“城乡教育一体化”的目标，实际上就是通过实现城乡教育的均衡发展，使城乡受教育者有公平的受教育机会。教育公平，不仅是指受教育机会的公平，更是指受教育环境和条件的公平。可以说，当前我国推进教育公平的政策，大都是着眼于解决教育资源的“增量公平”问题，而对于我国由于历史的、经济的特别是城乡二元结构等原因带来的重大的城乡教育差距、校际教育差距，即教育资源的“存量”差距方面，我们的政策还不够有力。所谓教育资源的“存量”差距主要表现在：一是城乡与校际教育条件的差距；二是城乡与校际教师队伍的差距；三是城乡与校际教育管理的差距。在解决教育资源的“增量公平”的同时，必须高度重视教育资源的“存量公平”（张志勇，2009）。依此，“城乡教育一体化”的主要内容可从统筹城乡教育资源、师资队伍与教育教学管理等三个方面来分析。

1. 统筹城乡教育资源配置，促进基础教育均衡发展

教育资源（这里指财力、物力资源）的合理配置与有效利用是解决农村教育发展问题的基础，是实现“城乡教育一体化”的先决条件。因为教育资源的短缺与管理不当是制约我国农村教育发展的重要因素之一，这尤其表现在农村基础教育方面，如前文所述。

由于我国区域经济发展不平衡，所以笼统地讲统筹城乡教育资源，没有意义。从宏观上看，我国的教育资源分配存在较大的区域差异和城乡差异。从区域看，除了东部发达地区与西部欠发达地区的区域差别外，我国农村教育资源在同一区域的县城、乡镇和村之间也存在较大差异。农村教育资源过分集中于县城、乡镇级，村级教育资源较为缺乏。县城、乡镇和村教育资源分布不均衡，使得我国农村教育发展不仅面临城乡间教育公平问题，而且面临县域内的县城、乡镇和村之不同层次间教育公平问题。农村教育资源的分布现状使城乡教育公平和农村教育内部教育公平的实现面临更加严峻的挑战

（秦玉友，于伟，2009）。因而，除了增强对欠发达地区的基础教育经费投入之外，应该在经济发展水平近似的区域内保障教育公平，逐步缩小地区差距、城乡差距与群体差距，追求基础教育资源在城乡、区域与群体之间的均衡配置。

为此，在“城乡一体化”的背景下，应以城市与农村的联动、城乡教育资源统筹兼顾的视角来改革公共教育财政制度，将公共教育资源向农村倾斜，扩大公共财政覆盖城乡教育尤其是农村教育以及流动人口子女受教育的范围。国家要尽快制定小学、初中、高中的设学标准，此标准至少应包括：学校占地标准、校舍建设标准、教学设施配备标准、公用经费标准、教职工配备标准等。依据该标准，由各级政府全面启动合格学校建设工程，对达不到合格学校标准的，全面实施“弱势补偿政策”（张志勇，2009）。首先，要改革教育投入制度，明确各级政府的经费保障责任，确保农村教育经费的落实。我国农村义务教育经费的管理体制是“各级政府分担、经费省级统筹、管理以县为主”，可是我国不少地区的县级财政或由于财政收入不足，或由于责任不明确，而难以担当起教育经费投入主体的责任，致使农村基础教育的经费难以落实，导致农民子女上学难的问题依然严重。所以，应进一步明确各级政府尤其是县级政府的教育经费保障职责，并加大对县尤其是贫困地区的转移支付力度，以确保政府拨放的农村教育经费的落实与合理配置。

其次，以多种手段筹措农村基础教育经费。虽然，义务阶段教育属于公共产品，应该由政府全部承担办学经费，但是为了义务教育的更快发展，也不应当排除社会资金的进入。鉴于我们是穷国办大教育的现实，应当充分运用市场手段来筹集教育资金。如可以通过建立地方的教育政策性银行，发行教育彩票，以全市投入为基础，建立地方性教育发展基金，鼓励社会捐资农村教育，充分调动社会力量办学等方式，注重义务教育的民间资本开发和利用。这样，就可以逐步形成以政府办学为主、社会各界参与、民办教育占一定比例的农村教育格局（温涛，等，2009）[216]。

再次，加强对农村基础教育经费的管理，保证农村教育资源的合理配置与有效利用。增加对农村教育的投入非常必要和紧迫，但对农村教育的投入不是简单地增加经费，而必须同时注意提高教育资源配置效率，否则只能进一步加剧农村教育资源的短缺。各级政府对农村基础教育经费的投入方向、使用效果，都应该有严格的监督与管理，设立农村基础教育经费的专门账户，做到专户管理，专款专用，以保证每一笔经费都能得到合理利用，不断提高资金的使用效益。

2. 统筹城乡师资队伍建设，缓解城乡师资差异

从某种意义上说，师资队伍的水平决定了教育教学的质量。师资力量薄弱已成为制约我国农村基础教育发展的严重障碍。因此，统筹城乡师资队伍建设，使城乡师资力量水平相当，也成为“城乡教育一体化”的重要内容之一。

统筹城乡师资队伍建设，就要在城乡教育人力资源的规划方面，进行以下教育人事制度的相关改革。

第一，在教师的薪酬待遇、进修提高、职称评定、子女升学与就业政策等方面，向农村教师倾斜，以切实解决农村教师的后顾之忧。建立边远贫困地区教师津贴费制度，在一定程度上使农村地区尤其是落后农村地区教师的待遇超过城市教师，这样，通过足够的经济激励，促使优秀教师由城市向农村流动，从而提高农村师资水平，缓解师资力量的城乡差异。

第二，建立城乡教师双向流动机制与农村教师流失补偿机制。由于城乡经济条件不同，地方政府对基础教育的投入也不均衡，这其中就包括教师待遇与生活环境的差别。这种差别产生了农村优秀教师流向城市之“逆向流动”，而难有相反方向的教师流动，致使农村学校成为城市学校的人才基地，加剧了城乡教育的不均衡现象。因此，应以提高农村教师待遇为基础来建立城乡教师双向流动机制，尤其是城市优秀教师向农村流动的机制；建立城乡教师的定期交流制度，并从福利待遇、考评机制上进行激励；鼓励优秀大学毕业生到农村支教、任教，以弥补农村教师力量的流失，并为农村教育力量输入新鲜血液，壮大、优化农村教育师资队伍；农村教师编制弹性化，在一定范围内，教师可进可出，避免部分教师因“终身制”而不思进取所导致的农村教师队伍封闭性老化问题以及结构性短缺问题。

第三，建立健全农村教师的绩效评价机制与培训机制。以往在教师的绩效评价制度上，存在着评价标准不健全，对农村教师的绩效评价不合理，职称名额少、晋升难等问题；在教师的培训制度上，存在着培训内容背离农村教师需求、培训的成本负担缺乏制度安排等问题（褚宏启，2009）。为提高农村教师的积极性，并提升其教育教学水平，应改革绩效评价机制与培训机制。要本着素质教育而不仅仅是应试的需求，全面评价教师的教育责任感、教育理念、敬业精神、业务能力及学习能力，为优秀教师提供更多进升与职

称评定的机会。

应创造条件扩大农村教师的培训机会，在培训经费上给以制度性保障；在培训形式上，借助现代远程教育手段，开展高水平的教师培训，注重教师对培训活动的感受、体验以及反思、内化，培养他们终身学习的能力；在培训内容上，结合农村教育的实际，对农村教师进行一定的“精神陶炼”，使他们对乡村文化及农村基础教育的独特性有一定的认识，找到作为农村教师的独特意义与价值所在，热爱所从事的农村教育事业与学生，并着力对其进行提高综合素质尤其是认知、合作、创造等生存能力的培训，从而使农村教师以饱满的热情、较深的文化素养与丰富的实践能力，投身于农村基础教育。

3. 统筹城乡教育教学管理，提高农村教育质量

在教育资源与师资水平得到保证的基础上，学校的教育教学管理水平决定着学校的教育质量。校长是一个学校的灵魂，一个好校长就是一所好学校。一些管理无序、教育质量落后的农村薄弱学校，都与校长及其领导班子成员的管理态度与管理水平密切相关。因而统筹城乡教育教学管理，成为提高农村教育质量的又一关键因素。相关教育行政部门与教育研究单位应定期组织城乡教育管理者的相互交流、研讨活动，使城乡学校的校长在交流中取长补短，丰富教育教学管理理论与经验；制定城乡中小学校管理者的短期轮换或交流制度，使薄弱学校，尤其是农村薄弱校学习优秀学校的先进管理经验，在学校管理上能够与时俱进，把科学管理与规范管理、刚性管理与弹性管理、激励管理与惩罚管理结合起来，建立起规范化、科学化、系统化的学校管理运行机制，以提高教育教学质量。

（三）城乡教育：各美其美，和而不同

“城乡教育一体化”不等同于城乡教育一样化，我国城乡教育有各自的生存空间与文化积淀，因而也有其各自的文化特性。正如在“城乡一体化”的政策框架中，城市与农村是支撑中国发展的两个同样重要的支点；在“城乡教育一体化”的视野下，农村教育与城市教育因各具特性而应该取长补短，各美其美，和而不同。

相对于建立在受全球化、信息化与市场化影响的城市文化基础上的城市教育而言，在相当长的一段时期内，我国农村教育曾以较为淳朴、平和、封闭的乡土文化为主流文化。所谓文化，按照梁漱溟的解释，就是一个民族生

活的样法，即生活的方式。依此推之，乡村文化是与城市文化相对的、乡村居民生活的方式，是建立在泥土般自然、淳朴的生存姿态上的文化。乡村曾被梁漱溟先生誉为“中国文化有形的根”。乡村文化所蕴涵的不仅仅是落后与愚昧，其中同样有着在哲学、伦理、价值层面足以悉心呵护乡村少年生存的丰富内容。几千年沉淀下来的乡村生存经验，蕴涵在乡村传统、习俗、民歌民谣、口耳相传的民间故事、乡村道德，以至村民社会的整体生存姿态之中（刘铁芳，2008）。但是，随着城市化进程的加快，我国乡村文化的某些内涵正在逐渐消失，市场经济与以城市取向为中心的外来文化的冲击，使自然、淳朴、安静、祥和的乡村文化正在逐渐解体。乡村文化的被边缘化，导致了农村青少年对自身所处环境的冷漠，他们感到生于斯、长于斯的土壤不足以带给他们生存的自信，也无法丰富他们的生命，乡间对他们来说已经不再像祖父辈时成为人们童年的乐土。他们选择了逃离，或者考入城市学校读书，或者进城打工，他们中有许多人鄙视乡土，鄙视劳动，但他们又因找不到城市文化的感觉而无所适从，“成了一种在文化精神上无根的存在，成了文化荒漠中人”（刘铁芳，2008）[39]。也就是说，农村文化的被边缘化，导致了农村教育的文化缺位或空白。

虽然，在中国现代化与城市化的进程中，我国将会有大量的农村居民进入城市，成为城市居民，农村区域会逐渐减少。但是，农村作为一种具有独特地域特征与文化特征的存在，在一定的时期内，将会长期存在，毕竟所有的农村不会都变为城市。在此背景下，在强调多元文化的今天，农村文化与农村教育的独特性就显得尤为重要。为此，乡村文化的重建与农村教育的文化重构迫在眉睫。关于乡村文化的重建，应该从农民及其子弟对固有优秀传统乡村文化的认同开始，逐渐产生自信，才谈得上重建乡村文化。有学者认为：一是发掘、培植、提升目前还存留着的或者可能恢复的乡村文化种子，使其具备生存与发展的能力，扩大传统乡村文化生存的空间；二是建立合适的机制，鼓励文化下乡，真正走进乡村生活世界之中，成为乡村文化的内涵（刘铁芳，2008）[43]。

至于农村教育，在城乡基础教育基本达到均衡的条件下，当今中国乡村教育可以借基础教育课程改革之春风，在经过一定“精神陶炼”的乡村教师的引导下，以科学、理性而又朴实的教育理念为指导，在课程体系中融入乡土历史、生态、环境、地理、文学、艺术乃至体育、游戏等内容，使乡村青少年在敬畏自然与生命的同时，对本地区的历史文化产生亲切感与自豪感，使乡村文化种子在乡间少年的心中慢慢生根、发芽，并逐渐蔓延、发展、壮大。从这样的乡村文化及乡村教育中走出来的少年既具有泥土般的淳朴、善良、积极、乐观、吃苦耐劳的品质，又有开阔的视野，他们由于更接近原生态的生活从而更善于感悟生活，培养真情，这些优秀品质将使他们成为祖国建设中不可缺少的栋梁之材。

在各自不同的地域环境与文化背景下逐渐成长起来的城乡教育，虽然有相似、相同或相近的课程与教育教学方法，但却因承载着不同的文化而拥有各自不同的特性。城市教育因信息灵通与科技发达而显"大气"，农村教育因靠近乡间自然环境而显淳朴；城市教育资源相对丰富，农村教育资源相对欠缺；城市教育因城市的竞争激烈而有急功近利之嫌，农村教育则因农村生活节奏较慢而容易跟不上时代步伐；城市的学生聪明、机灵，视野开阔，农村的学生则朴实、顽强，踏实能干……城乡教育各有特点，各有其利，也各有其弊，彼此之间不能相互取代，但可以相互借鉴，可以互相取长补短，把各自的优势、特点发展到极致，即各美其美，和而不同。城乡教育之"和"主要是指无论城市还是农村的基础教育，都属于我国国民教育体系的一部分，必须坚持基础教育的基础性、普及性、全面性，为城乡每一个适龄儿童与青少年提供未来生产与生活所需的"基本的学习手段和基本的学习内容"，即基本知识、基本能力和基本素养。所谓"不同"是指城乡教育应保持、发展各自的特点与特性，为城乡儿童、青少年提供不同特点、不同层次的教育服务，以满足他们的不同需求。总之，既要强调城乡教育一体化，又要突出城乡教育的不同文化特性和特点，促进城乡教育双强共赢、和谐发展。

主要参考文献

第一部分：基本史料

1. 黄孝方. 1934. 山东旧济南道属农村经济调查 [M]. 邹平：山东乡村建设研究院.

2. 杨效春. 1935. 乡农的书 [M]. 邹平：山东乡村建设研究院.

3. 山东乡村建设研究院. 1935. 山东乡村建设研究院概览 [M]. 邹平：山东乡村建设研究院.

4. 章元善，许仕廉. 1934. 乡村建设实验：第1集 [M]. 上海：中华书局.

5. 章元善，许仕廉. 1935. 乡村建设实验：第2集 [M]. 上海：中华书局.

6. 江恒源. 1935. 农村改进的理论与实际 [M]. 上海：生活书店.

7. 萧克木. 1936. 邹平的村学乡学 [M]. 邹平：山东乡村建设研究院.

8. 许莹涟，李竟西，段继李. 1936. 全国乡村建设运动概况：第一辑 [M]. 山东乡村建设研究院.

9. 山东邹平实验县政府. 1936. 邹平乡村自卫实验报告 [M]. 邹平：山东乡村建设研究院.

10. 傅葆琛. 1930. 乡村生活与乡村教育 [M]. 无锡：江苏省立教育学院研究实验部.

11. 傅葆琛. 1930. 乡村民众教育概论 [M]. 无锡：江苏省立教育学院研究实验部.

12. 傅葆琛. 1934. 乡村教育纲要 [M]. 北平：北平辅仁大学年夏令讲习会.

13. 杨效春. 1933. 乡村建设纲要 [M]. 上海：中华书局.

14. 鲁世英. 1933. 乡村教育 [M]. 北平：北平文化学社.

15. 余家菊. 1934. 乡村建设通论 [M]. 上海：中华书局.

16. 卢绍稷. 1934. 中国现代教育 [M]. 上海：商务印书馆.

17. 言心哲. 1934. 农村社会学概论［M］. 上海：中华书局.

18. 言心哲. 1935. 农村家庭社会调查［M］. 上海：商务印书馆.

19. 古楳. 1935. 乡村教育［M］. 上海：商务印书馆.

20. 庄泽宣. 1939. 乡村建设与乡村教育［M］. 上海：中华书局.

21. 张载. 1978. 张载集［M］. 北京：中华书局.

22. 王夫之. 1996. 船山全书：第5册［M］. 长沙：岳麓书社.

23. 赵超构. 1946. 延安一月［M］. 上海：上海书店.

24. 谢克. 1946. 延安十年［M］. 南京：青年出版社.

25. 熊十力. 1996. 十力语要［M］. 北京：中华书局.

26. 陕西省教育厅. 1959. 陕甘宁边区的普通教育［M］. 西安：陕西人民出版社.

27.《人民教育》社. 1979. 老解放区教育工作经验片断［M］. 上海：上海教育出版社.

28. 张允侯，王云开，等. 1979. 五四时期的社团：1［M］. 北京：生活·读书·新知三联书店.

29. 中央教育科学研究所. 1981. 陕甘宁边区教育资料：教育方针政策部分（上、下）［M］. 北京：教育科学出版社.

30. 中央教育科学研究所. 1981. 陕甘宁边区教育资料：小学教育部分（上、下）［M］. 北京：教育科学出版社.

31. 中央教育科学研究所. 1981. 陕甘宁边区教育资料：中等教育部分（上、中、下）［M］. 北京：教育科学出版社.

32. 中央教育科学研究所. 1981. 陕甘宁边区教育资料：社会教育部分（上、下）［M］. 北京：教育科学出版社.

33. 中央教育科学研究所. 1981. 陕甘宁边区教育资料：高等教育和干部学校部分（上、下）［M］. 北京：教育科学出版社.

34. 中央教育科学研究所. 1981. 陕甘宁边区教育资料：在职干部教育部分［M］. 北京：教育科学出版社.

35. 中央教育科学研究所. 1981. 老解放区教育资料：1［M］. 北京：教育科学出版社.

36. 中央教育科学研究所. 1986. 老解放区教育资料：2［M］. 北京：教育科学出版社.

37. 抗日战争时期陕甘宁边区财政经济史料摘编：第3编［M］. 1981. 西安：陕西人民出版社.

38. 江西省档案馆，中共江西省委党校史教研室. 1983. 中央革命根据地史料选编：下册［M］. 南昌：江西人民出版社.

39. 河北省社会科学院历史研究所. 1983. 晋察冀抗日根据地史料选编：下册

[M]. 石家庄：河北人民出版社.

40. 中国大百科全书编辑部. 1985. 中国大百科全书·教育 [M]. 北京：中国大百科全书出版社.

41. 黄殿武. 1988. 李鼎铭研究资料选 [M]. 西安：陕西人民出版社.

42. 董纯才. 1991. 中国革命根据地教育史：第 2 卷 [M]. 北京：教育科学出版社.

43. 山东省政协文史资料委员会，邹平县政协文史资料委员会. 1991. 梁漱溟与山东乡村建设 [M]. 济南：山东人民出版社.

44. 顾明远. 1994. 中国教育大系·马克思主义与中国教育：下 [M]. 武汉：湖北教育出版社.

45. 邓云特. 1994. 中国救荒史 [M]. 上海：上海书店.

46. 赵俪生. 1999. 篱槿堂自叙 [M]. 上海：上海古籍出版社.

47. 中共中央文献研究室. 2002. 毛泽东年谱 [M]. 北京：中央文献出版社.

48. 李渊庭，阎秉华. 2003. 梁漱溟先生年谱 [M]. 南宁：广西师范大学出版社.

49. 山东乡村建设研究院旬刊编辑部. 1931—1937. 乡村建设 [J].

50. 江苏省立大港乡村教育实验区. 1936. 乡村教育 [J].

51. 杨效春. 乡农学校的课程编造 [J]. 1933. 中华教育界 (8).

52. 杨效春. 1933. 乡农学校的学团编制 [J]. 乡村建设 (3).

53. 宋乐颜. 1937. 邹平的成年教育 [J]. 乡村建设 (3).

第二部分：中文著作

1. 曹跃明. 1995. 梁漱溟思想研究 [M]. 天津：天津人民出版社.

2. 陈独秀. 1984. 陈独秀文章选编 [M]. 北京：生活·读书·新知三联书店.

3. 陈明远. 2005. 文化人的经济生活 [M]. 上海：文汇出版社.

4. 储朝辉. 2005. 中国教育再造 [M]. 上海：上海教育出版社.

5. 陈晋. 1991. 毛泽东的文化性格 [M]. 北京：中国青年出版社.

6. 陈桂生. 1993. 毛泽东与中国现代教育 [M]. 沈阳：辽宁教育出版社.

7. 董德福. 2001. 生命哲学在中国 [M]. 广州：广东人民出版社.

8. 丁钢. 2002. 历史与现实之间：中国教育传统的理论探索 [M]. 北京：教育科学出版社.

9. 段本洛，单强. 1994. 近代江南农村 [M]. 南京：江苏人民出版社.

10. 费孝通. 1998. 乡土中国，生育制度 [M]. 北京：北京大学出版社.

11. 费孝通. 2002. 江村经济——中国农民的生活 [M]. 北京：商务印书馆.

12. 冯天瑜. 2000. 人文论丛：2000 年卷 [M]. 武汉：武汉大学出版社.

13. 冯建军. 2004. 生命与教育 [M]. 北京：教育科学出版社.

14. 高华. 2000. 红太阳是怎样升起的［M］. 香港：香港中文大学出版社.

15. 龚育之，等. 1986. 毛泽东的读书生活［M］. 北京：生活·读书·新知三联书店.

16. 郭齐勇，龚建平. 1996. 梁漱溟哲学思想［M］. 武汉：湖北人民出版社.

17. 黄书光. 2000. 中国教育哲学史：第4卷［M］. 济南：山东教育出版社.

18. 胡伟希. 2002. 观念的选择——20世纪中国哲学与思想透析［M］. 昆明：云南人民出版社.

19. 韩作黎，欧阳代娜. 2003. 延安教育研究［M］. 郑州：文心出版社.

20. 金冲及. 1996. 毛泽东传［M］. 北京：中央文献出版社.

21. 姜义华，等. 1987. 港台及海外学者论近代中国文化［G］. 重庆：重庆出版社.

22. 景海峰. 1995. 梁漱溟评传［M］. 南昌：百花洲文艺出版社

23. 李少元. 1996. 农村教育论［M］. 南京：江苏教育出版社.

24. 经济合作与发展组织. 1997. 以知识为基础的经济［M］. 北京：机械工业出版社.

25. 李劼. 1998. 我们的文化个性和个性文化——论世纪现象［M］. 西宁：青海人民出版社.

26. 李守经. 2000. 农村社会学［M］. 北京：高等教育出版社.

27. 李博. 2000. 生态学［M］. 北京：高等教育出版社.

28. 李大钊. 1999. 李大钊文集：第2集［M］. 北京：人民出版社.

29. 李锐. 1992. 毛泽东的早年和晚年［M］. 贵阳：贵州人民出版社.

30. 李庚靖. 2003. 毛泽东干部教育思想新论［D］. 上海：华东师范大学.

31. 李泽厚. 1994. 李泽厚十年集：第3卷［M］. 合肥：安徽文艺出版社.

32. 梁漱溟. 1989. 梁漱溟全集：第1卷［M］. 济南：山东人民出版社.

33. 梁漱溟. 1989. 梁漱溟全集：第2卷［M］. 济南：山东人民出版社.

34. 梁漱溟. 1990. 梁漱溟全集：第3卷［M］. 济南：山东人民出版社.

35. 梁漱溟. 1991. 梁漱溟全集：第4卷［M］. 济南：山东人民出版社.

36. 梁漱溟. 1992. 梁漱溟全集：第5卷［M］. 济南：山东人民出版社.

37. 梁漱溟. 1993. 梁漱溟全集：第6卷［M］. 济南：山东人民出版社.

38. 梁漱溟. 1993. 梁漱溟全集：第7卷［M］. 济南：山东人民出版社.

39. 梁漱溟乡村建设理论研究会. 1989. 乡村：中国文化之本［M］. 济南：山东大学出版社.

40. 梁培宽. 1993. 梁漱溟先生纪念文集［G］. 北京：中国工人出版社.

41. 刘少奇. 1985. 刘少奇选集：上卷［M］. 北京：人民出版社.

42. 刘铁芳. 2008. 乡土的逃离与回归［M］. 福州：福建教育出版社.

43. 林毓生. 1988. 中国传统的创造性转化［M］. 北京：生活·读书·新知三联书店.

44. 林语堂. 1988. 中国人［M］. 杭州：浙江人民出版社.

45. 罗荣渠. 2004. 现代化新论［M］. 北京：商务印书馆.

46. 罗钢，刘象愈. 2000. 文化研究读本［M］. 北京：中国社会科学出版社.

47. 马克思，恩格斯. 1956. 马克思恩格斯全集：第1卷［M］. 北京：人民出版社.

48. 马秋帆. 1993. 晏阳初教育论著选［M］. 北京：人民教育出版社.

49. 马勇. 1992. 梁漱溟评传［M］. 合肥：安徽人民出版社.

50. 马勇. 1994. 梁漱溟教育思想研究［M］. 沈阳：辽宁教育出版社.

51. 毛泽东. 1990. 毛泽东早期文稿［M］. 长沙：湖南出版社.

52. 毛泽东. 1991. 毛泽东选集：第1卷［M］. 北京：人民出版社.

53. 毛泽东. 1991. 毛泽东选集：第2卷［M］. 北京：人民出版社.

54. 毛泽东. 1991. 毛泽东选集：第3卷［M］. 北京：人民出版社.

55. 毛泽东. 1991. 毛泽东选集：第4卷［M］. 北京：人民出版社.

56. 毛泽东. 1977. 毛泽东选集：第5卷［M］. 北京：人民出版社.

57. 毛泽东. 1993. 毛泽东文集：第2卷［M］. 北京：人民出版社.

58. 毛泽东. 1996. 毛泽东文集：第3卷［M］. 北京：人民出版社.

59. 毛泽东. 1982. 毛泽东农村调查文集［M］. 北京：人民出版社.

60. 毛泽东. 1986. 毛泽东著作选读［M］. 北京：人民出版社.

61. 苗春德. 2004. 中国近代乡村教育史［M］. 北京：人民教育出版社.

62. 牟宗三. 2005. 生命的学问［M］. 南宁：广西师范大学出版社.

63. 钱理群，刘铁芳. 2008. 乡土中国与乡村教育［M］. 福州：福建教育出版社.

64. 乔志强. 1998. 近代华北农村社会变迁［M］. 北京：人民出版社.

65. 山东省政协文史资料委员会，邹平县政协文史资料委员会. 1991. 梁漱溟与山东乡村建设［M］. 济南：山东人民出版社.

66. 善峰. 1996. 梁漱溟社会改造构想研究［M］. 济南：山东大学出版社.

67. 汤一介. 1988. 北大校长与中国文化［M］. 北京：生活·读书·新知三联书店.

68. 陶行知. 2001. 陶行知文集［M］. 南京：江苏教育出版社.

69. 陶行知. 2005. 陶行知全集：第12卷［M］. 成都：四川教育出版社.

70. 王宗昱. 1992. 梁漱溟［M］. 台北：台北东大图书公司.

71. 王家范. 2000. 中国历史通论［M］. 上海：华东师范大学出版社.

72. 汪东林. 1988. 梁漱溟问答录［M］. 长沙：湖南出版社.

73. 汪东林. 1989. 梁漱溟与毛泽东［M］. 长春：吉林人民出版社.

74. 吴遵民. 2003. 现代中国终身教育论［M］. 上海：上海教育出版社.

75. 温涛，宋乃庆，王煜宇. 2009. 中国西部农村教育与经济协调发展问题研究［M］. 重庆：西南师范大学出版社.

76. 徐复观. 1987. 中国艺术精神［M］. 沈阳：春风文艺出版社.

77. 许纪霖，陈达凯. 1995. 中国现代化史［M］. 上海：上海三联书店.

78. 宋恩荣. 1989. 晏阳初全集：第1卷［M］. 长沙：湖南教育出版社.

79. 杨东平. 2003. 艰难的日出［M］. 上海：文汇出版社.

80. 于述胜. 2000. 中国教育制度通史：第7卷［M］. 济南：山东教育出版社.

81. 张闻天选集传记组，等. 1994. 张闻天晋陕调查文集［M］. 北京：中共党史出版社.

82. 张岩冰. 1997. 梁漱溟印象［M］. 北京：学林出版社.

83. 张文质. 2006. 生命化教育的责任与梦想［M］. 上海：华东师范大学出版社.

84. 朱自清. 1988. 朱自清全集：第3卷［M］. 南京：江苏教育出版社.

85. 朱汉国. 1996. 梁漱溟乡村建设研究［M］. 太原：山西教育出版社.

86. 中华职业教育社. 1985. 黄炎培教育文选［M］. 上海：上海教育出版社.

87. 郑庆平，岳琛. 1987. 中国近代农业经济史概论［M］. 北京：中国人民大学出版社

88. 郑大华. 1994. 梁漱溟与胡适：文化保守主义与西化思潮的比较［M］. 北京：中华书局.

89. 郑大华. 2000. 民国乡村建设运动［M］. 北京：社会科学文献出版社.

90. 赵中建. 1996. 教育的使命——面向二十一世纪的教育宣言和行动纲领［M］. 北京：教育科学出版社.

91. 周晓虹. 1998. 传统与变迁——江浙农民的社会心理及其近代以来的变迁［M］. 北京：生活·读书·新知三联书店.

92. 周积明，宋德金. 2000. 中国社会史论［M］. 武汉：湖北教育出版社.

93. 祝勇. 1999. 知识分子应该干什么［M］. 北京：时事出版社.

94. 钟启泉，崔允漷，张华. 2001. 为了中华民族的复兴，为了每位学生的发展——基础教育课程改革纲要（试行）解读［M］. 上海：华东师范大学出版社.

第三部分：外文译著

1. 艾恺. 1988. 梁漱溟传［M］. 郑大华，等，译. 长沙：湖南出版社.

2. 艾恺. 2003. 最后的儒家——梁漱溟与中国现代化的两难［M］. 王宗昱，冀建中，译. 南京：江苏人民出版社.

3. 艾恺. 2006. 这个世界会好吗［M］. 梁漱溟，口述. 一耽学堂，整理. 上海：东方出版中心.

4. 柏格森. 2004. 创造进化论［M］. 姜志辉，译. 北京：商务印书馆.

5. 曹诗弟. 2005. 文化县——从山东邹平的乡村学校看二十世纪的中国［M］. 泥安儒，译. 济南：山东大学出版社.

6. 狄尔泰. 2002. 历史中的意义［M］. 艾彦，逸飞，译. 北京：中国城市出版社.

7. 杜赞奇. 1994. 文化、权力与国家：1900—1942 年的华北农村［M］. 王福明，译. 南京：江苏人民出版社.

8. 费正清，费维恺. 1994. 剑桥中华民国史［M］. 杨品泉，等，译. 北京：中国社会科学出版社.

9. 费正清. 2003. 美国与中国［M］. 张理京，译. 北京：世界知识出版社.

10. 弗里曼，毕克伟，赛尔登. 2002. 中国乡村，社会主义国家［M］. 陶鹤山，译. 北京：社会科学文献出版社.

11. 伽达默尔. 1999. 真理与方法［M］. 洪汉鼎，译. 上海：上海译文出版社.

12. 近藤邦康. 2004. 毛泽东：革命者与建设者［M］. 宋志勇，等，译. 北京：中国青年出版社.

13. 卡西尔. 2004. 人论［M］. 甘阳，译. 上海：上海译文出版社.

14. 罗兹曼. 2003. 中国的现代化［M］. 国家社会科学基金“比较现代化”课题组，译. 南京：江苏人民出版社.

15. 林毓生. 1986. 中国意识的危机［M］. 穆善培，译. 贵阳：贵州人民出版社.

16. 马若孟. 1999. 中国农民经济［M］. 史建云，译. 南京：江苏人民出版社.

17. 马林诺夫斯基. 2002. 文化论［M］. 费孝通，译. 北京：华夏出版社、

18. 马斯洛. 2005. 马斯洛的智慧——马斯洛人本哲学解读［M］. 刘烨，译. 北京：中国电影出版社.

19. 斯诺. 1979. 西行漫记［M］. 董乐山，译. 北京：生活·读书·新知三联书店.

20. 斯坦. 1999. 红色中国的挑战［M］. 马飞海，等，译. 上海：上海译文出版社.

21. 斯科特. 2001. 农民的道义经济学：东南亚的反叛与生存［M］. 程立显，刘建，等，译. 北京：译林出版社.

22. 赛尔登. 2002. 革命中的中国：延安道路［M］. 魏晓明，冯崇义，译. 北京：社会科学文献出版社.

23. 萨义德. 2002. 知识分子论［M］. 单德兴，译. 北京：生活·读书·新知三联书店.

24. 叔本华. 1982. 作为意志和表象的世界［M］. 石冲白，译. 北京：商务印书馆.

25. 特里尔. 1990. 毛泽东传［M］. 刘路新，高庆国，等，译. 石家庄：河北人民

出版社.

26. 希尔斯. 1991. 论传统［M］. 傅铿，吕乐，译. 上海：上海人民出版社.

27. 威尔逊. 2000. 毛泽东［M］. 中共中央文献研究室国外研究毛泽东思想资料选辑编译组，译. 北京：中央文献出版社.

28. 周策纵. 1996. 五四运动：现代中国的思想革命［M］. 周子平，等，译. 南京：江苏人民出版社.

29. 竹内实. 2002. 毛泽东的生涯——毛泽东传记三种［M］. 韩凤琴，译. 北京：中国文联出版社.

30. Leveson, Joseph R. 1958—1965. Confucian China and Its Modern Fate［M］. Berkeley and LosAngeles：University of California Press.

31. Selden, Mark. 1971. The Yenan Way in Revolutionary China［M］. Cambridge, Mass.：Harvard University Press.

第四部分：论文

1. 曹跃明. 1994. 近代中西文化问题与梁漱溟的文化观［J］. 天津社会科学（1）.

2. 陈敬朴. 2001. 中国农村教育观的变革［J］. 东北师范大学学报：哲学社会科学版（4）.

3. 陈晋. 2002. 毛泽东与先进文化论纲：上［J］. 党的文献（1）.

4. 崔玉婷. 2004. 陶行知与梁漱溟的农村教育思想之比较［J］. 教育史研究（2）.

5. 褚宏启. 2009. 城乡教育一体化：体系重构与制度创新——中国教育二元结构及其破解［J］. 教育研究（11）.

6. 董德福. 1994. 人性的矫正——从一个侧面论梁漱溟与"五四"的互补性［J］. 齐鲁学刊（1）.

7. 董德福. 1994. 梁漱溟生命化儒学的历史内涵与现代意义［J］. 江海学刊（3）.

8. 澧人. 2006. 书屋絮语［J］. 书屋（10）.

9. 高华. 1999. 试论延安教育的价值和意义［J］. 江苏社会科学（6）.

10. 高尚斌. 2001. 再论中国共产党的延安时代［J］. 延安大学学报：社会科学版（3）.

11. 郭世佑. 1995. 毛泽东的革命史观和中国近代史研究［J］. 社会科学战线（3）.

12. 洪俊. 2006. 农村义务教育课程改革的价值取向——兼论农村教育必须坚持为"三农"服务［J］. 东北师范大学学报：哲学社会科学版（4）.

13. 胡伟希. 1994. 梁漱溟的"人生三路向"说与中西印文化的互补［J］. 孔子研究（1）.

14. 黄正林. 2003. 论抗战时期陕甘宁边区社会教育的几个问题［J］. 河北大学学报（4）.

15. 韩少功. 2003－08－29. 山里少年［N］. 文汇报.

16. 季芳桐，钟海连. 2004. 试论毛泽东农村革命思想与梁漱溟乡村建设理论的根本分歧［J］. 党史文苑（10）.

17. 秦英君. 1995. 梁漱溟思想散论［J］. 史学月刊（4）.

18. 时广东. 1994. 毛泽东与梁漱溟在中国社会改造问题上的根本分歧［J］. 重庆师范学院学报（3）.

19. 史宁中，柳海民. 2005. 中国农村基础教育：问题、趋势与政策建议［J］. 教育研究（6）.

20. 卫春梅. 2000. 农村三人行——毛泽东、梁漱溟、费孝通思想对当前农村问题的借鉴意义［J］. 西北农林科技大学学报：社科版（3）.

21. 解飞厚. 2006. 基础教育要为建设新农村培养新农民［J］. 湖北大学学报：哲学社会科学版（4）.

22. 徐特立. 1942－04－01. 再论我们怎样学习［N］. 解放日报.

23. 夏士清. 1992. 梁漱溟的生命化儒学对其乡村建设思想的影响［J］. 深圳大学学报（2）.

24. 杨东平. 2005－01－14. 农村教育："离农"和"为农"的教育［N］. 中国教育报.

25. 杨健. 2007－10－11. 培育新农民，建设新农村［N］. 人民日报.

26. 郁建兴，朱旭红. 1994. 毛泽东与梁漱溟现代化思想之比较［J］. 杭州大学学报（3）.

27. 张利民. 1994. 文化差异的本质与根源：陈独秀梁漱溟胡适的思考与困惑［J］. 社会科学战线（3）.

28. 张鸣. 1999. 20世纪开初30年的中国农村社会结构与意识变迁——兼论近代激进主义发生发展的社会基础［J］. 浙江社会科学（4）.

29. 张志勇. 2009. 寻求农村义务教育经费保障新路径［J］. 素质教育大参考（16）.

30. 中国常驻联合国教科文组织代表团朱小玉，刘万亮. 2001. 世界全民教育十年历程［J］. 教育参考资料（7）.

31. 朱永新. 2007. 让阅读成为我们的生活方式［J］. 江西教育（N1）.

32. 高华. 中共从五四教育遗产中选择了什么——对延安教育方针及其实践的考察［OL］. http://www.zisi.net/htm/wwzh/2005－05－24－29198.htm.

33. 刘忠. "五四"前后中国文学中的民粹主义思想［OL］. http://www.hnass.com.cn/zzxk/200402/1－24.htm.

34. 高明. 从乡村建设理论看梁漱溟的儒家理想［OL］. http://www.chinampa.cn/bbs/dispbbs.asp? boardid＝10&id＝43506)2004－11－09.

35. 刘星. 村学乡学——一种乡村制度的话语构建［OL］. http://www.lawpress.com.cn/newsdetail.cfm? iCntno = 1797, 2005 - 08 - 30.

36. 钱理群. 农村需要我们，我们需要农村——中国知识分子“到农村去”运动的历史回顾与现实思考［OL］. http://www.cul - studies.com/community/Print.asp? ArticleID = 420, 2005 - 01 - 08.

37. 张鸣. 在“翻身”的大动荡中的乡村政治［OL］. http://www.xslx.com/htm/sxgc/sxsl/2003 - 04 - 29 - 13739.htm, 2003 - 04 - 29.

38. 贺雪峰. 新乡土中国. 第一篇 乡土本色［OL］. http://www.wocaoma.com/shownews.asp? newsid = 2475.

39. 卜贺. 关于陕西农民文化生态的初步考察［OL］. http://www.cngdsz.net 收集整理.

40. 武志明. 生命宣言［OL］. http://www.gmw.cn/03pindao/lunwen/show.asp? id = 4259.

41. 杜郎口中学的教学改革之路［OL］. http://ywjy.cersp.com/kgxw/200610/985_8.html.

42. 上海市中小学生生命教育指导纲要（试行）［OL］.（沪教委德［2005］21 号），http://www.ja.edu.sh.cn:81/xukejiaoxue-cankao/shengming/shengming-06.htm.

后　记

本书是在我博士毕业论文的基础上修改而成的。在本书竣稿之时，我并没有感到喜悦与放松，反而有一种空落落的感觉。2008 年，于我而言是家丧国难接踵相连的一年，我最亲爱的父亲于此年 4 月 28 日因癌症离世，至今离开我已经两年多。曾经是优秀中学教师与校长的父亲在五十多岁时就因为农村实行教师队伍的年轻化而离职，回到家中就再难有所作为。我想强烈的失落感应是他得病的重要诱因。一生从未穿过西装皮鞋的父亲临终前嘱托以西装皮鞋入殓，即说明了他对自己曾经作为人民教师这一角色的珍视。离开学校后，以子女为骄傲，向亲戚朋友夸耀自己的子女，成为父亲生活中的一个重要内容。而我，作为家中学历最高的子女，自然也成了他的骄傲之一。当年，我曾为此而反感，但现在，在反复咀嚼失去父亲的伤痛之中，我竟慢慢理解了父亲的心。子女是父亲生命的延续，子女在实现着父亲当年不能实现的梦，自尊、要强却未得志的父亲哪能不高兴和骄傲呢？子女的自我实现也在一定程度上体现着父亲的价值啊！

目前这本还远未成熟的小书就算是给父亲的献礼吧。如果父亲泉下有知，我想他会高兴的。愿父亲获得安息！

或许是由于血脉中涌动着与父亲一样自强不息的遗传因子，我在中学执教十年之后，毅然选择了继续求学之路，并很幸运地遇到了让我终生感念的两位学问之师，更是我人生的楷模——山东大学的李平生教授和华东师范大学的黄书光教授。李老师是我的硕士生导师，他引领我走进了历史研究之门，为我的论文修改付出了大量心血，并不断地勉励着我上进。黄老师是我进入华东师范大学后引我进入教育史研究领域的博士生导师，他的博学多识、善良谦和与不断进取的精神永远是我学习的榜样。人生难得一良师，我却拥有两位值得信赖的人生导师，何其幸哉！金林祥老师在我人生之路的选择过程中为我提出过有益的见解，聆听金老师的教诲，有如沐春风之感。

能进入美丽的华东师范大学校园，接受其浓厚文化氛围的熏陶，亦是我人生之幸。在这里，我除了有幸聆听教育史专业各位老师的课外，还听过教育学原理专业的叶澜、教育哲学专业的陆友铨等老师的课，还有历史、文学、哲学等各学科不同形式的报告、讲座、演讲等，从而开阔了视野，丰富了认识。

本论文能得以顺利完成，首先要感谢黄书光老师的指导与帮助。本论文从选题、开题、定稿到成书之前的修改，一直渗透着黄老师的心血。感谢孙培青教授、金林祥教授、丁钢教授、杜成宪教授在开题报告及论文答辩过程中为我提出了许多宝贵意见。浙江大学的田正平教授、周谷平教授也在论文答辩中为论文的修改提出了许多有益建议，使论文得以进一步丰富与完善。独木难成林。本论文能完成，还离不开众多老师与朋友不同形式的帮助。山东大学的刘培平教授、李劲军同学、董红师妹，聊城大学的杨春忠教授，山东省社科院的李善峰教授，河南大学的苗春德老师，人民教育出版社的刘立德老师，山东邹平实验中学的刘刚老师、刘静师姐，邹平县政协的郭蒸晨老师，山东省图书馆的张秋菊师妹、李冠勇同学，国家图书馆的卢方玉老师，都曾给我不同形式的指导与帮助。还有王喜旺、司洪昌、许瑞芳、马云、李海云、孙昉等诸多同学及同门的无私关怀。谢谢！我会把这些美好的同窗情谊永远珍藏于心。

还要感谢我的家人——父母、弟弟、妹妹、丈夫及儿子不断地给我精神上的鼓励，使我顺利地完成了学业。

感谢我所在单位北京教科院基教所提供了良好的科研氛围以及领导、同事对我的帮助。感谢教育科学出版社的罗永华女士为本书的出版所作的认真努力。

限于本人学识与能力，本书肯定存在诸多不足与缺陷，敬请方家斧正！书中所引文字，本人尽可能地标明了出处，但难免有疏漏之处，希求谅解与指正。

本书为导师黄书光教授主持的教育部人文社会科学重点研究基地2005年度重大项目“中国基础教育百年改革进程中的教育思想与文化差异研究”(05JJD880061)的成果之一，并列入黄老师主持的华东师范大学“985工程”第三期建设项目，在此一并致谢。

崔玉婷

2010年8月15日

出 版 人　所广一
责任编辑　罗永华
版式设计　贾艳凤
责任校对　曲凤玲
责任印制　曲凤玲

图书在版编目（CIP）数据

近代中国乡村教育的不同路向：邹平教育模式与延安教育模式比较研究/崔玉婷著. —北京：教育科学出版社，2011.5
（基础教育的文化传承与理论创新丛书/黄书光主编）
ISBN 978-7-5041-5505-4

Ⅰ.①近…　Ⅱ.①崔…　Ⅲ.①乡村教育：基础教育—研究—中国　Ⅳ.①G639.2

中国版本图书馆 CIP 数据核字(2010)第 259978 号

基础教育的文化传承与理论创新丛书
近代中国乡村教育的不同路向：邹平教育模式与延安教育模式比较研究
JINDAI ZHONGGUO XIANGCUN JIAOYU DE BUTONG LUXIANG：ZOUPING JIAOYU MOSHI YU YANAN JIAOYU MOSHI BIJIAO YANJIU

出版发行	教育科学出版社		
社　　址	北京·朝阳区安慧北里安园甲 9 号	**市场部电话**	010-64989009
邮　　编	100101	**编辑部电话**	010-64989363
传　　真	010-64891796	**网　　址**	http://www.esph.com.cn
经　　销	各地新华书店		
制　　作	北京鑫华印前科技有限公司		
印　　刷	保定市中画美凯印刷有限公司		
开　　本	169 毫米×239 毫米　16 开	**版　　次**	2011 年 5 月第 1 版
印　　张	13.75	**印　　次**	2011 年 5 月第 1 次印刷
字　　数	225 千	**定　　价**	32.00 元

如有印装质量问题，请到所购图书销售部门联系调换。